中华姓氏起名通典丛书

刘姓起名通典

毛上文　温　芳　编著

气象出版社
China Meteorological Press

内 容 提 要

本书分为六大部分：起名基础篇、起名实例篇、姓氏篇、风俗篇、文化篇、人物篇。作者利用族史学、民俗学、地名学等多种学科知识研究了中华姓氏的来源、祖先、发源地等错综复杂的问题，这为辨识中华姓氏源流提供了一个崭新视角。

作者传授了天干、地支、五行等传统文化与重要的起名方法；列举了起名笔画数吉祥模型，提供了刘姓起名实例；介绍了亲子连名、生肖星座、姓名避讳等民俗；讲解了姓名与人的字号、贵姓郡望与堂号、贵姓楹联与家训；并给出众多刘姓名人的介绍，以便读者学习与应用。

图书在版编目(CIP)数据

刘姓起名通典 / 毛上文，温芳编著. —北京：气象出版社，2011.11
(中华姓氏起名通典丛书)
ISBN 978-7-5029-5358-4

Ⅰ. ①刘… Ⅱ. ①毛… ②温… Ⅲ. ①姓名学－中国 Ⅳ. ①K810.2

中国版本图书馆 CIP 数据核字(2011)第 232380 号

出版发行：气象出版社

地　　址：北京市海淀区中关村南大街 46 号	邮政编码：100081
总 编 室：010-68407112	发 行 部：010-68409198
网　　址：http://www.cmp.cma.gov.cn	E-mail：qxcbs@cma.gov.cn
责任编辑：刘　畅　吴晓鹏	终　　审：朱文琴
封面设计：博雅思企划	责任技编：吴庭芳
印　　刷：北京京科印刷有限公司	
开　　本：710 mm×1000 mm　1/16	印　　张：16
字　　数：219 千字	
版　　次：2012 年 1 月第 1 版	印　　次：2012 年 1 月第 1 次印刷
定　　价：29.00 元	

本书如存在文字不清、漏印以及缺页、倒页、脱页等，请与本社发行部联系调换

前　言

——起吉名不容易

自2000年以来，我们陆续编著了《起名技巧大全》、《宝宝起名实用宝典》、《宝宝吉祥起名大全》、《起名通书》、《周易与人生策划》、《阴阳宅风水》等十多种书，深受读者欢迎。根据读者反馈信息，起名最难定的问题之一是搞不清汉字的笔画数，这是因为用于起名的汉字笔画数有特殊的规定。我们再三确认了一些难定的汉字笔画数，今列举如下："宝"通常按照20画计算，宝＝寶，像房子里有贝和玉，表示家里藏有珍宝，在西周金文里，又加上一个声符"缶"（古音与"宝"同）。宝＝寶，则按照19画计算。"瑛"按照从"王"（玉）的部首论为14画，意思是像玉的美石。"英"从"艹"（艸）部首，故以11画论。"敬"按照13画论。"梦"按照13画论。"钟"既可以17画（钟＝鍾）论，又可以20画（钟＝鐘）论。如果读者还对哪些汉字搞不清笔画数，可与作者联系。

名字在中国人的心目中为什么占这么重要的位置呢？这是因为中国人一向有重视起名的传统，尤其是娱乐圈艺人在没有出名之前都是改名成风，一生之中艺名往往不止变一次，大家所熟知的京剧大师"梅兰芳"，本姓梅，原名"澜"，字"畹华"，之前师父给他起的艺名叫"喜群"，一听就很滥俗，一点都没有明星味儿，所以就红火不起来。后来经开明绅士牛子厚指点，改名叫"梅兰芳"，从此闻名遐迩，成了一代宗师。还有一位原姓名叫"刘福荣"的，别误会，不是"芙蓉姐姐"的原名，这是香港乐坛和影坛巨星刘德华的原名。由此可见名字的重要性。大家都知道"名副其实"、"名如其人"的说法。一个好名字，可以先声夺人，引人遐思，很多场合吉名总是带来好运。怎样起一个使人终生受益的吉名呢？这是起名最难的问题之二。根据我们十几年的起名经验，起名要在先天八字五行基础上，考虑姓名格数、音、形、义，这就是我们十几年所倡导的"五维全息吉祥起名法"。这种方法和中医治病的原理差不多，每个人的八字五行都不可能天生就阴阳平衡的，某个先天五行过旺，就要克和泻，过衰，就要生和扶，以尽量维持健康的动态平衡。举例说，如果一个人八字五行"土"过旺，根据程度，可以在名字中放表示"木"、"水"的"药"，同时还要结合姓氏、名字涵义、字音、字形、数理等，才能取一个对学业、仕途、婚姻、财运都有利的好名字。

　　无论大姓、小姓，起吉名都不容易。根据不同姓氏起名，是起名最难的问题之三。因为有些姓氏与名字搭配起来有不雅的音义，比如"李功绩"，听起来像"力公鸡"；"王义"，跟"忘义"一样，让人想到见利忘义之徒；"张达人"，"达人"出自《菜根谭》中的"达人观物之外，思身后之身"，这个名字虽然好，可是与"张"搭配起来就让人误解为"嚣张打人"；"吴佳"跟"无家"一样，可能成为到处流浪的人；"朱生杨"，好似"猪生羊"，给人们不伦不类的感觉；"胡丽晶"读音似"狐狸精"；"关鹨鹨"给人要歪的感觉，姓与名不平衡。

　　不了解自己姓氏的来源，是起名最难的问题之四，比如"祁"姓既可以8画论又可以12画论。据《元和姓纂》和《辞源》所载，春秋时晋献侯四世孙奚为晋大夫，食邑于祁（在今山西省祁县东南十五里处古县镇），遂以邑为氏。"祁"姓源自以"祁"邑为姓氏，则按照12画起名，因为右"阝"表示"邑"，以"邑"部首论；"祁"姓源自官职"祁父"（管理兵甲之事）则按照8画计算，因为以8画论的"祁"姓从"礻"（示）而不从"阝"（邑）。"祁"当"盛大、舒缓、众多"之义，也按照8画计算。经过多年的起名经验和与读者沟通，我们发现大部分读者对自己姓氏起源演变、文化、习俗不太了解，而我们编著的《中华姓氏起名通典》丛书有助于解决姓氏起名难的问题。

前言

  综上所述，起个吉祥名字很不容易！针对各姓氏起吉名更是难上加难，为此我们编著了《中华姓氏起名通典》丛书，先从大姓开始，对每个姓氏的来源、贵姓祖籍、贵姓先人、贵姓郡望与堂号、贵姓楹联、贵姓家训、贵姓起名技巧等等，都作了比较详细且通俗易懂的解答。不管您阅读关于自己的姓氏起名通典书，还是浏览其他各姓氏起名通典书，您读完我们的任一本书，一定能掌握"五维全息吉祥起名法"，也肯定能获得一个姓氏完整新颖的资料。各个姓氏的民俗文化与起名技巧，汇集成中华姓氏起名大百科，这为今人传播中华姓名文化，提供了一个崭新的平台。

毛上文

2011 年 11 月 26 日

目 录

前 言

◆ **起名基础篇**

命名之礼/1

话说乳名/6

起名基础1——阴阳五行/8

起名基础2——汉字的五行/18

起名基础3——天干地支/22

起名基础4——干支纳音五行/25

起名之道1——上文五维全息吉祥起名法/28

起名之道2——五格起名法/33

起名之道3——十二生肖起名法点评/47

刘姓起名笔画数吉祥模型/48

起名创意/50

选择吉日公布名字/57

◆ **起名实例篇**

刘姓吉祥起名例一：刘子筱/59

刘姓吉祥起名例二：刘承烨/60

刘姓吉祥起名例三：刘镁萱/61

刘姓吉祥起名例四：刘宸熙/62

刘姓吉祥起名例五：刘虚竹/63

刘姓吉祥起名例六：刘霏儿/64

刘姓吉祥起名例七：刘峻赫/65

刘姓吉祥起名例八：刘朋锦/66

刘姓吉祥起名例九：刘笑语/67

刘姓吉祥起名例十：刘耕麾/68

刘姓吉祥起名例十一：刘祖赫/69

刘姓吉祥起名例十二：刘鹤紫/70

刘姓吉祥起名例十三：刘晓艺/71

刘姓吉祥起名例十四：刘城熙/72

刘姓吉祥起名例十五：刘昱进/73

◆ **姓氏篇**

中华最古之姓——风姓/74

中华始祖炎黄二帝得姓由来/77

黄帝二十五子得姓史话详解/83

古姓是怎么得来的/93

古氏是怎么得来的/97

从"姓"、"氏"有别到"姓氏"合一/99

贵姓何来——源自伊祁姓的刘氏/110

贵姓何来——源自姬姓的刘氏/117

贵姓何来——源自"士"氏的刘氏/120

贵姓何来——源自赐姓的刘氏/122

贵姓何来——源自"貙刘令"官职的刘氏/123

贵姓何来——源自冒姓、改姓的刘氏/124

贵姓何来——源自少数民族的刘氏/131

谱牒寻根/136

辨姓联宗/145

◆ **风俗篇**

辈字入名/148

亲子连名/157

生肖星座/159

旧时避讳国姓/172

目录

◆ **文化篇**

姓氏图腾/174

加冠命字/175

贵姓郡望/179

贵姓堂号/184

贵姓楹联/189

贵姓家训/196

称号大观/201

◆ **人物篇**

中国人民解放军刘姓开国将帅集纳/208

刘伯承/208	刘亚楼/208	刘 震/209	刘华清/209
刘振华/209	刘少文/209	刘 飞/209	刘 忠/210
刘兴元/210	刘金轩/210	刘先胜/210	刘志坚/210
刘转连/210	刘浩天/210	刘培善/211	刘道生/211
刘西元/211	刘子奇/211	刘显宜/211	刘永生/212
刘华春/212	刘大煜/212	刘德海/212	刘毓标/213
刘 义/213	刘 放/213	刘健挺/213	刘辉山/214
刘文学/214	刘 何/214	刘少卿/214	刘振球/214
刘 彬/215	刘绍文/215	刘 鹏/215	刘国柱/215
刘 昌/216	刘永源/216	刘玉堂/216	刘华香/216
刘亨云/216	刘 福/217	刘 苏/217	刘世洪/217
刘世相/217	刘 涌/218	刘有光/218	刘贤权/218
刘清明/218	刘禄长/218	刘福胜/219	刘鹤孔/219
刘子云/219	刘 镇/219	刘国辅/220	刘 丰/220
刘秉彦/220	刘 克/220	刘善福/220	刘善本/221
刘瑞方/221	刘 忍/221	刘自双/222	刘 昂/222
刘新权/222	刘其人/222	刘懋功/222	刘 林/223
刘发秀/223	刘静海/223	刘西尧/223	刘 汉/224
刘光裕/224	刘中华/224	刘兴隆/224	刘居英/225

3

刘振国/225	刘月生/225	刘　瑄/225	刘友光/226
刘佩荣/226	刘春山/226	刘德才/226	刘　春/226
刘锦平/227	刘耀宗/227	刘光涛/227	刘世昌/227

开国将帅之外的古今刘姓名人列举/228

刘　累/228	刘　邦/228	刘　盈/228	刘　恒/228
刘　启/229	刘　彻/229	刘　敬/230	刘细君/230
刘　向/230	刘　歆/231	刘　秀/231	刘　洪/231
刘　备/231	刘　徽/232	刘　琨/232	刘萨诃/232
刘牢之/233	刘　裕/233	刘义庆/233	刘　勰/234
刘　焯/234	刘文静/234	刘仁轨/234	刘知几/235
刘长卿/235	刘禹锡/235	刘海仙/236	刘金定/236
刘　昫/236	刘　过/236	刘松年/236	刘克庄/237
刘秉忠/237	刘　绖/238	刘　墉/238	刘永福/238
刘铭传/238	刘光才/239	刘锦棠/239	刘　鹗/239
刘半农/239	刘天华/240	刘海粟/241	刘放吾/241
刘少奇/241	刘志丹/242	刘北茂/242	刘开渠/243
刘　晓/243	刘　仁/244	刘胡兰/244	刘绍棠/244

起名基础篇

> 本篇讲解了命名的礼俗、阴阳五行、天干地支、起名方法、起名思路等。关于姓名学，有诸多分支，在我们看来，最正宗最吉祥的方法，还是配合每个人先天五行多寡强弱，然后配合姓名数理，考虑音、形、义，以相关五行属性的字来起名，此谓"上文五维全息吉祥起名法"，这种起名法对先天生辰八字起到"损有余、补不足"的效果。这和中医治病的原理差不多，所以古人才有"医易相通"、"名命相关"的说法。

◆ 命名之礼

中国伟大哲学家、思想家、道家学派创始人老子在《道德经》第一章开篇就说："无名，天地之始；有名，万物之母。"意思是说，太初无名，天地未具形迹，万物不可名状，宇宙间只有一片混沌在回荡，这是天地的初始状态。正是命名，才初显景象，才使万物从原初的不可名状中分离出来，于是才有大地上高山流水、花鸟虫兽、人物诸事，各具其形，各有其名。命名，使混沌世界成为可呼可叫的有名世界。

人类初生时本来就没有姓名，原始人跟天上的飞鸟、森林中的走兽和碧波中的游鱼一样，无名无姓，直到人类进入母系氏族时期，才开始有姓有名。东汉学者许慎在《说文解字》里对"名"解释为："名，自命也。从口、夕。夕者，冥也，冥不相见，故以口自名。"意思是：名源自用口发出的号令。名由夕、口构成。夕，

就是夜晚昏暗的意思，天又黑又暗，互相看不见对方，所以用口各自发号，这便是"名"的由来。人一旦有了名字，这个名字就会成为他命运的一部分，一辈子都与他血肉相连，即使死了，肉体化为尘土，情色皆成死灰，他的名字却可能仍然在人间"神出鬼没"。比如学习书法的人对"书圣"王羲之皆顶礼膜拜，历代读书人都参拜祭祀"文圣"孔子，尊其为"先师"，做生意的人大多供奉关公。读者稍微留意一下就会发现，众多饭店的店堂里都会祭拜关公，生意人不但把关公看做是管理钱财的神，也把他当作生意上监察诚信的守护神。关羽在众多财神中以刚毅耿介忠义著称于世。他的故事可说是家喻户晓，《三国演义》里有一句赞诗："人杰惟追古解良，士民争拜汉云长。"今天常见的对联有"韩信点兵，多多益善；关公仗义，旺旺大吉。"关羽，姓关，名羽，字"长生"，后改字为"云长"，河东解（今山西运城）人，东汉末年著名将领，自刘备于乡里聚众起兵开始追随刘备，是刘备最为信任的将领之一。在关羽去世后，其形象逐渐被后人神化，一直是民间祭祀的对象，被尊称为"关公"；又经历代朝廷褒封，清代时被奉为"忠义神武灵佑仁勇威显关圣大帝"，崇为"武圣"，与"文圣"孔子齐名。在台湾，祭祀关羽的庙宇也相当普遍，除了一般武庙、小型宫庙、神坛将其作为主祀外，也有称为恩主公庙的大型关帝庙，其中以行天宫最负盛名。所谓的"恩主"是鸾堂信仰的名词，也就是"救世主"的意思。

有了名字，你就被社会打上了标志性的烙印，你就被社会指定了一个身份、一个位置、一种存在的姿态、一种迎来送往的表情，可见，名字不仅仅是一个称号，你有什么名字就拥有什么信息，你传递给人家什么样的信息，就得到什么样的待遇，所以中国人自古及今一直重视命名。人类的姓名礼仪制度自始至终就是社会的产物，人的身份、地位、种族、性别、职业、命运等都可以从其姓名中体现出来，千头万绪、错综复杂的关系在姓名这里汇合，也由姓名得以折射、解析，因此，命名礼仪就是透视中国传统民俗文化的有力视角。

载于典籍的命名礼仪制度在《礼记·内则》有介绍，《礼记·

内则》:「妻将生子,及月辰,居侧室,夫使人日再问之,作而自问之,妻不敢见,使姆衣服而对,至于子生,夫复使人日再问之,夫齐则不入侧室之门。……异为孺子室于宫中,择于诸母与可者,必求其宽裕慈惠、温良恭敬、慎而寡言者,使为子师,其次为慈母,其次为保母,皆居子室,他人无事不往。三月之末,择日剪发为鬌,男角女羁,否则男左女右。是日也,妻以子见于父,贵人则为衣服,由命士以下,皆漱浣,男女夙兴,沐浴衣服,具视朔食,夫入门,升自阼阶。立于阼西乡,妻抱子出自房,当楣立东面。姆先,相曰:"母某敢用时日只见孺子。"夫对曰:"钦有帅。"父执子之右手,咳而名之。妻对曰:"记有成。"遂左还,授师,子师辨告诸妇诸母名,妻遂适寝。夫告宰名,宰辩告诸男名,书曰:"某年某月某日某生。"而藏之,宰告闾史,闾史书为二,其一藏诸闾府,其一献诸州史;州史献诸州伯,州伯命藏诸州府。夫入食如养礼。世子生,则君沐浴朝服,夫人亦如之,皆立于阼阶西乡,世妇抱子升自西阶,君名之,乃降。……公庶子生,就侧室。三月之末,其母沐浴朝服见于君,摈者以其子见,君所有赐,君名之。众子,则使有司名之。」这种命名礼仪是一个复杂但颇有条理的过程:孩子出生后三个月内,父亲不入产房惟经常使人慰问,显示对妻儿的关心。三个月后,命名礼择吉日举行,家族中有头面的妇女如祖母、伯母、叔母等,以及父亲已为孩子请好的老师(或保姆)都来参加。当日,母亲先行洗澡换衣服,孩子已剪去胎发,头上留着两个发角。礼仪开始时,母亲抱着婴儿出房,向东站在门楣下,祖母或者辈分最高的妇女先看孩子,并喊着孩子的母亲姓氏说:"某某氏,今天要让孩子拜见父亲了。"当父亲的应答道:"我一定要好好教养孩子,使他守礼循善。"然后,父亲走上前去,握过小孩的右手,给其以慈爱的笑容并逗戏,百日左右的小孩,往往会以嬉笑咿呀和手舞足蹈相回报,从而给庄重的礼仪增添了喜庆欢欣的气氛。

　　接着,最关键的程序开始了。做父亲的在根据孩子的出生时日、体形相貌等各种条件进行综合参酌后,咳嗽一声,当场宣布孩子的名字(也有事先拟定好的名字)。说出孩子的名字后,母亲立刻应答,略说一定谨记夫言,教儿成德。然后,她把孩子交

给老师或保姆。对方抱过婴儿后，即依尊卑长幼的顺序，把小孩刚获得的"名"逐一向参加礼仪者宣告。祝贺声中，人之初，"名"得立矣。

命名礼的最后两个步骤，是告祖先、告宰闾（宰：古代官名，闾：古代二十五家为一闾，宰闾相当于今天的居委会主任），这两道程序都由父亲唱主角。告祖先使新生儿之名获得家族内部的承认，告宰闾则为存档，其式为"某年某月某日某生"，由"闾史书为二，其一藏诸闾府，其一献诸州史"（《礼记·内则》）。从这个时候起，如不发生改名情况，命名礼上所赐予的这一特称，将陪同孩子终生乃至永远；在其有生之日，它的表现方式（如名片、印章、身份证等）有时候竟比其本身更具有证明效用（这种征象，到现在仍在银行、邮局、学校等机构内行之有效），而在其身后，除了"尔曹身与名俱灭"外，流芳百世或遗臭万年的故事，不也比比皆是吗？这就难怪古人对于命名之礼，要如此慎重了。

战国末期楚国贵族屈伯庸给儿子屈平（字原，名平，通常称为屈原）起名的经过，就是一个严格遵循古代命名礼仪的典范。距今2340多年前（约公元前343年），照甲子推算，那年应该是戊寅年，时值寅月寅日。和风煦煦，天气晴朗，坐落在楚国丹阳（今湖北秭归）临江水边的一处宅院内，传出了一声清亮的婴儿啼哭。随即，一个小女孩跑进书房，禀报："爸爸，妈妈生了个小弟弟！"屈伯庸闻声惊喜。

遵照上流社会的礼法，三个月以后，屈伯庸才第一次见到了新生儿。孩子的头上，已经挽起两个发角小辫，更显天真可爱。当父亲拉过儿子的小手，仔细端详，又掐指推算，笑眯眯地说："好。生日合于吉度，貌端气正可则，就取名叫'平'吧。"瞧，既要测算时日，又要看相貌，古人对于命名之道是多么重视啊。周朝早期的著名政治家、思想家、文学家、军事家周公旦在《周礼》中规定：山师掌山林之名；川师掌川泽之名，辨其物与其利害，而颁之于邦国，使致其珍异之物；原师掌四方之地名，辨其丘陵、坟衍、原隰（xí）之名物之可以封邑者；媒氏掌万民之判，凡男女自成名以上，皆书年月日名焉。

中国文学史上第一位大诗人屈原，就这样获得了他的本名。几十年后，他在《离骚》中追述了这个场景："摄提贞于孟陬兮，惟庚寅吾以降。皇览揆余初度兮，肇锡余以嘉名，名余曰正则兮，字余曰灵均。"摄提就是寅年，孟陬指正月，亦即寅月，初度指出生日，皇指父亲，锡指赐给。意思是说太岁星逢寅的那年寅月，又是庚寅的日子，我从母体降生了。父亲看到我生辰不凡，给我起了个好名字，名叫做"平"，字叫做"原"。东汉王逸在《章句》中解释屈原的名字时说："正，平也；则，法也。灵，神也；均，调也。言正平可法者莫过于天，养物均调者，莫神于地。"所以名"平以法天"，字"原以法地"。与他的出生戊寅年寅月寅日（屈原生于寅年寅月寅日，据邹汉勋、刘师培用殷历和夏历推算，定为前343年正月二十一日，而清代陈玚用周历推算定为前343年正月二十二日）配合起来，照字面上讲，"平"是公正的意思，平正就是天的象征；"原"是又宽又平的地形，就是地的象征，屈原的生辰和名字正符合"天开于子，地辟于丑，人生于寅"的天地人三统。这在今天看来，不只是巧合，更是一个好兆头。

复杂的命名礼仪，集中到一点，就是对"名"的特别重视。《礼记》记载："黄帝正名百物，以明民共财。"孔子曰："名不正，则言不顺；言不顺，则事不成。……君子名之必可言也，言之必可行也。"荀子说："制名以指实，上以明贵贱，下以辨同异。"可见，对于中国人来说，命名的意义远不止是一个标识的作用，更关系个人的命运。在过去十多年中，我见证了无数人被自己的姓名所累，也见证了很多人改了姓名后脱胎换骨。有人要问：重名的人多了，人生命运、个性都一样吗？当然不同。只凭名字来做预测有很大的局限性，所以严谨的命名法要与生辰八字相结合，我们的"上文五维全息起名法"，就是将姓名本身的吉凶与八字五行结合在一起，按照先天八字五行──→姓名格数──→姓名意象──→姓名音象──→姓名形象这五个步骤给人起名，如此则相同的姓名才会带来不同的影响，如此起名才起到良好的效果。

话说乳名

乳名，也叫奶名、小名或小字，是指婴儿在幼年时期家长所取的非正式的名字。在取大名前起个小名，古今都有这一习俗，古代人起小名无等级贵贱之分，上至帝王将相下至平民百姓，都可以有小名。

明确见于史料记载的乳名，从汉代开始。如汉武帝的外祖母乳名叫"臧儿"。据《史记》记载，汉代文学家司马相如有一个有趣的小名叫"犬子"，这些都证明使用小名的历史，在我国至少可以追溯到两千多年前的西汉。宋代爱国词人辛弃疾在《永遇乐·京口北固亭怀古》的诗词中就曾提及南朝宋武帝刘裕的小名"寄奴"，云："斜阳草树，寻常巷陌，人道寄奴曾住。"翻阅史书，历史人物有小名的也不少，三国时魏武王曹操的小名叫"阿瞒"，刘备儿子刘禅的小名叫"阿斗"，明代著名航海家郑和的小名叫"三保"，教育家蔡元培的乳名叫"阿培"，他上私塾后取学名叫元培，周恩来的小名叫"大鸾"，郭沫若的小名叫"文豹"，郭沫若专门讲过他的小名的来源，如他在《少年时代》一书中写道："我母亲（杜邀贞）说我受胎的时候，梦见一个小豹子突然咬着她的左手的虎口，便一觉醒了，所以我的乳名叫文豹。"因其母亲的梦而得小名文豹，又因他在家庭中排行第八，母亲总是亲切地称呼他"八儿"。

顾名思义，乳名是吃奶时用的称呼，所以本人长大后乳名一般都不能随其进入社会，而只在父母尊长或兄姐口中保留，表示亲昵如旧。曹操从小与许攸等人玩耍，"阿瞒"的乳名在他们之间叫惯了，后来许攸帮助曹操破袁绍得冀州，自恃有功，座席间常说："阿瞒，卿不得我，不得冀州！"曹操亦笑答："汝言是也！"但是如果没有这种从小到大的亲密关系而称乳名，便是故意轻蔑，甚至带有侮辱性了。如三国时孟达背蜀国投魏国后，写信劝降刘备养子刘封，信里称"自立阿斗为太子以来，有识之人相为寒心"，这里以乳名代称刘禅，便是有意轻蔑。刘禅的大名究竟该怎样读法，迄今史学者莫衷一是，但"扶不起的阿斗"一语，则家喻户晓，足见乳名在脱离适用范围后的副效应。

尽管小名对人的作用影响不及正式的名字，现代人有的还是会给婴儿起小名。小名为什么普遍受到人们的喜爱呢？一是因为小名体现出长辈对宝宝的喜爱，听起来亲切；二是叫起来简单顺口，显得风趣、活泼；三是取小名比较随意，叫什么都行，起大名有很多讲究，而小名可以不拘一格。

现代的小名中带小、大、子等字的较多，如小莲、小文、小菊、小三、小妮、大刚、大明、大鹏、兰子、祥子、柱子、英子等，为了表达对宝宝的关爱亲切之情，父母往往把小名叫成又轻又短的儿化音，如小三儿、小明儿、平儿。

起小名虽没有太多的讲究，但小名也不容易起，以下几种起小名的技巧，可以激发家长的灵感。

1. 根据大名采用双声叠韵技巧取小名

过去一般是先给孩子起个小名，等孩子上幼儿园时取学名，这个学名就是终生的大名了。现在这种习俗已经改变了，一般是大名起好后再考虑小名，这样随大名来起小名就容易些，例如张天雨的小名叫天天，刘宇轩的小名叫轩轩，刘彦彬的小名叫彬彬，高彤霞的小名叫彤彤。

2. 以叠字起小名

这种起名方法包含爱的成分多一些，也有寄托父母对下一代的期望和祝愿，例如，体现爱字信息的小名：毛毛、媛媛、楠楠、妞妞、豆豆、晶晶、程程、芊芊等，希望孩子健康美丽的小名有：丽丽、轩轩、小虎、婷婷、飞飞、强强等，期望孩子有成就的小名有：成成、圆圆、佳佳、明明、庆庆、胜胜等。

3. 以出生时间、地点、节气起小名

据出生地点可起小名：京京、杭杭、宁宁、津津等。

据出生时间可起小名：晨晨、亮亮、皎皎等。

据出生节气可起小名：冬冬、小雪、小雨、苗苗等。

4. 以重大事件起小名

著名相声演员姜昆给女儿起小名叫南南，原因是南南出生的时候，姜昆正在云南边境为解放军做慰问演出，所以起了这个小名。

2003年杨利伟驾驶航天飞机实现了中国人的飞天梦想，于是那年很多家长为宝宝取乳名叫大鹏或者飞飞。

5. 以出生时吉兆起小名

例如奶奶在小孙子出生前梦见龙飞上了天，为此给孙子起小名"飞龙"。

6. 根据数字起小名

例如当代国际水稻研究专家袁隆平先生给自己的三个儿子取小名叫五一、五二、五三。袁隆平先生还幽默地说："我家孩子是单一品种，都是雄性，要有个女孩多好。"

7. 以英文起小名

不少白领夫妇紧跟时代潮流，起小名也日益国际化，比如张柏芝和谢霆锋的大儿子谢振轩取小名 Lucas（卢卡斯），再如 Lila（莉拉）Lisa（丽莎）Sunny（桑妮）Jerry（杰瑞）。

◆ 起名基础1——阴阳五行

起名要根据阴阳五行原理。一个人的出生时间即"八字"是先天的，是不受本人意志支配的，而一个人的名字却是后天的信息，是可以由自己去选择的。

阴阳观念在中国经历了极其漫长的历史，自从阴阳意识的萌芽，到伏羲氏创立阴阳八卦，经夏、商时代，阴阳观念在人们的心目中逐渐加深，至西周，周文王研究先人传下来的古《易》——夏朝的《连山》、商朝的《归藏》，他把自己的研究心得写成《周易》。《周易》号称"天书"，居"五经"之首，是中国传统文化最具代表性的优秀典籍之一。到春秋战国时期，老子、孔子、鬼谷子等圣贤名家都论述了阴阳的辩证关系。

阴阳为何物，中国古代伟大的哲学家和思想家老子是如何讲述的呢？老子《道德经》曰：

"道生一，一生二，二生三，三生万物。万物负阴而抱阳，冲气以为和。"这里的"一"，指宇宙的根本是一团混沌之气，天地未分时的原初状态；"二"指阴与阳；"三"泛指多，也含天地之数多之意。《说文》："三，天地之道也，从三数。"《淮南子·天文训》："《易·系辞》：'是故《易》有太极，是生两仪。''道'与'易'异名同体。此云'一'，即'太极'，'二'，即'两仪'，谓天地也。天地气合而生和，二生三也。和气合而生物，三生万物也。"原文大意是：世界中的一切都产生于宇宙中一团混沌之气，然后一分为二成为阴阳，阴阳感应而产生多种事物，这些事物又反复地进行或繁衍或组合，于是天下就形成了万物万事万人。因此，所有的物种，都是阴阳结合而化生的，既有阴又有阳的中气即阴阳平衡之气，才是和谐。

孔子在《易·系辞》里说："一阴一阳谓之道。"即阴阳观是天地人间的根本规律。《史记·孔子世家》记载："孔子晚而喜《易》，序、彖、系、象、说卦、文言，读易，韦编三绝。"孔子晚年把研《易》心得写成"十翼"，并从新的角度理解和讲述《周易》，之后，人们对《周易》的认识便又提高了一个层次。

鬼谷子（姓王名诩，春秋时齐国人，是纵横家之鼻祖）在《鬼谷子·捭阖》开篇说："奥（奥：发语词，无实意）若稽（稽：考）古，圣人之在天地间也，为众生之先。观阴阳之开阖（阖：关）以名命物，知存亡之门户（门户：关键之处），筹策万类之终始，达（达：通达）人心之理，见变化之朕（朕：征兆、行迹）焉，而守司其门户。故圣人之在天下也，自古及今，其道一也。变化无穷，各有所归，或阴或阳，或柔或刚，或开或闭，或驰或张。是故圣人一守司其门户，审察其所先后，度权量能，校其伎巧短长。"意思是：纵观古今历史，可知生活在天地间的圣人，都是做大众的先导者。圣人通过观察阴阳变化可对事物作出判断，并进一步把握事物存亡之理。圣人测算万物的发展变化过程，通晓人类思维的规律，揭示事物变化的征兆，从而控制事物发展变化的关键。所以，自古及今，所有的圣人在世上始终奉守大自然阴阳的变化规律，并以此驾驭万物的。因为事物的变化虽然无穷无尽，然而都各有自己的归宿：或者属阴，或者归阳，或者柔弱，或者刚强；或者开放，或者封闭；或者松弛，或者紧张。所以，圣人始终善于把握万物发展变化的关键之处，审察它的变化顺序，揣度它的权谋，测量它的能

力，再比较它的优劣。

主要从事中国先秦史研究的历史学博士谢维扬先生指出："《易经》运用其全部形式系统演示出以阴阳运动为主要内容的道的各种展现过程。"

春秋战国时期，阴阳之学应用领域更广泛了，政治上用它、经济上用它、文化上用它、中医上用它。比如，春秋时期，吴越两国相邻，经常打仗，公元前494年，吴王夫差带兵攻打越国，越国被吴国打败，越王勾践忍辱和妻子一起守护夫差的父墓和为夫差养马。后来吴王夫差放勾践回国，勾践从此卧薪尝胆，励志图强，经常向范蠡、文种等人咨询一些治理国家的问题，范蠡总以阴阳之学为勾践分析天下大事，他告诫越王勾践要遵循阴阳运动的自然规律，尤其是，他指出了阳到极限便会向阴转化，反之，阴到极限也会转向阳的一面，这就是中国人人皆知的"物极必反"的道理。越王勾践在范蠡、文种的辅佐下，经二十年的漫长准备，积聚了强大的国力，越国由弱变强，最后一举歼灭了吴国。

成书于战国时期的《黄帝内经》是运用阴阳五行辩证思想的最早的中医理论经典。《黄帝内经·素问》第五篇《阴阳应象大论》指出："阴阳者，天地之道也，万物之纲纪，变化之父母，生杀之本始，神明之府也。治病必求于本，故积阳为天，积阴为地。阴静阳燥，阳生阴长，阳杀阴藏。"《黄帝内经·素问》第二篇《四气调神大论》指出："夫四时阴阳者，万物之根本也。所以圣人春夏养阳，秋冬养阴，以从其根，故与万物沉浮于生长之门。逆其根，则伐其本，坏其真矣。故阴阳四时者，万物之终始也，死生之本也。逆之则灾害生，从之则苛疾不起，是谓得道。道者，圣人行之，愚者佩之。从阴阳则生，逆之则死，从之则治，逆之则乱。"阴阳之道是《黄帝内经》辩证思想的精华部分之一，把这两千多年前的阴阳观，与当今世界上任何哲学相比，都毫不逊色，这绝不是以它的年代久远摆老资格，而是因为它至今看来仍然那么深邃、那么实用。

什么是阴阳呢？在许多人的心目中，感觉阴阳很抽象，为此我们将万象万物的阴阳列举如下：

万物	阴阳	万物	阴阳
明	阳	雄	阳
暗	阴	雌	阴
日	阳	强	阳
月	阴	弱	阴
天	阳	上	阳
地	阴	下	阴
君	阳	动	阳
臣	阴	静	阴
男	阳	暖	阳
女	阴	寒	阴
夫	阳	前	阳
妻	阴	后	阴
父	阳	乾	阳
子	阴	坤	阴
刚	阳		
柔	阴		

一般来说，凡是具有男、高、刚、动、奇、公等性质的事物和现象属于阳的范畴，凡是具有女、低、柔、静、偶、母等性质的事物和现象就属于阴的范畴。但是，我们对事物划分阴阳属性的时候，一定要注意，它是对同一事物、同一类别的东西而言的，比如：公狗与母猪就不是一对阴阳，因为二者不同类。对狗而言，公狗与母狗就属于一对阴阳，公狗属阳，母狗属阴。因此，对处在同一个级别的两个事物，或者说处在同一个级别相关联的两个事物，你才能够区分阴阳。再比如一个家庭，一男一女，男为阳，女为阴，这是可以的，但是对两个男人而言，你不能说他们俩谁是阳谁是阴，因为他们同性。根据天人相应的理论，大自然中有什么，人体内就应该有什么，那么人体中的阴阳是怎么划分的呢？比如说背部为阳、胸部为阴，上部为阳、下部为阴，六腑为阳、五脏为阴。

凡是明亮的，温暖的，积极的，向上的，进取的，具有这些特性的事物都属阳。反过来，凡是黑暗的，寒凉的，消极的，向下的，退行性的事物都属阴。

阴阳观的核心是"无阳则阴无以生，无阴则阳无以化"，"孤阴不生，独阳不长"，"阳长阴消，阴长阳消"，"重阴必阳，重阳必阴"。

五行是什么？《尚书·洪范》载："一曰水，二曰火，三曰木，四曰金，五曰土。"西汉史学家司马迁在《史记·历书》中说："盖黄帝考定星历，建立五行。"《尚书·洪范》记载上古传下来的治国九种大法竟然包括五行。在夏朝，禹的儿子启当王的时候，因为有扈氏"威侮五行"，启率军讨伐有扈氏，出征之前，夏王启发表讲话与誓言，其中列举了有扈氏的第一条罪状便是有扈氏轻慢了金、木、水、火、土五行，对此《尚书·夏书·甘誓》有记载，王（启）曰："嗟！六事之人，予誓告汝：有扈氏威侮五行，怠弃三正，天用剿绝其命，今予惟恭行天之罚。"大意是：即将在甘进行一场大战，夏启召集了六军的将领，说："嗨！六军的将士们，我要向你们宣告：有扈氏轻视侮辱金木水火土五行，怠慢甚至抛弃了我们颁布的历法。上天因此要我断绝他们的命运，现在我只有奉行上天对他们的惩罚。"

西周末年，史伯提出"先王以土与金木水火杂，以成百物"（出自《国语·郑语》），从五行的功用来讲，说明当时人们已认识到五种基本物质之间的差别以及组合以后产生的作用。

在春秋战国时期，五行学说已经很成熟了，此后，五行学说就作为中华民族传统的世界观和方法论，被应用到政治学、经济学、军事学、医学、伦理学之中，成为认识自然界、人类社会的哲学工具。为什么说五行学说成熟于春秋战国时代？因为那时已经有了阴阳与五行相配合、四时与五行相配合的法则，而且有了五行相胜的学说，即五行相克的理论，接下来又有了五行相生之理。在文献上有《管子》、《黄帝内经》记载了五行学说；在代表人物上有战国末期齐国著名的阴阳家邹衍，他把阴阳与五行结合在了一起。

《黄帝内经》是运用阴阳五行的典范。《黄帝内经·素问》

指出：

"五行者，金木水火土也，更贵更贱，以知死生，以决成败，而定五脏之气，间甚之时，死生之期也。""木得金而伐，火得水而灭，土得木而达，金得火而缺，水得土而绝，万物尽然，不可胜竭。"

阴阳家邹衍提出了"五德终始"学说，他认为人类社会都是按照五德（木、火、土、金、水等五行之德）转移的次序进行循环的。五德终始说是依照自然界的五行相克即土克水、木克土、金克木、火克金、水克火的规律来解释社会朝代更换的。人类社会的历史变化同自然界一样，也是受土、木、金、火、水五种元素支配的，历史上每一个王朝的出现都体现了一种必然性。邹衍说："五德之次，从所不胜，故虞土、夏木、殷金、周火（《淮南子·齐俗训》篇高诱注引《邹子》）"。《文选·魏都赋》李善注引《七略》曰："邹子有终始五德，从所不胜，木德继之，金德次之，火德次之，水德次之。"这种学说后来被秦始皇所用，为他的称帝及其统治服务。《史记·封禅书》说："邹子之徒论著终始五德之运，及秦帝而齐人奏之，故始皇采用之。"

到了隋代，著名术数家萧吉撰写了一部专论五行的著作《五行大义》。该书是中国历史上关于五行学说最为权威的读本，该书内容极广，包括了五行的生数、成数，五行在四时的旺相休囚的规律，五行的生克，五行与河洛，五行与纳甲、纳音，五行与干支等各方面的知识。英国近代生物化学家和科学技术史专家李约瑟亦曾提及该书，谓之为迷信成分最少、科学成分最多。可见该书对于文史及思想研究学者之重要。萧吉在《五行大义》的序说："夫五行者，盖造化之根源，人伦之资始，万品禀其变易，百灵因其感通，本乎阴阳，散乎精像，周竟天地，布极幽明。"

到唐代，吕才专门撰写了讲阴阳五行八卦的占卜典籍《大唐阴阳书》。旧《阴阳书》在唐初很流行，唐太宗曾"以《阴阳书》近代以来渐致讹伪，穿凿既甚，拘忌亦多，遂命（吕）才与学者十余人共加刊正，削其浅俗，存其可用者。勒成五十三卷，并旧书四十七卷，十五年书成，诏颁行之"（《旧唐书·吕才传》），于是吕才撰了《大唐阴阳书》。

中国近代历史学家、民俗学家顾颉刚先生说："五行是中国人的思维律，是中国人对于宇宙系统的信仰，两千余年来，它有极强固的势力。"可见，阴阳五行源远流长，经历了漫长岁月的积累和发展，并且它始终与人类的生命意识密不可分。阴阳五行理论在中国历史上占有举足轻重的地位，其影响直至我们生活的当代和未来。

大家都知道了五行是木、火、土、金、水，那么五行之间存在什么关系？五行之间存在生克关系。

五行学说认为，任何事物并不是相生就好，相克就坏，五行相生相克是宇宙间一切事物运动变化的规律，事物只有在生中有克，克中有生，相辅相成，才能正常运行。

五行生克，就是指五行及其所代表的人、事、物之间相生相克的关系。相生，即一事物对它事物的滋生、促进、助长作用。五行相生规律是：水生木，木生火，火生土，土生金，金生水。相生关系就是五行之间的相互生养，没有这种生养，就不会有宇宙万物的存在。五行相生的结果，是事物形态的转化，五行之间顺次相生，循环不已，但事物不能总这样循环相生下去，一直生下去的结果，那就是事物发展没节制了，"造化之机，不可无生；亦并不可无制（克）。无生，则发育无由；无制（克），则亢而有害"，生克互根，有生还必须有克（制约），整个宇宙万物才能保持动态平衡。相克，是指一事物对它事物的制约、抑制、约束等作用。五行相克，也称"五行相胜"，其规律为：水克火，火克金，金克木，木克土，土克水。《黄帝内经·素问》在"宝命全形论"篇对"五行相克"是这样记述的："木得金而伐，火得水而灭，土得木而达，金得火而缺，水得土而绝。万物尽然，不可胜竭。"在下面的五行生克图中，五行之间是隔一相克、顺次相生。顺次相生形成一个促进性的循环系统；隔一相克造成一个抑制性的循环，如下图所示：

→ 生
⇒ 克

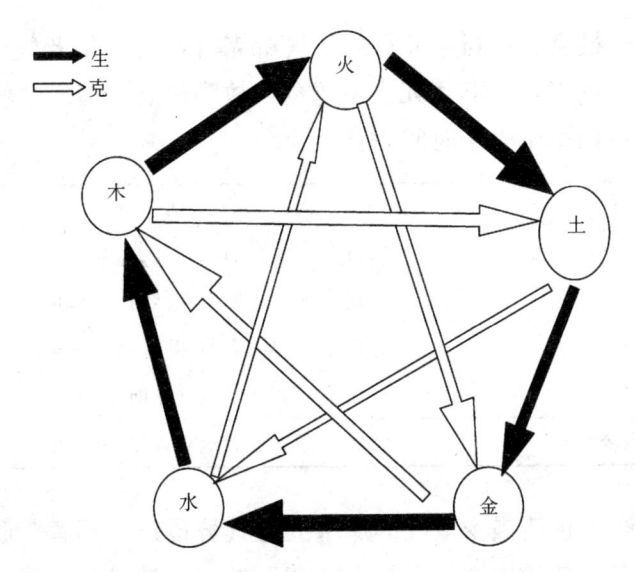

阴阳五行说起来容易用起来难，衡量一个起名师与预测师技术水平高低，关键看他对五行旺衰的把握程度，一旦将五行的旺衰程度判断失误，就找不准姓名与生辰八字的用神五行，这样取出来的名字就不会起好作用，甚至影响人的一生运程。判断五行的旺衰，除了熟能生巧的经验外，还要掌握什么？下面接着介绍：五行与节气。

五行加上时间要素才能够看出万事万物旺衰之道。四季与二十四节气是人人都离不开的时令，在成书于春秋战国时期的《黄帝内经》中就有五行在四季旺衰的描述，比如《黄帝内经·灵枢》说："五行以东方为甲乙木旺春……"五行在一年四季中的强弱旺衰态势不同，依其旺衰程度，中国古人归纳出五种态势：旺、相、休、囚、死。

旺——最旺，当令的五行，犹人年富力强，故谓之"旺"。

相——次旺，被当令者所生的五行，犹人得母旺气生助（进气），故为次旺，谓之"相"。

休——小衰，生当令者的五行，犹人生子，生子元气耗泄甚大（退气），须稍事休养，故为小衰，谓之"休"。

囚——中衰，克当令者的五行，克物必费力，因克物时，其物亦有反克之力，受损非轻，故为中衰，谓之"囚"。

死——最衰，被当令五行的旺气所克者，犹人年老气衰，又遇到年富力强的对手，其离死亡不远矣，故为最衰，谓之"死"。

五行在四季中当令时间表：

五行	时间
木当令	春季即立春后至立夏前19天止
火当令	夏季即立夏后至立秋前19天止
土当令	四季末即四立前18天到四立止
金当令	秋季即立秋后至立冬前19天止
水当令	冬季即立冬后至立春前19天止

在四季中正值当令节气的那个五行气势最旺。相者为旺气所生之状态，其气势较次旺。五行在"休"的状态是自身功成身退后还有心促生的状态。囚者为克旺之位，克我无力，反被我俘虏成囚。死者为旺气所克之位，其气势最弱，故为死。

一年四季，五行旺衰规律为：正值当令的五行为"我"，当令的五行旺，亦即我旺，我生者相，生我者休，克我者囚，我克者死。如春季木当令，木则旺，木即"我"；火是木所生，火处于"相"的状态；水是生木之母，木已经旺盛，水便退休，所以木处于"休"的状态；金克我的木，我的木势强劲，金反而处于"囚"的态势；土是木所克者，木势强旺，所以土处于"死"的状态。春季时，木旺、火相、水休、金囚、土死。夏季时，火旺、土相、木休、水囚、金死。秋季时，金旺、水相、土休、火囚、木死。冬季时，水旺、木相、金休、土囚、火死。

五行四时旺相休囚死表：

五行 状态	木	火	土	金	水
旺	春旺	夏旺	四季末旺	秋旺	冬旺
相	冬相	春相	夏相	四季末相	秋相
休	夏休	四季末休	秋休	冬休	春休
囚	四季末囚	秋囚	冬囚	春囚	夏囚
死	秋死	冬死	春死	夏死	四季末死

万物与五行对应关系。中国先哲们根据五行的性质属性，将宇宙万事万物进行了分类，这样一来，原本十分复杂、难以计量的万事万物就被精简为木、火、土、金、水五大类，任何事物一下子变得明晰易解了，又将复杂繁多的关系归纳为"生和克"，用五行生克理论解释宇宙万事万物的兴衰成败和人的生命。把具有向下、寒冷属性和功能的事物或现象归类为"水"。把具有炎热、上升属性和功能的事物或现象归类为"火"，这样"火"就作为哲学概念使用了。把具有伸展、生发、曲直属性和功能的事物和现象归类为"木"，这样"木"就作为哲学概念应用了。把具有内收、刚硬、革新属性和功能的事物和现象归类为"金"。把具有承载、稳定、化育属性和功能的事物和现象归类为"土"，于是"土"作为中华传统哲学概念应用了。

万物与五行对应关系如下：

五行 事物	木	火	土	金	水
天干	甲乙	丙丁	戊己	庚辛	壬癸
地支	寅卯	巳午	辰戌丑未	申酉	子亥
五方	东	南	中	西	北
五季	春	夏	长夏	秋	冬
五时	平旦	日中	日西	合夜	夜半
五色	青	赤	黄	白	黑
五气	风	暑	湿	燥	寒
五化	生	长	化	收	藏
五味	酸	苦	甘	辛	咸
五音	角	徵	宫	商	羽
五脏	肝	心	脾	肺	肾
五腑	胆	小肠	胃	大肠	膀胱
五窍	目	舌	口	鼻	耳
五体	筋	脉	肌肉	皮毛	骨髓
五津	泪	汗	涎	涕	唾

续表

事物＼五行	木	火	土	金	水
五腧	井	荥	腧	经	合
五元	元性	元神	元气	元情	元精
五德	仁	礼	信	义	智
五情	喜	乐	欲	怒	哀
五魔	财	贵	胜	杀	淫
五星	岁星	荧惑	振星	太白	辰星

◆ 起名基础2——汉字的五行

确定了生辰八字用神五行与姓名吉祥笔画后，下一步就是选择汉字起名字了。挑选起名用的汉字，不仅要考虑所选汉字跟姓氏搭配起来的音、形、义，还要考虑汉字的五行符合生辰用神五行，亦即根据汉字的字义、结构、偏旁、部首等所属的五行选择适合本人生辰用神五行的汉字起名，所以下面讲一讲汉字的五行。

判断汉字的五行从哪方面入手呢？从字义的五行、字形的五行、字音的五行任一方面都可以判断汉字的五行。

字义的五行示例。凡是具有慈善性、生发性、草木性含义的汉字，其五行则属于木，如丛、从、东、亿、林、森、楚、梁、栋、张、长、寅、卯、材、村、春、季、衍等字。凡是表示发热发光和文明礼仪含义的汉字，其五行则属于火，如礼、晋、光、早、晓、旭、日、映、景、晶、思、想、明、月、烽、火等字。凡是具有敦实性、包容性、甜味性含义的汉字，其五行则属于土，如甘、甜、京、殿、宫、田、岱、岭、国、邦、邑、岩、研、堰、跬、砚、台、坤、岳等字。凡是表示智慧性、流动性含义的汉字，其五行则属于水，如迁、跃、海、智、泉、水等字。凡是表示质地坚硬、仗义、豪爽、革新、金属含义的汉字，其五行则属于金，如豪、金、银、铠、钟、革、尖、锐、锋、利等字。

字形的五行示例。汉字的字形包括偏旁、部首、笔画等。在宋朝时,有一位易学大师叫邵康节,他写了一本著名的《梅花易数》,该书对汉字笔画的五行指出:"五行者,立木、卧土、勾金、点火、曲水之象。"该书还对字形的五行指出:"木瘦金方水主肥,土形敦厚背如龟,上尖下阔名为火,字象人形一样推。"

古人把构成一个字的基本笔画部首按其特征分属金、木、水、火、土五行,大致是这样规定的:

五行属于木的基本笔画和部首为:丨、乙、彡、艹、屮、三、弓、东、禾、户、木、门、竹、瓜、衤、舟、车、耒等。例如属于阳木的汉字有:木、树、林、枝、栅、桓、森、彬、杉、权、柱、栋、松、柏、梨、栗、李、桦等带木字旁的字;属于阴木的汉字有:草、萌、蓝、蕙、蔡、葱、芳、芸、芬、花、芹、芙、英、莲、茜、芊、莘、蔓等带草字头的字;属于与阳木直接有关的汉字有:耕、耘、轴、轩、铲、轲、轵、轶、轸、轹、轺、轿、轾、辂、较、辀、辊、辐、辑、输等字;属于与阴木直接有关的汉字有:绅、纡、纣、纤、纥、约、级、纳、纩、纪、纫、纶、纠、纭、纴、纱、纬、纯、纰、纲、纳、纵、纷、纸、纺、纽、纾、纮、纻、细、织、终、绉、绊、绋、绌、绍、绎、给、绒、结、绕、绗、绘、绐、绚、绛、络、绝、统、经、绡、绢、绣、绥、绦、继、绨、绪、绸、绻、综、绽、绾、绿、缀、缁、缍、缜、绩、绫、续、绮、绯、绰、绳、缦、维、绵、绶、缜、祇、祚、祜、祝、神、祠、祢、祐、祐、祒、袯、裥、祥、桃、袜、袷、祯、祜、禔、禛、禭等字。

五行属于火的基本笔画和部首为:丿、乂、忄、心、火、丙、赤、目、马、巳、灬、光、红等。例如属于阳火的汉字有:火、炎、炳、煤、炮、烽、炜、炉、烧、焱、炬、炫、熔、煜、盹、炝、炊、芡、炓、烊、炸、价、凇、钮、炅、炆、炎、炒、炔、炕、炖、炘、炙、炜、炬、怀、炏、炽、烀、怡、炯、烂、烌、炲、焌、炸、怛、烃、炯、烠、炈、炮、炝、灿、炫、炯、炳、烔、炶、炷、炼、炽、烁、烃、焗、焓、炤、焆、焇、焌、焕、炳、焓等带火字旁的字;属于阴火的汉字有:旰、昊、旴、旱、旳、时、旷、旵、旸、旼、昍、昤、盼、旸、昌、明

昏、盼、吻、易、昔、昕、昴、昙、旼、旺、旻、昨、昀、昂、昃、昊、昄、昆、昇、旷、昉、昊、昿、昲、昣、易、晒、星、映、昡、昢、昤、昪、昧、昨、昇、昫、昏、昭、昜、是、显、昱、昳、昴、昶、昷、昸、昼、显、昽、昹、昧、晔、哇、眺、晅、晃、時、晄、晄、晅、晈、晊、晋、晑、晌、晏、晐、晑、晒、晓、晖、晟、晠、晢、晣、晤、晥、晦、晧、晨、普、景、晰、晱、晲、晳、晴、晵、暑、晹 带日字旁的字；属于与阴火相关的带"忄"、"心"的汉字有：意、情、忕、忖、忙、帆、他、忆、扱、忏、忓、忌、价、恼、忯、忾、忟、忨、忸、忲、忱、怄、忧、怆、怜、松、忬、快、忮、恒任、忻、怀、惝、伴、休、饱、低、怰、怢、怭、怲、怩、怳、怍、怙、怛、怌、怐怪、怜、怡、怏、怖、怗、怪、恍、恒、悖、恽、恪、恫、恺、恔、佺、恂、恬。

五行属于土的基本笔画和部首为：王、言、阝、宀、幺、扌、户、土、辰、丑、田、艮、亠、肉、门、厂、广、阜、邑、甘等。例如属于阳土的汉字有：石、土、坦、垸、塬、塔、墨、坤、寺、坊、坛、城、域、培、佳等带土字旁的字，以及山、岚、岛、岩、崔、炭、幽、峨、岳、峰、崎、岱、屿、峦等带山字旁的字；属于阴土的汉字有：玉、玺、珍、玙、玛、玒、玕、玖、玗、玘、玚、玥、玧、玨、玮、玞、玪、玠、玢、玠、玤、玦、珑、玨、玩、玲、玭、环、玟、玱、珀、玶、珆、玲、玳、玷、玹、玻、珣、珂、珄、珅、珇、珈、珉、珊、珌、珎、珒、珖、珑、珆、珝、珞、珠、珢、珣、珥、珦、珧、珩、珪、琉、珯、珴、班、珮、珹、珽、珵、理、珶、珺、珝、珦、珰、珵、球、珺、琅、理、琇、琉、琀、琍、琏、琎、琓、琚、琛、琞、堆、域、珺、琢、琣、琥、琦、琨、珺、琪、琫、琬、琮、琯、瑾、瑾、璟、璇、璃、璋、瑱、璎、璜、璝、璞、璟、璠。五行属于阴土的带有"邑（右阝）"、"宀"、"广"的汉字有：宝、府、邦、邻等。

五行属于金的基本笔画和部首为：丶、钅、口、几、刀、戈、匕、刂、玉、石、皿、金、西、贝、兑、辛、戈等。例如属于阳金的汉字有：金、鑫、银、针、钦、钠、铁、铮、钢、铉、锋、鉴、钟、锌等带金字旁的字；属于阴金的汉字有：剑、刚、利、列、刊、划、别、制、剧、刘、则、剩、到、刮等带刀字旁的字，以及成、戗、戎、战等带"戈"旁的字，还有切、斩、韬等字。

五行属于水的基本笔画和部首为：亠、冫、氵、辶、廴、月、子、水、耳、鱼、黑、雨、川、癸、亥等。例如属于阳水的汉字有：水、淼、沁、涯、淞、潍、江、河、湖、海、洋、波、涛、洪等带水字旁的字；属于阴水的汉字有：雨、雷、雹、霖、雯、云、霓、雪、霏、霆、雾、霭、霍、露等带雨字旁的字。

辨别汉字笔画五行歌诀如下：

（一）

横画连勾作上称，一挑一捺俱为金；
撇长撇短皆为火，横直交加土最深；
有直不斜方是木，学者方明正五行。

（二）

一点悬空土进尘，三直相连化水名；
孤直无依为冷木，腹中横短作囊金；
点边得撇为炎火，五行变化在其中。

（三）

三横两短若无钩，乃是湿木水中流；
两点如挑金在水，八字相须火可求；
空云独作寒金断，奵己心钩比木舟。

（四）

无钩之画土稍寒，直非端正木休参；
围中横满无源水，口小金方莫错谈；
四匡无风全五事，用心辨别莫迟难。

（五）

穿心捺撇火陶金，走之平稳水溶溶；
直中一捺金伤木，提起无尖不是金；
数点笔连休作火，奇奇偶偶水源清。

（六）

无直无钩独有横，水用土化复何云；

点挑撇捺同相聚，共总将来化土音；

四点不连金化火，孤行一笔五行同。

字音的五行。根据汉字的声母、韵母拼音划分如下：

木音：舌根音，g k h

火音：舌尖音，d t n l

土音：喉音，a o e ai ei ao ou au en un iang ün üan ing ang eng ong

金音：前摩擦音，j q x zh ch sh r z c s j（y）

水音：唇音，b p m f u ü（w）

在普通话普及的今天，汉字的字音五行应以普通话音韵为标准。复音合成字的五行，除了 i、u、ü 作为单韵母使用外，它们与五行属于土的韵母结合成复韵母则以五行"土"论，例如 ie、üe、in、iang、iao、uen、ueng 等都属于土音，如果汉字合成音中还有其他五行时，再参考其他五行论。例如"普（pǔ）"字从音韵五行上讲属于五行水；"闰（rùn）"字属于五行"金（r）+ 土（un）"，以"金"论；"凯（kǎi）"字五行为"木 + 土"。

再如，从字音上讲属于五行水的字有：居（ju）、曲（qu），因为 j 属"金"、ü 属"水"，"金"生"水"，所以"居"字属"水"，这里的韵母"ü"作为单韵母使用，跟声母结合在一起，则省略上的两点。

使用汉字的五行时，以汉字的字义、字形五行为主，以其字音五行为辅。

起名基础3——天干地支

天干、地支简称干支。天干是甲、乙、丙、丁、戊、己、庚、辛、壬、癸的总称，又叫"十天干"。地支是子、丑、寅、卯、辰、巳、午、未、申、酉、戌、亥的总称，又叫"十二地支"。

干支都可以作为中国人表示年、月、日、时的符号，又可以用作描述宇宙生命发生、发展变化的符号。干支的意义及其排列序位代表万物产生、发展、壮大、灭亡、更生的整个过程。

干支与阴阳、五行、时间、脏腑等相配，体现了事物之间的有机联系和"天人相应"的全息观。

天干与五行对应关系如下：

天干	五行	天干	五行
甲	阳木	己	阴土
乙	阴木	庚	阳金
丙	阳火	辛	阴金
丁	阴火	壬	阳水
戊	阳土	癸	阴水

地支与五行的对应关系如下：

地支	五行	地支	五行
子	水	午	火
丑	土	未	土
寅	木	申	金
卯	木	酉	金
辰	土	戌	土
巳	火	亥	水

天干与地支组合表如下：

1. 甲子	11. 甲戌	21. 甲申	31. 甲午	41. 甲辰	51. 甲寅
2. 乙丑	12. 乙亥	22. 乙酉	32. 乙未	42. 乙巳	52. 乙卯
3. 丙寅	13. 丙子	23. 丙戌	33. 丙申	43. 丙午	53. 丙辰
4. 丁卯	14. 丁丑	24. 丁亥	34. 丁酉	44. 丁未	54. 丁巳
5. 戊辰	15. 戊寅	25. 戊子	35. 戊戌	45. 戊申	55. 戊午
6. 己巳	16. 己卯	26. 己丑	36. 己亥	46. 己酉	56. 己未
7. 庚午	17. 庚辰	27. 庚寅	37. 庚子	47. 庚戌	57. 庚申
8. 辛未	18. 辛巳	28. 辛卯	38. 辛丑	48. 辛亥	58. 辛酉
9. 壬申	19. 壬午	29. 壬辰	39. 壬寅	49. 壬子	59. 壬戌
10. 癸酉	20. 癸未	30. 癸巳	40. 癸卯	50. 癸丑	60. 癸亥

上述干支组合是中华民族传统的纪时工具。天干和地支组合用来表示时间，通常叫干支纪年、纪月、纪日、纪辰。一个人出生的"八字"就是用干支记录这个人出生的年、月、日、辰的方式。

干支作为中国人表示年、月、日、时的时间模型，又可以推算人一生的吉凶祸福，亦即推算人的命运。用天干、地支表示一个人的出生年、月、日、时，共有八字，即人的生辰八字，又称为"四柱"，即年柱、月柱、日柱、时柱，《三命通会·论年月日时》云："凡论人命，年、月、日、时排成四柱。"例如：某人生于阳历2002年1月2日13时02分，用天干地支表示其"八字"为：

年	月	日	时
辛	庚	庚	癸
巳	子	午	未

因每年的阳历1月5日或6日为小寒节，2002年1月2日在大雪与小寒之间，所以纪年纪月的干支为辛巳年庚子月，由年地支可知道这个人的生肖属蛇。

"生辰八字"理论与中医理论都认为，人皆禀气而生，通过干支把一个出生时所秉承阴阳五行之气的性质强弱及生克制化规律推算出来，就可预知其人的健康状况、吉凶寿夭、人生大趋势等情况，一个人的八字五行和谐通畅主人健康无病；五行之气克战不利，偏枯偏旺主人疾厄缠身。用生辰八字推算人的贵贱贫富，一般程序是先看代表本人的日元五行是否得时（令），次看用神补救与辅助日元五行的五行是否得力，再看行运好坏。

在古代还有专用的名字称呼十天干与十二地支，今列举如下：

天干	甲	乙	丙	丁	戊	己	庚	辛	壬	癸
《尔雅》中的天干专名	阏逢	旃蒙	柔兆	强圉	著雍	屠维	上章	重光	玄（元）黓	昭阳
《史记》中的天干专名	焉逢	端蒙	游兆	强梧	徒维	祝犁	商横	昭阳	横艾	尚章

地支	子	丑	寅	卯	辰	巳	午	未	申	酉	戌	亥
《尔雅》中的地支专名	困敦	赤奋若	摄提格	单阏	执徐	大荒落	敦牂	协洽	涒滩	作噩	阉茂	大渊献
《史记》中的地支专名	困敦	赤奋若	摄提格	单阏	执徐	大荒骆,大芒落	敦牂	叶洽	涒滩	作鄂	淹茂	大渊献

例如：《资治通鉴》卷153标题是"屠维作噩一年"，据上表可知"屠维"对应的天干就是"己"，"作噩"对应的地支就是酉，所以这一年为己酉年（公元529年）。屈原在《离骚》中说"摄提贞于孟陬兮，惟庚寅吾以降"。句首"摄提"就是寅年。

◆ 起名基础4——干支纳音五行

天干与地支之间的关系十分密切，二者组合在一起构成一种力量即干支力，干支力就是干支纳音五行，例如甲子与乙丑纳音五行叫"海中金"，因此，具有五行金的信息。六十甲子与五音十二律结合起来构成了"六十甲子纳音五行"，按照金、木、水、火、土五行属性，每两年归为一类，周而复始，所以六十甲子纳音五行常被民间用来推算命，例如：2010年是庚寅年、2011年是辛卯年，这两年出生的人都具有"松柏木"的信息，民间习惯上叫"木"命人。我们现在介绍中国传统的"六十甲子纳音五行"，揭开"命"谜，使人们不再"迷信"，这样更有利于提高国民的知识素养。

干支	纳音五行	解　释
甲子 乙丑	海中金	子属水，又为湖，又为水旺之地，兼金死于子，墓于丑，水旺而金死、墓，故曰海中金也。
丙寅 丁卯	炉中火	寅为三阳，卯为四阳，火既得地，又得寅卯之木以生之，此时天地开炉、万物始生，故曰炉中火也。
戊辰 己巳	大林木	辰为原野，巳为六阳，木至六阳则枝荣叶茂，以茂盛之木而在原野之间，故曰大林木也。

续表

干支	纳音五行	解　　释
庚午 辛未	路傍土	未中之木而生午位之旺火，火旺则土焦，未能育物，犹路傍土若也。故曰路傍土也。
壬申 癸酉	剑锋金	申酉金之正位兼临官申、帝旺酉，金既生旺则成刚矣，刚刚无窬于剑锋，故曰剑锋金也。
甲戌 乙亥	山头火	戌亥为天门，火照天门，其光至高，故曰山头火也。
丙子 丁丑	涧下水	水旺于子，衰于丑，旺而反衰，则不能为江河，故曰涧下水也。
戊寅 己卯	城头土	天干戊己属土，寅为艮，山土积而为山，故曰城头土也。
庚辰 辛巳	白蜡金	金养于辰、生于巳，形质初成，未能坚利，故曰白蜡金也。
壬午 癸未	杨柳木	木死于午，墓于未，木既死且墓，虽得天干壬癸之水以生之，终是柔弱，故曰杨柳木也。
甲申 乙酉	泉中水	金临官申、帝旺酉，金既生旺，则水由以生，然方生之际力量未洪，故曰泉中水也。
丙戌 丁亥	屋上土	丙丁属火，戌亥为天门，火既炎上，则土非在下而生，故曰屋上土也。
戊子 己丑	霹雳火	丑属土，子属水，水居正位而纳音乃火，水中之火非神龙则无，故曰霹雳火也。
庚寅 辛卯	松柏木	木临官寅、帝旺卯，木既生旺则非柔弱之比，故曰松柏木也。
壬辰 癸巳	长流水	辰为水库，巳为金长生之地，金生则水性已存，以库水而逢生金则泉源终不竭，故曰长流水也。
甲午 乙未	沙中金	午为火旺之地，火旺则金败，未为火衰之地，火衰则金冠带，败而方冠带，未能盛满，故曰沙中金也。
丙申 丁酉	山下火	申为地户，酉为日入之门，日至此时而藏光，故曰山下火也。

续表

干支	纳音五行	解　释
戊戌 己亥	平地木	戌为原野，亥为木生之地，夫木生于原野则非一根一株之比，故曰平地木也。
庚子 辛丑	壁上土	丑虽土家正位而子则水旺之地，土见水多则为泥也，故曰壁上土也。
壬寅 癸卯	金箔金	寅卯为木旺之地，木旺则金赢，又金绝于寅、胎于卯，金既无力，故曰金箔金也。
甲辰 乙巳	佛灯火	传明继晦，犹如夜间庙宇里的灯光，故曰佛灯火也。
丙午 丁未	天河水	丙丁属火，午为火旺之地而纳音乃水，水自火出，非银河不能有也，故曰天河水也。
戊申 己酉	大驿土	申为坤，坤为地，酉为兑，兑为泽，戊己之土加于坤泽之上，非其他浮薄之土也，故曰大驿土也。
庚戌 辛亥	钗钏金	金至戌而衰，至亥而病，金既衰病则诚柔矣，故曰钗钏金也。
壬子 癸丑	桑树木	子属水，丑属土，水土方生木，木气盘屈，形状未伸，犹如桑树木也。
甲寅 乙卯	大溪水	寅为东北维，卯为正东，水流正东则其性顺而川涧池沼俱合而归，故曰大溪水也。
丙辰 丁巳	沙中土	土库辰、绝巳，而天干丙丁之火至辰冠带、巳临官，土既库、绝、旺，火复兴生之，故曰沙中土也。
戊午 己未	天上火	辰为食时，巳为禺中，午为火旺之地，未中之木又复生之，火性炎上又逢生地，艳阳之势光于天下，故曰天上火也。
庚申 辛酉	石榴木	申为七月，酉为八月，此时木则绝矣，惟石榴之木反结实，故曰石榴木也。
壬戌 癸亥	大海水	水冠带戌、临官亥，水临官、冠带则力厚矣，兼亥为江，非他水之比，故曰大海水也。

◆ 起名之道 1——上文五维全息吉祥起名法

作者从事起名研究 10 多年，在起名实践中逐渐发现了五格数理起名法和十二生肖起名法的不足，而"上文五维全息吉祥起名法"正好能弥补各种起名法的缺陷和不足，"上文五维全息吉祥起名法"是一种综合性、全方位复杂的起名方法，使取名的效果由单纯的识别功能扩大到护身开运吉利的功能。

上文五维全息吉祥起名法中的"五维"，指生辰八字五行、数理、意象、形象、音象。经作者多年来对五维全息吉祥起名法的研究、观察与验证，从这五个方面起名、改名对人的运气、身体、婚姻、事业、学业更有利，是宝宝美好人生的开端。

上文五维全息吉祥起名法不但重视名字的音、形、义所含的信息，而且重视命理（生辰八字）、数理，所以此种起名方法难度很大。

"上文五维全息吉祥起名法"的步骤：出生时空（八字）→姓名数理 → 姓名读音 → 姓名意象 → 姓名形象。下面逐一介绍每一步骤。

首先，"上文五维全息吉祥起名法"考虑出生时间和地点，将宝宝的出生时间转换为"八字"，即用天干地支表示一个人的出生年、月、日、时，古人又称此步骤为"排四柱"。学好用"八字"记录生年、生月、生日、生时不容易。自中国唐代以来，经过古人无数次验证，"八字"计时法比我们采用的阳历和阴历自然数计时法更能反映出一个人的生、老、病、死、婚姻、财运等人生信息，因为表示"八字"的天干地支与五行一一对应，通过五行生克制化的规律就推导出这些人生信息。中国传统文化的代表《易经》和传统哲学都认为时空一变，万物就变了。著名国学大师南怀瑾先生在美国大学讲学时说："不管宗教、哲学、科学，有两个重点要注意：一个是时间，一个是空间。事实上，时间、空间左右了一切，我现在告诉大家了，我们中国的传统文化《易经》把时空并用，它是一体的两面。"这就是我 10 多年来一直强调起名要重点考虑出生时间和地点的依据。举个排"八字"的例子，北京时间阳历2010年1月6日15时56分，在广州市有一个宝宝诞生，用天干地支表示如下：

己　　丁　　丙　　丙
丑　　丑　　辰　　申

这就是"四柱"，民间习惯上称之为"八字"，读作己丑年、丁丑月、丙辰日、丙申时。同一时间在新疆乌鲁木齐市出生的宝宝，因其出生空间地点不同，其八字就变为：

己　　丁　　丙　　乙
丑　　丑　　辰　　未

上述两个宝宝"八字"中的年、月、日的干支相同，时干支不同，这是因为乌鲁木齐市1月6日的天亮时间是9时11分、日出是9时43分，而1月6日广州的天亮时间是6时45分、日出是7时09分，这两个城市基本上相差一个时辰。

排出一个人的"生辰八字"后，紧接着就是分析"八字"五行的比例以及五行的旺衰，根据先天八字五行的旺衰喜忌起名，这就需要读者掌握干支与五行的对应律、天干五行十二月令发展变化律和五行四时旺相休囚法则，这些专业知识详见笔者编著的《宝宝吉祥起名大全》。

举两个例子讲五行旺衰。例一：阳历2006年10月1日（阴历的八月初十）早上7点39分对应的生辰八字为：

丙　　丁　　癸　　丙
戌　　酉　　亥　　辰

五行比例2丙火、1丁火、1戌土、1辰土、1酉金、0木、1癸水、1亥水。出生的日干支为癸亥，日元为癸水，宝宝生于这个时间正是秋季酉金之月，秋季五行"金"旺，"水"处于次旺即"相"的状态，日元癸水得日支亥水之源泉，所以日元癸水偏旺盛，根据《周易》五行平衡原理，宝宝先天五行缺木不利，起名补五行木为上策，用"木"来泄日元癸水，这对本人的发展更有利。

例二：女宝宝出生时间是阳历2009年12月21日8时45分（农历十一月初六），对应的生辰八字为：

29

己　　丙　　庚　　庚
　　丑　　子　　子　　辰

　　先天八字中的五行比例个数（不计藏干）：2水、0木、1火、3土、2金。五行力量：水旺、火死、土囚、金休。阴阳比例是：阴气占62.8%、阳气占37.2%，符合女孩以阴气为主阳气为辅的自然法则。代表本人的日元庚金生于丙子月显然不得时令，因为子月的五行旺衰规律是水旺、木相、金休、土囚、火死，加上年支丑为庚金之墓，此丑土不但不能够生庚金，反而把庚金关藏起来，使庚金难以舒展开，所以庚金很弱，幸好有时柱的天干庚帮助、地支辰土生庚金，还有年干己土生庚金，庚金得到生助，弱中得解救。命中的用神五行为土，喜神为金。宝宝生于寒冷冬季，八字可适当借五行火调候，调候用神五行为火，命中丙火虽然不缺，但是火力太弱，处于"死"的状态，起名应该加强火、土、金的力量，五行缺木不需要补。

　　读者一定要注意：根据五行起名，并不是先天五行缺什么就补什么，要视日元五行强弱而定，如果所缺五行对本人有利，不补反而好，补了则凶；如果一个人的先天八字五行出现不齐全，所缺五行需要补则补，补救的办法有三种：一是字形补法，二是字意补法，三是数理补法。

　　其次，"上文五维全息吉祥起名法"的第二步骤考虑姓名的数理吉凶。在中国传统哲学文化范畴，数理又叫"数理哲学"，用数解释、说明问题。姓名分为五格数理：天格数理、人格数理、地格数理、总格数理、外格数理，其中最关键的是人格数理、总格数理，给新生宝宝起名还要重视姓名地格数理。有人说姓名的"三才"——天格、人格、地格的五行相生则吉、相克则凶，这种说法很片面，香港大富豪李嘉诚的姓名天格五行属于金、人格五行属于木、地格五行也是金，虽然2金克1木，但是他照样成为大名鼎鼎的富豪和慈善家，这是因为他的名字信息与其生辰八字（戊辰年戊午月甲申日丁卯时）五行相符。关于姓名五格数理，详见下一节。读者要查阅1~81数理吉凶信息，请参考第41页至47页。

　　第三，"上文五维全息吉祥起名法"第三步骤讲究姓名的音韵美（即 HI），预防姓名出现不吉不雅的谐音。一般规则是只要姓名的声母与韵母不一样，听起来就好听，再考虑姓名声调因素，姓名的声调不同，听起来就悦耳，姓名的声母与韵母不同而声调相同，这样的姓名也好听，仍然能够达到好的语音效果。姓名的声母、韵母相同或者接近，声调又都相同，这样姓名的语音效果很差，带给人不良信息。姓名谐音带来的贬义外号，轻则损其尊严，重则妨害前程，很容易给本人造成沉重的心理负担，影响当事人的发展。美妙动听的名字所蕴藏的音波信息对人体产生有益的感应作用，调理人的生理节律与行为。大家都有一个共同的体验：当听到优美的歌曲时，我们的身体会下意识地活动。假如你的姓名音律美好，对本人肯定会产生好的结果。

第四，"上文五维全息吉祥起名法"第四步骤是推敲姓名的意象美（即 MI），不要起出含义不雅或者有贬义的姓名，避免出现不好的外号。汉字是负载着神奇信息并能激发人的能动性的灵性文字。我们根据当代著名的汉字学家萧启宏先生写的《汉字通〈易经〉》原理和在全球中西文化界享有巨大声望的国学大师南怀瑾先生的教导，发现了汉字的"字音消灾，字形藏理，字意通神"的规律。姓名内在的蕴义不良，长期使用它，就影响人的心情，不利于事业、婚姻，因为姓名具有诱导或暗示潜意识的作用力，孩子在有意或无意之中把贬义的姓名或外号和他自己的行为联系起来，经过一段时间，具有负面消极含义的名号会给孩子留下不良的持久暗示力，这就会侵蚀和伤害孩子的心灵。宋慈是中国法学史上著名的法医、法官，其父也是一位负责刑狱的法官，深知百姓疾苦，父亲对他说："我为你取名'慈'，字'惠父'，是希望你将来做官后要仁慈爱民，为百姓送实惠。"宋慈没有辜负父亲取名时对他的殷切期望，一生都把慈爱施于民，他侦破了许多复杂案件，使许多冤假错案得以平反，受到百姓的爱戴，他结合自己破案经验，编写了规模宏大的《洗冤集录》，这部书成为世界上最早的法医学著作。著名导演张艺谋最初的姓名叫张诒谋，很多人并不知道张诒谋，这个名是由他外公取的，他外公对"诒"字的解释是"诒者，勋也"，是期望他在未来建立功勋，光宗耀祖。"诒谋"具有建功立业的谋略智慧之意。不过，因为"诒"字不常用，张诒谋上学后，有人把他的名字写成"张治谋"，有人写成"张冶谋"，还有同学跟他开玩笑，叫他"张阴谋"，为此他就自己把名字改为现在的"张艺谋"，意思是具有艺术家的谋略与智慧。

第五，"上文五维全息吉祥起名法"的第五步骤是注意姓名的形象美（即VI），使姓名的形体美观、平稳中和，不至于起出像丁一馨、戴鹏义这样的姓名。

为便于读者领会"上文五维全息吉祥起名法"，现在举一个起名范例如下：

起名应提供的资料：

父母姓名：霍先生、李女士

宝宝出生地：中国山东省

宝宝出生时间：阳历2007年11月20日18时38分

宝宝性别：女

家长要求：无

联系电话、传真：略

E-mail：略

宝宝出生的时空信息为：

2007年	11月	20日	18时38分
丁亥	辛亥	戊午	辛酉

五行比例是3金、0木、2火、1土、2水，代表本人的日元戊土在亥水之月不得时令，幸而得2火生，所以戊土不旺，根据《周易》五行平衡原理，宝宝先天五行缺木没有妨害，起名加强五行土与火对宝宝更有利，运用"上文五维全息吉祥起名法"命名如下：

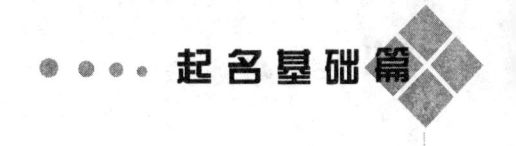

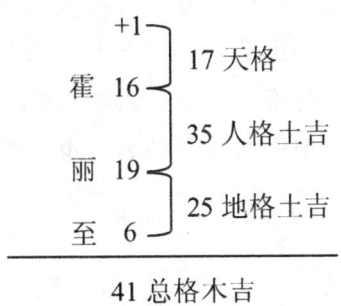

```
        +1 ⎫
    霍  16 ⎬  17 天格
           ⎭
           ⎫  35 人格土吉
    丽  19 ⎬
           ⎭  25 地格土吉
    至   6 ⎭

       41 总格木吉
```

霍丽至创意解析：

从五行上讲，姓名既补了五行木，又加强了五行土，名命相合。

从姓名意象（MI 识别）上讲，霍指姓氏；丽指美丽；至指达到某种境界；该姓名的意境是达到最美丽的境界。姓与名组合在一起没有任何不雅的含义，并且名字特别新颖。

从姓名形象（VI 识别）上讲，该姓名的字形搭配美观，给人第一形象很好！

从姓名音象（HI 识别）上讲，该名字读之朗朗上口，听之悦耳动听，没有其他的不良谐音，在交际中不会给本人造成不良的影响！

从姓名数理功能上分析：该姓名数理信息都吉，对本人有积极的诱导作用。该姓名人格数理 35 具有"温和平静，理智兼具，文昌技艺，成就非凡"的诱导作用。总格数理 41 具有"天赐吉运，和顺畅达，德高望重，博得名利"的诱导作用。

◆ 起名之道 2——五格起名法

五格姓名学发源于 1918 年，日本人熊崎健翁将中国数理加以整理及应用，自创了这种起名方法。此后这套计算姓名笔画吉凶的五格起名法在日本大行其道，上至日本天皇家族，下至普通日本人，给孩子起名的时候，都遵循这套繁琐的规则，天皇皇子的起名比平民的讲究更多，有专职的顾问解决此事。20 世纪 70 年代末，

一直受日本文化影响极大的台湾开始流行五格起名法。

学习五格起名法，一定要知道"五格"及其作用。"五格"包括天格、人格、地格、总格、外格，其中天格、人格、地格被称为"三才"，总格、人格、地格为整个姓名最重要的部分。

	天格	人格	地格	总格	外格
影响及作用	祖先流传下的姓氏，对人影响微不足道，天格数理仅供参考而已。	反映期待的性格与才能，昭示一生的吉凶，人格位于天格之下地格之上，因此，人格是整个姓名的中心与重点。	反映青少年之前的人生运势，地格要符合对健康、平安、学业、生育的追求。	代表中晚年的运势，关系后半生的终身成就。	代表所处的外界环境，以及家族关系，暗示交际能力。外格数理只是参考，对人没有太大影响。
重要程度	低	高	高	高	低

"天格"是姓氏信息的参考

一个孩子出生后，要么随父姓，要么随母姓，这个姓因是祖传的，所以通常是不可改变的。姓是先天的，名是后天的，姓是骨，名是肉，骨肉不能分开，所以起名字要先后天都结合起来。名字不好可以改，采用"上文五维全息吉祥起名法"，就能改个吉祥名字，而姓氏一般不能改。因此，天格的数理吉凶通常只是一种参考，对人生影响不大。

天格的计算方法是：天格跟姓氏的笔画数有关，单姓的天格数就是"姓"的笔画数加上1画，如王为4画，王姓的天格数就是4加1的和，亦即5；复姓的天格数就是复姓的总笔画数，如西汉史学家司马迁的姓氏为复姓"司马"，司为5画，马即馬为10画，"司马"的天格数就是15。单姓的天格数为什么要添加1呢？因为单姓就一个字，复姓是两个字，两个字的笔画数相加生成天格数，而一个字的笔画数因没有被加数就不能生成天格数，所以要添加"1"，这个1就是假借数。这也是天格不计吉凶的原因之一，另一个原因是同一姓氏的人太多，没有哪个姓比另外的姓更吉或更凶。所以，只有不好的名字，没有不好的姓。但是也有人改姓，这不是因为"天格数"凶，而是有以下两种原因：

其一，孩子上学前，在征得父母同意的情况下，有法定权利选择随母姓或者随父姓，《中华人民共和国民法通则》第九十九条规定：公民享有姓名权，有权决定、使用和依照规定改变自己的姓名，禁止他人干涉、盗用、假冒。

其二，父母离婚后，由于母亲憎恨父亲，或者母亲再婚后，便于孩子跟继父处理关系，母亲提出给孩子改姓，或随继父的姓，或随母姓。

"人格"代表一生的运势

"人格"数是一个人的姓名中最重要的数，因为这个数理暗示我们一生的运气，此数一定要是吉数，不可为凶数，所以"人格"又称为"主运"。对于任何一个姓名，如果人格数不佳，都应该改名。人格也代表人的性格、体质及驾驭人事的能力，人格对人生的影响最大。

人格的计算方法是：单姓的姓名人格等于姓的笔画数加名字的第一个字的笔画数，如赵薇，赵即趙为14画，薇为19画，赵薇的人格数就是33吉数（14＋19）；复姓的姓名人格数就是姓尾名头笔画数相加，姓尾即姓中的最后一个字，名头即名字中第一个字。

对于按照家谱中排辈字起名的人来说，有的姓名的人格数可能不吉，这个时候可以用同音异字替换表示辈分的字，如四川省万县市王氏家谱字辈为"相吾青其，玉美兴居，一行仁厚，显耀永立，国政天顺"，相字辈的人起名叫王相X，吾字辈的人起名叫王吾X，王相X的人格数是"王"的笔画数4加"相"的笔画数9，总计13，人格13属于吉数，王吾X的人格数是11，也是吉数，但是对于青字辈的姓名王青X来说，人格数就不吉，王是4画，青是8画，合计12，人格数12是凶数，属于掘井无泉之象，具有"无理伸张，薄弱无力，外甜内苦，谋事难成"的不良诱导作用。我们用"清"字替换"青"，这样人格数就变为16吉数。如果没有其他汉字替代，就只好不用排辈字起名了。

"地格"代表青少年之前的运势

对于未婚未生子的人来说，地格也很重要，特别是给新生儿起名，必须保证地格数吉。因为地格掌管前半生的健康、学业、安全等，所以"地格"又称为"前运"。一个人结婚生子后，地格数的影响力逐渐减弱，若是姓名只有地格数不吉，就算不改名也无妨。

地格的计算方法是：除了一个字的名即单名的地格数等于单名汉字笔画数加1外，由两个以上字构成的名，该名的地格数就是名字笔画数之和。如陈昊的地格就是8（昊）加1的和9，杨启帆的地格就是11（启）加6（帆）的和17。

"总格"代表中晚年后半生的运势

"总格"对中晚年的运势起诱导作用，所以"总格"又称为"后运"。"总格"暗示一个人的终身成败，因此总格在"五格"中非常重要，如果姓名的总格数凶，建议改名，改名求得总格吉数，保证中晚年人生有成、幸福美满。

总格的计算方法是：将姓与名字的实际笔画数相加，就是总格数。

"外格"是起名的参考

虽然姓名有"五格"，但是"外格"仅仅是一种衬托数而已，充当"五格"的门面，如果没有"外格"，"五格姓名学"就变成了"四格姓名学"，"四格"作为名称，就不如"五格"好听，也不如"五格"吉祥，因为"四格"的总数为14（四4+格10），14属于凶数，"五格"的总数为15（五5+格10）吉数。"外格"仅代表所处的外界环境，暗示交际能力。外格数是一个人的外界辅助力量，因此外格数理只是一种参考信息，对人没有太大影响。

外格的计算方法是：总格数减去人格数再加上姓名的添加数。香港的李居明先生认为，外格数是总格数加1，这也未尝不可，无可厚非，反正外格不重要。

"外格"数理没有经过奇妙的组合，因此，一般不列入起名讨论的范围。以我们十几年的起名实践经验来看，起名不能眉毛胡子一把抓，凡事要抓住问题的主要方面，起名只要抓住"人格"、"地格"与"总格"就迎刃而解了。姓名五格面面俱到也未必就是吉名，因为"五格"都吉的姓名，如果不符合本人生辰八字中的用神五行的要求，也不是真正的吉祥名字，姓名五格自身的吉凶与本人的用神五行结合在一起相辅相成，这才是真正的吉名。

姓名五格数理全方位例解

例一：单姓两字名：

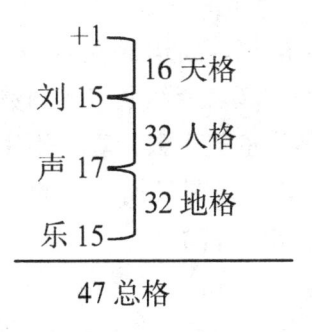

```
+1  ┐
刘 15 ┘ 16 天格
     ┐
声 17 ┘ 32 人格
     ┐
乐 15 ┘ 32 地格
─────────
     47 总格
```

例二：复姓两字名

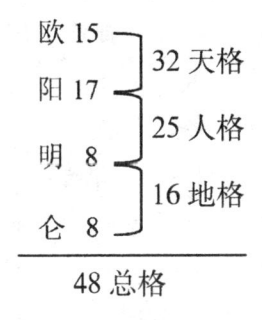

```
欧 15 ┐
     ┘ 32 天格
阳 17 ┐
     ┘ 25 人格
明 8  ┐
     ┘ 16 地格
仓 8  ┘
─────────
     48 总格
```

姓名笔画数计算标准

中国汉字起源于上古时期，并非一人一时之作，但是中华民族的人文始祖黄帝的贤臣仓颉却是最早参与了汉字的创造发明。古籍《淮南子》记载："仓颉作书而天雨粟，鬼夜哭。"《春秋元命苞》说："（仓颉）于是穷天地之变，仰观奎星圆曲之势，俯察龟文鸟羽山川，指掌而创文字，天为雨粟，鬼为夜哭，龙乃潜藏。"可见，仓颉创作文字真正是惊天地泣鬼神了。在河南虞城有仓颉墓与仓颉祠，仓颉祠里有仓颉"鸟迹书"，因其伟大的创造，在陕西白水县人们还建立了仓颉庙。仓颉见鸟兽之迹，依据"六书"法则（注：六书是一曰"指事"，二曰"象形"，三曰"形声"，四曰"会意"，五曰"转注"，六曰"假借"），由纵横、左右、上下、长短、疏密等变化的点和线创作汉字，其微妙的点线体系，皆合于自然造化之法则。至于点与线的变化更启示着万物的命运，蕴含着微妙的数理灵动，不能任意加减一点或一画。人们就利用点线组成的汉字之"数"来测定推理吉凶祸福，故构成姓名的汉字，虽是一画一点，也不可忽视。为此，我向读者介绍姓名笔画数计算法则：

首先，通常按繁体字的笔画数计算，不用简体字的笔画数。繁体字是中华民族在1949年之前长期使用的未简化的字体，是中华文化的根，它更能传递出丰富的信息。比如："奋"的繁体字——"奮"，由"大"、"隹"、"田"三字组成，"大"与"小"相对，"隹"（zhuī）是什么？是一种鸟，它底下是"田"，"田"代表鸟的栖息地，任何鸟只有振作起来，展翅飞翔，才能完成南北迁徙，所以"奋"字具有"振作，鼓劲"的意思。再如"圣"的繁体字——"聖"，字形从耳、从口、从王，只有善于用耳听、精通天、地、人之道、有口才的人，才是圣人。许多人常把异体字与繁体字混淆。比如"倖"是"幸"的异体字而不是"幸"繁体字。

其次，必须掌握一些汉字的笔画数特殊计算规则，比如带"艹"字头的汉字有四种情况："艹"当3画时，如"敬"（12画）；"艹"当4画时，如"黄"（12画）；"艹"当6画时，如"芳"、"花"、"蕾"等字；"艹"当8画时，如"荣"（14画）、"莹"（15画）等字。

第三，凡本身具有数的内涵的汉字，则按照其数计算，如五，计数为5，但是"百"按6画计算，"千"按3画计算，"万"按15画计算。

第四，掌握偏旁部首的笔画数，例如：

"氵"旁按4画计算，因为"水"字为4画，如"池"计为7画。

"月"旁按8画计算,因为"月"是"肉"演化而来。

左"阝"旁,按8画计算,因为左旁"阝"通"阜"。

右"阝"旁,按7画计算,因为右旁"阝"通"邑"。

"辶"按7画计算,因为"辶"通"走"。

"忄"旁按4画计算,因为"忄"通"心"。

"王"旁按5画计算,因为"王"字旁本是"玉"。

"讠"通"言",按7画计算。

"礻"通"示",按5画计算。

五格姓名学中的"沙石"

五格姓名学中珠宝亮点很多,但是也有一些"沙石"就像我们吃的大米中的沙石一样,只会害人,没有一点价值。"三才"(天格、人格、地格)相克则凶的观点就是五格姓名学中的沙石之一。将天格、人格、地格之数归为五行类,认为天格克人格、地格克人格或人格克天格不吉,这个观点正是五格起名法的一个重大缺陷或不足,因为《周易》最讲究"中和"之理,我们不能片面夸大五行相生作用,还要重视五行相克的益处。姓名的"三才"数理五行作为一种信息与本人的生辰五行是相辅相成的,数理五行对本人生辰五行起辅助调节作用,只要姓名的数理五行与本人生辰五行构成一个完整的金、木、水、火、土的五行系统,根据宇宙万物全息规律,系统内的五行生克共存,循环往复,姓名"三才"五行相克自然是好事,这是因为宇宙万物的"造化之机,不可无生,亦不可无制。无生,则发育无由;无制(克),则亢而有害"。自然法则是生克互存,有生还必须有克制,事物才能保持动态平衡,所以被生得过火了或者被克得过头了,对人生发展都不利。中国先哲、贤士们很早就明白:"金旺得火,方成器皿。火旺得水,方成相济。水旺得土,方成池沼。土旺得水,方能疏通。木旺得金,方成栋梁。"五行的运用是相当有学问的,其中关键变化之奥妙,非初学者可领悟。

我们为弥补五格数理起名法的不足,在给人起名时,常常结合当事人的生辰五行先天信息,使姓名的五行与本人先天生辰五行相辅相成，这样取出的名字才更加吉祥。

我们以华人富商李嘉诚、亚洲船王包玉刚的名字为例子加以证明姓名"三才"相克也不凶。

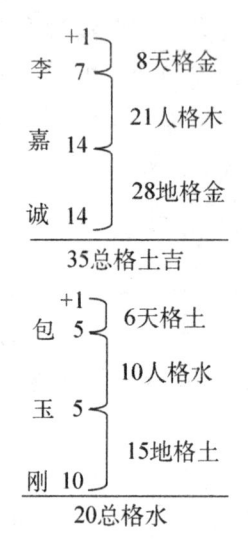

```
         +1
    李 7 ⎫
         ⎬ 8天格金
    嘉 14⎫
         ⎬ 21人格木
    诚 14⎫
         ⎬ 28地格金
    ─────────
    35总格土吉

         +1
    包 5 ⎫
         ⎬ 6天格土
    玉 5 ⎫
         ⎬ 10人格水
    刚 10⎫
         ⎬ 15地格土
    ─────────
    20总格水
```

李嘉诚先生的姓名就三才五行生克来讲，天格数理五行金克人格数理五行木，地格数理五行金克人格数理五行木，虽然其"三才"五行相克，但李嘉诚这个姓名还是属于吉名，其人仍然成为当今大名鼎鼎的华人富豪。

包玉刚的姓名天格数理五行土与地格数理五行土都克人格数理五行水，这个姓名照样促使包玉刚先生成为世界船王。

此外，我们长期研究姓名数理，用大量事实与统计经验证明了数理10、20、28、26、54等并非绝对不可用，往往有很多伟人、富豪等成功者的姓名带凶数理，凶数理的五行为本人生辰五行所喜，用之反凶为吉。有人统计了名气较大的歌星姓名，总结出：姓名中数理信息尾数是7、8的人暗示具有音乐细胞。数理7、8五行属金，代表金属、乐器等。例如：

（1）郭富城（郭15画，富12画，相加为人格27数）

（2）黎明（明8画，地格8数）

（3）满江（江7画，外格8数）

（4）陈明（明8画，地格8数）

（5）周蕙（蕙 18 画，地格 18 数）

（6）杨坤（坤 8 画，地格 8 数）

（7）王昆（昆 8 画，地格 8 数）

（8）雪村（雪 11 画，村 7 画，相加为人格 18 数）

（9）任静（静 16 画，地格 17 数）

（10）刘欢（刘 15 画，欢 22 画，相加为人格 37 数）

（11）蒋大为（蒋 15 画，大 3 画，相加为人格 18 数）

（12）蔡国庆（蔡 17 画，国 11 画，庆 16 画，相加为人格 28 数）

（12）周杰伦（杰 8 画，伦 10 画，相加为地格 18 数）

（13）费玉清（费 12 画，玉 5 画，清 12 画，人格地格都是 17 数）

（14）张含韵（张 11 画，含 7 画，相加为人格 18 数）

（15）陈冠希（希 7 画，外格 8 数）

（16）陈慧琳（慧 15 画，琳 13 画，慧琳相加为地格 28 数）

（17）王力宏（宏 7 画，外格 8 数）

（18）邓丽君（君 7 画，外格 8 数）

（19）童安格（童 12 画，安 6 画，相加为人格 18 数，总格 28 数）

这就充分说明了姓名数理信息不是随意编造的。

姓名的 1～81 数理吉凶对照

1～81 数理吉凶为统计经验而得，为方便读者查阅，今详列如下，供人们参考。

（1）1～81 数理蕴涵宇宙的大自然力，其力有吉凶之分，如天地有阴阳，物有刚柔、表里一样。因此，各数信息能量对人产生诱导感应作用亦有好坏之别。

（2）数前标有"○"，表示此数诱导力为吉；标有"□"，表示此数信息感应力为半吉；标有"▲"，表示此数信息感应力为凶。

（3）凡 81 数以上者，除其盈数 80，还归 1、2、3……81 数推导使用。例如：161 数除以 80 余 1，就按 1 数理判断使用。

○1. 宇宙太极之数

太极之数，万物开泰，生发无穷，利禄亨通。

□2. 两仪之数

阴阳之数，混沌未开，进退保守，忧心劳神。

○3. 天人地三才之数

三才这数，天地人和，事业有成，繁荣昌盛。

□4. 四象之数

四象之数，待时生发，万事谨慎，还可营谋。

○5. 五行之数

五行俱全，循环生克，圆通畅达，福寿集成。

○6. 六爻之数

六爻之数，精打细算，安稳幸运，余荫深厚。

○7. 七政之数

刚毅果断，勇往直前，天赋之力，好奇心强。

○8. 八卦之数

八卦之数，努力发达，志刚意坚，遂成大功。

□9. 大成之数

小舟进海，暗含凶险，有成有败，小心把握。

▲10. 满盈之数

满盈之数，万物终局，费尽心力，回顾茫然。

○11. 旱苗逢雨

万物更新，调顺发达，稳健泽世，繁荣富贵。

▲12. 掘井无泉

无理伸张，薄弱无力，外甜内苦，谋事难成。

○13. 春阳牡丹

多才多艺，智能超群，忍柔处事，必获大功。

▲14. 破败离散

家庭缘浅，沦落天涯，失意烦闷，谋事不顺。

○15. 福寿

福寿圆满，涵养雅量，立业兴家，必有成就。

○16. 厚重

厚重载物，安富尊荣，财官双美，功成名就。

□17. 坚强

刚毅坚强，宜养柔德，突破万难，必获成功。

○18. 铁镜重磨

谨慎勿骄，机遇重来，有志竟成，博得名利。

□19. 多难

成功较早，辛苦不断，虽有智谋，成败难定（但先天五行有金、水者，可成巨富、怪杰、伟人）。

▲20. 屋下藏金

智高志大，历尽艰辛，焦心忧劳，进退两难。

○21. 明月中天

为人尊仰，富贵荣华，立业兴家，大博名利。

▲22. 秋草逢霜

秋草逢霜，怀才不遇，忧愁怨苦，事不如意。

○23. 壮丽

旭日东升，壮丽可观，逐步进展，功名荣达。

○24. 掘藏得金

锦绣前程，贵人得宠，白手起家，财源广进。

○25. 英俊

资性灵敏，才能奇特，诚信和气，自成大业。

□26. 变异

常出豪杰，波澜起伏，义气侠情，必建大功。

□27. 增长

自我心强，易受诽谤，愿望强烈，可以成功。

▲28. 阔水浮萍

遭难之数，争论不和，四海漂泊，终世劳苦。

○29. 智谋

智谋奇略，财利俱备，名闻海内，成就大业。

□30. 歧运

沉浮不定，凶吉难分，好运配合，成功自至。

○31. 春日花开

智勇得志，博得名利，统领众人，成就大业。

○32. 宝马金鞍

荣幸多成，贵人相助，财帛丰裕，繁荣昌盛。

○33. 飞龙升天

旭日东升，鸾凤相会，才德双全，家业昌盛。

▲34．破家之数

破家之数，难望成功，辛苦遭厄，灾难不断。

○35．高楼望月

温和平静，理智兼具，文昌技艺，成就非凡。

▲36．不平之数

风浪不平，常陷穷困，动不如静，枉费心力。

○37．猛虎出林

权威显达，热诚忠信，涵养雅量，终身荣富。

□38．磨铁成针

有志乏力，难为首领，从事技艺，可望成功。

○39．富贵之数

德泽四乡，富贵荣华，财源茂盛，光明坦途。

□40．退安

智谋胆力，冒险投机，沉浮不定，谨慎平安。

○41．德高之数

天赐吉运，和顺畅达，德高望重，博得名利。

□42．多才之数

博识多能，精通世情，专心进取，尚可成功。

▲43．散财之数

散财破产，诸事不遂，虽有才识，财去困苦。

□44．怪异之数

破家亡身，暗隐惨淡，事不如意，乱世怪杰。

○45．顺风之数

顺风扬帆，万事如意，智谋不凡，富贵繁荣。

▲46．浪里淘金

载金沉舟，困难辛苦，离祖破家，孤独悲哀。

○47．点石成金

开花结果，祥瑞亨通，进退攻守，皆有成就。

○48．古松立鹤

德智兼备，鹤立鸡群，量大荣达，名利双收。

□49. 转折
吉凶难分，得而复失，小心谨慎，逢凶化吉。
□50. 小舟进海
吉凶参半，一成一败，亲多无助，须防倾覆。
□51. 沉浮
失得庇荫，竭力经营，一盛一衰，沉浮不定。
○52. 慧眼
卓识慧眼，光见之明，顺理成章，名利双收。
▲53. 内忧
忧愁困苦，外祥内患，先富后贫，磨难破家。
▲54. 横祸
石上栽花，难得成活，忧闷频来，倾家荡产。
□55. 善恶
外观隆昌，内隐祸患，坚心固志，亦能成功。
▲56. 浪里行舟
浪里行舟，历尽艰辛，事与愿违，祸不单行。
○57. 日照春松
资刚性坚，时来运转，天赐吉运，繁荣如意。
□58. 晚行遇月
沉浮多端，祸福无常，历经患难，晚年运佳。
▲59. 寒蝉悲风
寒蝉悲风，时运不济，缺乏忍耐，苦难不休。
▲60. 无谋
心迷意乱，漂泊不定，晦明暗黑，动摇不安。
○61. 名利
修德甚行，花开富贵，名利双收，定享幸福。
▲62. 衰败
缺乏信用，内外不合，志望难达，衰败家废。
○63. 舟归平海
万物化育，繁荣之象，不费心神，万事如意。
▲64. 非命之数

骨肉分离，孤独悲愁，徒劳无功，不得安心。

○65. 寿荣之数

天长地久，家运隆昌，福寿绵长，事事有成。

▲66. 不和之数

进退维谷，艰难不堪，内外不和，身家遭损。

○67. 通达之数

利禄亨通，贵人援助，家道兴旺，紫气东来。

○68. 发明之数

志向坚定，创新发明，勤勉力行，发展壮大。

▲69. 非业

坐立不安，常陷逆境，穷迫滞寒，尝尽痛苦。

▲70. 废亡之数

残菊逢霜，空虚寂寞，惨淡忧愁，晚景凄凉。

□71. 劳苦之数

内心劳苦，缺乏精神，勇于进取，定可成功。

▲72. 悲运之数

劳苦相伴，阴云蔽月，外观虽吉，内里生凶。

□73. 无勇之数

盛衰交加，缺少勇气，天赐福祉，终生平安。

▲74. 逆运之数

残花经霜，智能无用，辛苦繁多，沉沦逆境。

□75. 退守

退守保安，妄动失败，自有吉相，有谋可成。

▲76. 离散

倾覆离散，骨肉分离，内外不合，多陷逆境。

□77. 半吉之数

家庭和悦，先甜后苦，善于守成，前逆后顺。

□78. 晚苦之数

福祸参半，智能齐备，中年发达，晚景凄凉。

▲79. 云头望月

云头望月，身疲力尽，前途无光，劳而无功。

□80. 遁吉之数

辛苦不绝，刑商患病，积善修德，化凶转吉。

○81. 万物回春

最极之数，还本归元，重得繁荣，发达成功。

◆ 起名之道 3——十二生肖起名法点评

在中国传统民俗中，十二生肖作为一种人生信息，只能反映出一个人的性格、习性特征，比如，属狗的人忠诚、缺乏通融性，没有反映出生肖五行与八字五行的关系，所以，十二生肖起名法只是根据生肖特性牵强附会地把生肖习性与名字的字形联系起来，并且二者相关性不紧密，例如狗爱啃骨头吃肉，属狗的人起名用"骨"字旁的字就很冷僻，历史上几乎没有带"骨"字旁的名字。按照十二生肖起名法讲，狗不能在田地里干活，所以起名不宜用"田"字根，如富、由、男、甸、町、界、单、留、画、畸、畴、疆等字，其实不然，属狗的人生辰八字中需要加强五行"土"，用"田"字根的汉字对本人更加有利。再如，一个属猪的人先天生辰八字五行需要加强五行"金"，如果因猪喜欢吃"豆"、"禾"、"米"、"花"、"芝"之类的食物，起名就用这些字，那么这个人可能一辈子不幸福，吃不好、住不好、学不好、干不好。既然一个人一生的官位、财运、婚姻以及长寿或病残等都有定数，都隐藏在出生年月日时先天八字五行中，而根据人的生肖即生年地支属相推测人生命运和起名，就太笼统、太粗略了。所以根据生肖所起的名字仅仅反映了生肖特性这一面，除非巧合外，姓名信息与人的先天生辰五行肯定不吻合，因此生肖起名对本人所起的开运、改运效果极其有限。只有根据生辰八字五行起名、命名，才对本人的健康、婚姻、运程、事业、性格产生更加有效的作用，如属牛的人生辰五行中日元五行土多土厚，起名用带"金"的汉字对本人更有利。

十二生肖起名法实质是根据十二生肖的习性来命名。所以，该方法对起名开运转运有很大的局限性和片面性。

刘姓起名笔画数吉祥模型

适合女性的刘氏起名结构：

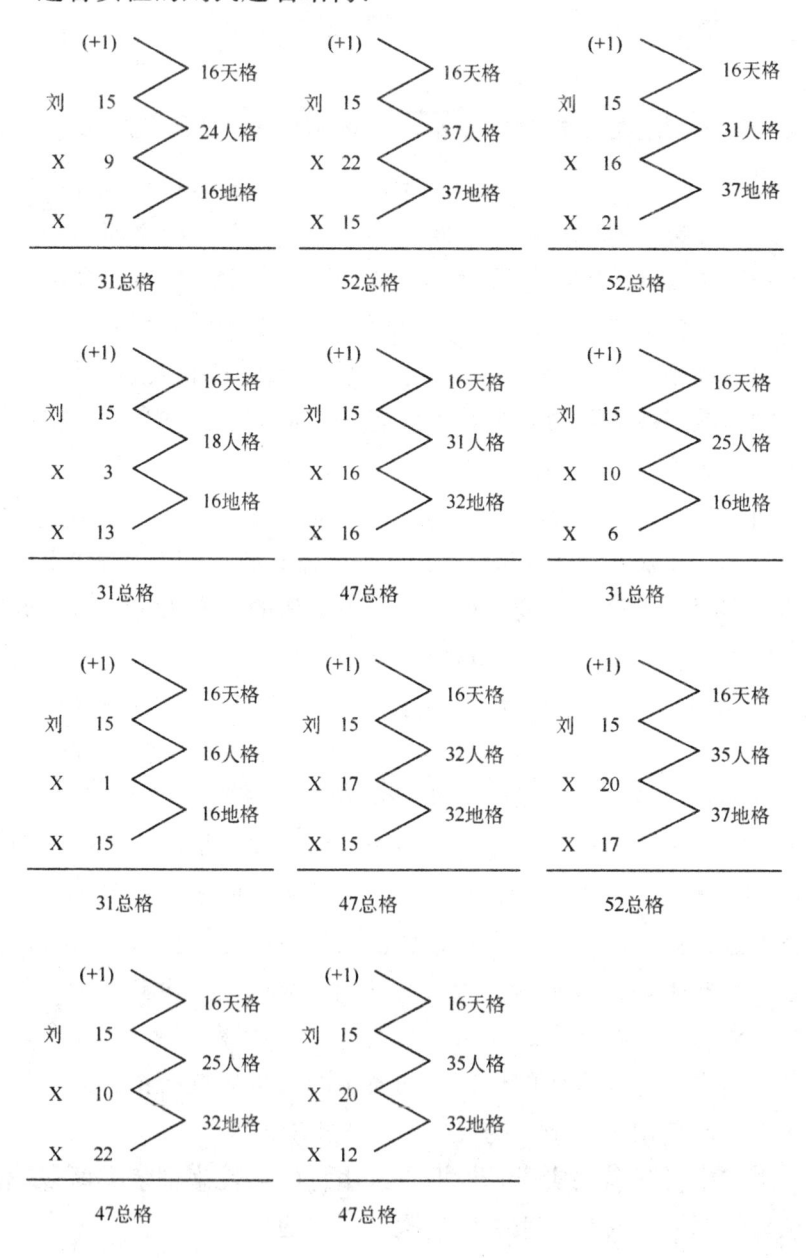

刘 15 (+1)	16天格
X 9	24人格
X 7	16地格

31总格

刘 15 (+1)	16天格
X 22	37人格
X 15	37地格

52总格

刘 15 (+1)	16天格
X 16	31人格
X 21	37地格

52总格

刘 15 (+1)	16天格
X 3	18人格
X 13	16地格

31总格

刘 15 (+1)	16天格
X 16	31人格
X 16	32地格

47总格

刘 15 (+1)	16天格
X 10	25人格
X 6	16地格

31总格

刘 15 (+1)	16天格
X 1	16人格
X 15	16地格

31总格

刘 15 (+1)	16天格
X 17	32人格
X 15	32地格

47总格

刘 15 (+1)	16天格
X 20	35人格
X 17	37地格

52总格

刘 15 (+1)	16天格
X 10	25人格
X 22	32地格

47总格

刘 15 (+1)	16天格
X 20	35人格
X 12	32地格

47总格

适合男性的刘氏起名结构：

刘 15 (+1) — 16天格 / X 6 — 21人格 / X 10 — 16地格	刘 15 (+1) — 16天格 / X 10 — 25人格 / X 14 — 24地格	刘 15 (+1) — 16天格 / X 16 — 31人格 / X 8 — 24地格
31总格	39总格	39总格

刘 15 (+1) — 16天格 / X 3 — 18人格 / X 15 — 18地格	刘 15 (+1) — 16天格 / X 10 — 25人格 / X 14 — 24地格	刘 15 (+1) — 16天格 / X 20 — 35人格 / X 4 — 24地格
33总格	39总格	39总格

刘 15 (+1) — 16天格 / X 16 — 31人格 / X 17 — 33地格	刘 15 (+1) — 16天格 / X 1 — 16人格 / X 7 — 8地格	刘 15 (+1) — 16天格 / X 16 — 31人格 / X 16 — 32地格
48总格	23总格	47总格

刘 15 (+1) — 16天格 / X 8 — 23人格 / X 10 — 18地格	刘 15 (+1) — 16天格 / X 6 — 21人格 / X 18 — 24地格	刘 15 (+1) — 16天格 / X 24 — 39人格 / X 13 — 37地格
33总格	39总格	52总格

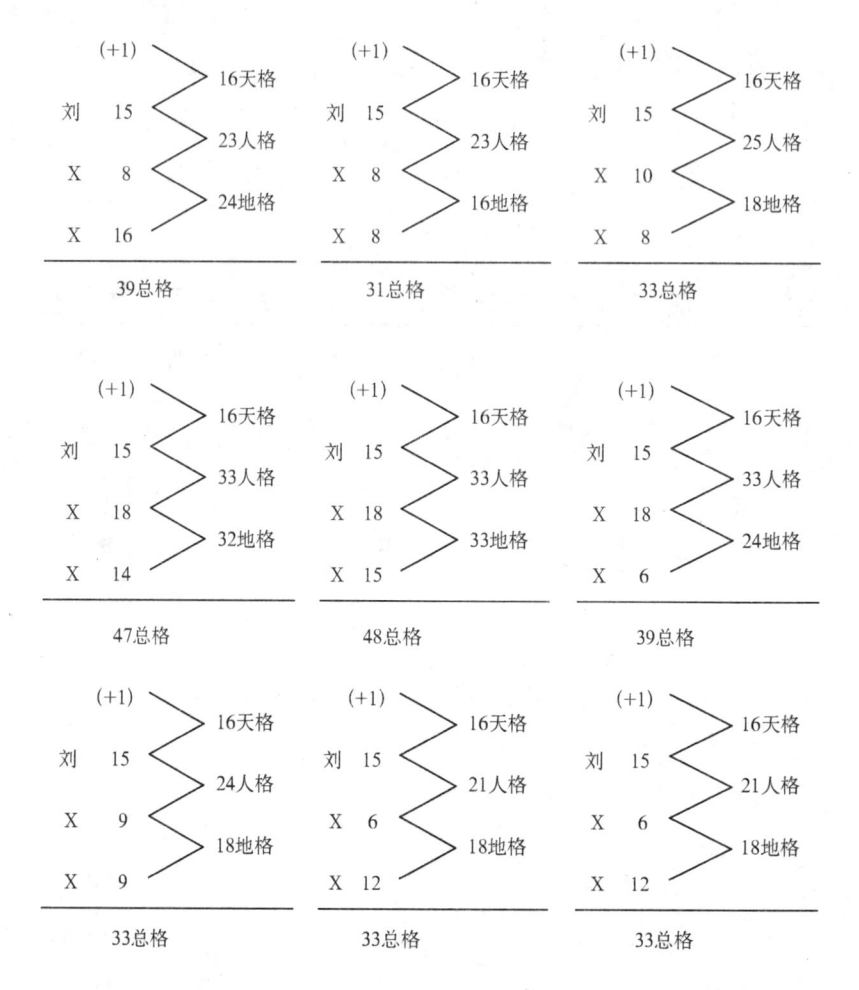

```
        (+1)                          (+1)                          (+1)
               ╲ 16天格                      ╲ 16天格                      ╲ 16天格
  刘    15  ╲╱                刘    15  ╲╱                刘    15  ╲╱
            ╱╲ 23人格                    ╱╲ 23人格                    ╱╲ 25人格
  X      8 ╲╱                  X      8 ╲╱                 X     10 ╲╱
            ╱╲ 24地格                    ╱╲ 16地格                    ╱╲ 18地格
  X     16 ╱                   X      8 ╱                  X      8 ╱

        39总格                         31总格                        33总格


        (+1)                          (+1)                          (+1)
               ╲ 16天格                      ╲ 16天格                      ╲ 16天格
  刘    15  ╲╱                刘    15  ╲╱                刘    15  ╲╱
            ╱╲ 33人格                    ╱╲ 33人格                    ╱╲ 33人格
  X     18 ╲╱                  X     18 ╲╱                 X     18 ╲╱
            ╱╲ 32地格                    ╱╲ 33地格                    ╱╲ 24地格
  X     14 ╱                   X     15 ╱                  X      6 ╱

        47总格                         48总格                        39总格


        (+1)                          (+1)                          (+1)
               ╲ 16天格                      ╲ 16天格                      ╲ 16天格
  刘    15  ╲╱                刘    15  ╲╱                刘    15  ╲╱
            ╱╲ 24人格                    ╱╲ 21人格                    ╱╲ 21人格
  X      9 ╲╱                  X      6 ╲╱                 X      6 ╲╱
            ╱╲ 18地格                    ╱╲ 18地格                    ╱╲ 18地格
  X      9 ╱                   X     12 ╱                  X     12 ╱

        33总格                         33总格                        33总格
```

◆ 起名创意

诗歌佳言提取名，锦上添花受赞许。巧用成语见功夫，精妙绝伦意无穷。中国传统文化给我们留下了大量优美的诗词、成语、名言，这些不但是我们民族文化的瑰宝，而且是我们起名创意的宝库。巧用诗词、成语、名言起名，不但体现出本人文化素养，又使姓名新颖脱俗、意味深长，而且会给人留下深刻的印象。例如：

海心：出自晚清著名外交家和诗人黄遵宪："寸寸山河寸寸金，侉离分裂力谁任？杜鹃再拜忧天泪，精卫无穷填海心。"2003年6月29日，温家宝总理在香港礼宾府出席CEPA（我国内地与港、澳地区"更紧密的经贸关系安排")协议签字仪式后发表演讲,并引用该诗祝愿香港。

知政:出自汉代政论家王充著作《论衡》:"知屋漏者在宇下,知政失者在草野。"2004年3月4日,温家宝总理在看望政协经济界、农业界委员时,引用过这句话,阐述其治政思想。

其高:出自《管子·形势解》:"海不辞水,故能成其大;山不辞土石,故能成其高。"2004年3月14日十届全国人大二次会议,温家宝总理引用这两句古语,为中国特色社会主义发展作了形象注解。

朝闻:出自《论语》:"朝闻道,夕死可矣!"

三立:出自《左传·襄公二十四年》:"大上有立德,再次有立功,其次有立言,虽久不衰,此之谓不朽。"

经国:出自《典论·论文》:"盖文章者,经国之大业,不朽之盛事。"

学思:出自《论语》:"学而不思则罔,思而不学则殆。"

省吾:出自《询子·劝学篇》:"吾日三省吾身。"

致君:出自诗句:"致君尧舜上。"

浩然:出自《孟子》:"我善养吾浩然之气。"

至清:出自古诗歌:"水至清而无鱼,人至察则无徒。"

思行:出自《论语·公冶长》:"季文子三思而后行。"

春晖:出自唐代孟郊《游子吟》:"谁言寸草心,报得三春晖。"

温如:出自"君子之亲温如人。"

彦今:出自《诗经·郑风》:"彼其之子,邦其彦今。"

乔木:出自《诗经·伐木》:"出自幽谷,迁于乔木。"

积善:出自王永彬《围炉夜话》:"积善之家必有馀庆,积不善之家必有馀殃。"

志行:出自《周易·豫》:"刚应而志行,顺以动。"

习之:出自《论语·学而》:"学而时习之,不亦说乎?"

子规:出自唐·杜甫《子规》:"两边山木合,终日子规啼。"

子都:出自《孟子·告子上》:"至于子都,天下莫不知其姣也。"

丰衍：出自《后汉书·任延传》："谷稼丰衍。"

明哲：出自《尚书·说命上》："知之曰明哲。"

逊志：出自《尚书·说命下》："惟学逊志，务时敏，厥修乃来。"

三秋：出自《诗经·王风·采葛》："一日不见如三秋兮。"

心远：出自晋·陶渊明的《饮酒·结庐在人境》："结庐在人境，而无车马喧；问君何能尔，心远地自偏。"

从善：出自唐·吴兢《贞观政要·教戒太子诸王》："从善则有誉，改过则无咎。"

勇智：出自宋·苏轼"大勇若怯，大智若愚。"

独悟：出自《王文公集·拟寒山拾得》："独悟自根本，不从他处起。"

省非：出自"广积不如教子，避祸不如省非。"

拂心：出自《菜根谭》："耳中常闻逆耳之言，心中常有拂心之事，才是进德修行的砥石。"

自明：出自《菜根谭》："水不波则自定，鉴不翳则自明。"

克明：出自《尚书·伊训》："居上克明，为下克忠。"

善志：出自《淮南子·主术训》："人无善志，虽勇必伤。"

泽积：出自"山积而高，泽积而长。"

介然：出自《荀子·修身》："善在身，介然，必以自好也。"

素诚：出自晋·鲍照《拟古八首》："石以坚为性，君勿轻素诚。"

己正：出自汉·杨雄《法言·修身》："天下有三好：众人好己从，贤人好己正，圣人好己师。"

惟静：出自唐·姚崇《口箴》："惟静惟默，澄神之极。"

欣德：出自陶渊明："伊余怀人，欣德孜孜。"

新雨：出自"草色新雨中，松事晚窗里，及兹契幽绝，自足荡心耳。"

达人：出自《菜根谭》："达人观物外之物，思身后之身。"

鸿飞：出自杜甫："鸿飞冥冥日月白，青枫叶赤天雨霜。"

天旭：出自东晋·陶渊明"欢来苦夕短，已复至天旭。"

真淳：出自金·元好问《论诗三十首》："一语天然万古新，豪华落尽见真淳。"

韶华：出自宋·秦观："韶华不为少年留，恨悠悠，几时休！"

守逸：出自《菜根谭》："栖恬守逸之味，最淡亦最长。"

容众：出自《韩诗外传》："君子尊贤而容众，喜善而矜不能。"

宁恬：出自清·王豫《蕉窗日记》："宁直毋媚，宁介毋通，宁恬毋竞。"

克己：出自清·陈确《陈确集·别集·不乱说》："求仁之方，无过克己。"

至哲：出自清·刘嗣绾《贻友人书》："人即至哲，必不能掩己之短，以兼人人之长。"

尚行：出自《渔樵对问》："尚行，则笃实之风行焉。"

志齐：出自《韩诗外传》："思齐则成，志齐则盈。"

忠信：出自《论语·卫灵公》："言忠信，行笃敬。"

清容：出自《菜根谭》："清能有容，仁能善断，明不伤察，直不过娇，是谓蜜饯不甜，海味不咸，才是懿德。"

斯远：出自明·王永彬《围炉夜话》："品超斯远，云飞而不碍空。"

介福：出自《诗经·小雅·信南山》："报以介福，万寿无疆。"

辉光：出自《周易·大畜》："辉光日新其德。"

至道：出自《礼记·学记》："虽有至道，弗学，不知其善也。"

弘毅：出自《论语》："士不可以不弘毅，任重而道远，仁以为己任，不亦重乎？"

思诚：出自《孟子·离娄上》："是故诚者，天之道也；思诚者，人之道也。"

志清：出自《顾子》："登高使人意遐，临深使人志清。"

敬守：出自《管子·内业》："敬守勿失，是谓成德，德成而智出。"

蒙正：出自《周易·蒙》："蒙以养正。"

凯风：出自《诗经》："凯风自南，吹彼棘心。"

宇泰：出自《庄子·庚桑楚》："宇泰定者，发乎天光。"

知闲：出自《庄子·齐物论》："大知闲闲，小知间间。"

诗雪：出自宋·卢梅坡："有梅无雪不精神，有雪无诗俗了人。"

素月：出自东晋·陶渊明："白日沦西河，素月出东岭。"

莹静：出自宋·晁礼："莹无尘，素娥淡伫，静可数，丹桂参差。"

敬之：出自《孟子·离娄下》："爱人者人恒爱之，敬人者人恒敬之。"

清冰：出自唐·白居易："火不热真玉，蝇不点清冰。"

定波：出自唐·聂夷中："白日无定影，清江无定波。"

常勤：出自清·翟灏《通俗偏·地理》："汝寻常勤精进，譬如水小长流，则能穿石。"

毅然：出自《朱舜水集》："毅然特立，有为之土也。"

思睿：出自《近思录·致知》："思曰睿，思虑之后，睿自然生。"

志逸：出自东晋·陶渊明："猛志逸四海，骞翮思远翥。"

若飞：出自《木兰诗》："关山度若飞。"

修远：出自战国·楚·屈原："路漫漫其修远兮，吾将上下而求索。"

卓心：出自明·王永彬《围炉夜话》："一室闲居，必常怀振卓心，才有生气。"

远闻：出自唐·孟郊："离怀无近趣，清抱多远闻。"

诚明：出自古语："自诚明，谓之性；自明读，谓之教。"

恨水：出自《乌夜啼》："自是人生长恨水长东。"

秋鸿：出自苏轼诗："人似秋鸿来有信。"

知涯：出自《庄子》："吾生也有涯，而知也无涯。"

尽美：出自"尽美矣，也尽善也。"

思齐：出自"见贤思齐，见不贤其内省。"

闲云：出自唐·王勃："闲云潭影日悠悠，物换星移几度秋。"

雁飞：出自诗词"坐对高楼千万山，雁飞秋色满阑干。"

梦远：出自宋·李煜："闲梦远，南国正清秋。"

桐叶：出自"千里稻花应秀色，五更桐叶最佳音。"

流泉：出自明·袁中道："流泉得月光，化为一溪雪。"

江花：出自唐·白居易："日出江花红胜火，春来江水绿如蓝。"

荷露：出自唐·白居易："草萤有耀终非火，荷露虽圆岂是珠。"

水静：出自《全唐诗》："水静鱼吹浪，枝闲鸟下空。"

万道光：金光万道，灿烂辉煌。巧用姓氏展开描绘。

马识途：出自"老马识途"，比喻经验丰富。

叶知秋：出自"一叶知秋"，比喻以小见大，由现象见本质。

马行空：出自"天马行空"。

苏步青：出自"平步青云"，体现了家长的希望和寄托。

万斯年：出自"亿万斯年"，借成语之意以抒情，表达千秋万代永远铭记的心迹。

程万里：出自"鹏程万里"。

任唯才：出自"唯才是举"。

成于思：出自"行成于思"。

石惊天：出自"石破天惊"。

钱未闻：出自"前所未闻"。

戴星月：出自"披星戴月"。

钟志城：出自"众志成城"。

高建瓴：出自"高屋建瓴"。

于得水：出自"如鱼得水"。

方未然：出自"防患于未然"。

易了然：出自"一目了然"。

黄腾达：出自"飞黄腾达"。

安思危：出自"居安思危"。

沈力行：出自"身体力行"。

茅顿开：出自"茅塞顿开"。

冯甘霖：出自"久旱逢甘霖"。

韦三绝：出自"韦编三绝"。

金玉良：出自"金玉良言"。
邢成思：出自"行成于思"。
郑光明：出自"正大光明"。
安自在：出自"安闲自在"。
屈不挠：出自"不屈不挠"。
金玉堂：出自"金马玉堂"。
荣昌盛：出自"繁荣昌盛"。
林玉树：出自"琼林玉树"。
安如常：出自"安适如常"。
文如人：出自"文如其人"。
盛太平：出自"太平盛世"。
江岸花：让人联想到陆游的著名诗句："山重水复疑无路，柳暗花明又一村。"
翟从善：出自《论语·述而》："三人行，必有我师焉，择其善者而从之，其不善者而改之。"
朱明丽：出自王永彬《围炉夜话》："观朱霞悟其明丽，观白云悟其卷舒。"
林兰芷：出自"兰芷满汀洲，游丝横路。"
常思奋：出自爱国名言："常思奋不顾身，而殉国家之急"。——司马迁
济世：出自爱国名言："大江歌罢掉头东，邃密群科穷。面壁十年图破壁，难酬蹈海亦英雄"。——周恩来
前锋：出自爱国名言："祖国如有难，汝应作前锋"。——陈毅
书善：出自名言："书犹药也，善读之可以医愚"。——刘向
致远：出自名言："非淡泊无以明志，非宁静无以致远"。——诸葛亮
明艳：出自名言："成功之花，人们往往惊羡它现时的明艳，然而当初，它的芽儿却浸透了奋斗的泪泉，洒满了牺牲的血雨"。——冰心
择善：出自名言："择善人而交，择善书而读，择善言而听，择善行而从。"

选择吉日公布名字

预选了几个可用的名字之后，谁来决定用哪一个名字呢？我们的经验是：身强的孩子由父亲或爷爷或外祖父决定；身弱的孩子由母亲或奶奶或外祖母决定。

"身强"与"身弱"是指孩子的生辰八字中的日主即日干强弱而言，判断日主强弱是"八字学"中较复杂的技术，具体情况可参考我的《起名技巧大全》与《周易与人生策划》。

确定了名字后，要选吉日来公布这个名字，告知亲朋好友，并叫新名字三声便可。

孩子生辰八字的用神为"土"，天干"戊"日、"己"日为吉日；地支"辰、戌、丑、未"日为吉日。

孩子生辰八字的用神为"金"，天干"庚"日、"辛"日为吉日；地支"酉、申、戌"日为吉日。

孩子生辰八字的用神为"水"，天干"壬"日、"癸"日为吉日；地支"子、亥"日为吉日。

孩子生辰八字的用神为"木"，天干"甲"日、"乙"日为吉日；地支"寅、卯"日为吉日。

孩子生辰八字的用神为"火"，天干"丙"日、"丁"日为吉日；地支"巳、午"日为吉日。

上述吉日再与"建除十二星"择日法结合起来更佳。建除十二星择日，又称董公择日，一般的日历本上都有详细记载，民间的择日比较重视，也很常用，我们也可以参考，十二星的顺序是：建、除、满、平、定、执、破、危、成、收、开、闭，共12星，从各月的节气（立春、惊蛰、清明、立夏、芒种、小暑、立秋、白露、寒露、立冬、小雪、小寒）日之后临月建日数起，除日、定日、开日、成日、执日为黄道吉日，其他为黑道凶日。但凡岁破、月破之日不用，凡日破之时不用，凡冲孩子生肖之日、时不用。不过，并不是黄道则吉，黑道则凶，"黑中'平'无碍，黄中'危'不强"，黄黑道各有所指，不同的事情要看不同的值

57

日星。如拆屋要用破日，结婚宜用成日，开张宜用开日，放生宜用除日，公布名字用黄道吉日中的哪一天要考虑孩子的用神才能决定，要灵活变通。

起名实例篇

> 本章姓名例子都是作者精心创意的,读者如有疑问可致电13013576514。为维护起名人的姓名权、隐私权,作者对起名实例中的客户资料作了适当的处理,五维全息起名法是指根据被起名人的先天生辰五行、姓名数理、姓名意象、姓名形象、姓名音象五大方面起名,是作者长期总结起名实践经验归纳出的一种最好最吉的起名方法。

刘姓吉祥起名例一:刘子筱

客户资料	父亲姓名	刘先生	性别	女	出生地	山西省太原市
	母亲姓名	邢女士	出生时间	阳历	2011年7月6日14时43分	
	要求	宝宝起名	阴历			
宝宝的出生时间对应的生辰五行:			辛	甲	壬	丁
			卯	午	戌	未

其中包括2土、1水、2火、2木、1金,代表本人先天日元五行壬水生于午火之月,不得时令五行火之力,日元壬水得1金生之,日元壬水平衡,根据《周易》平衡原理,女孩以日元平衡为佳,起下列名字对宝宝今后健康、事业、学业、婚姻的发展更加有利。

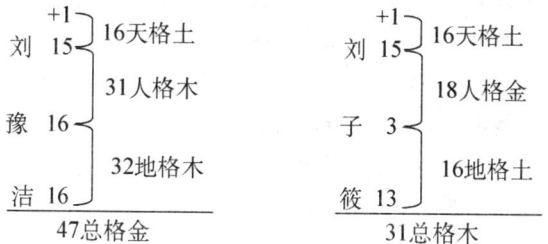

```
    +1                        +1
刘 15 } 16天格土         刘 15 } 16天格土
          31人格木                    18人格金
豫 16 }                  子 3  }
          32地格木                    16地格土
洁 16 }                  筱 13 }
    47总格金                   31总格木
```

以上各名数理吉祥,符合宝宝的生辰五行,符合NIS命名法则,音、形、意配合得当,按普通话讲,没有不吉不雅的谐音谐意,请任意选取。豫洁:"豫"(yù)欢喜,快乐,"豫,乐也。"出自《尔雅》;"洁"(jié)廉洁,纯洁,寓意人的品德高尚,受人敬重"以著其洁。"出自唐·柳宗元《柳河东集》。"豫洁"暗示快乐无忧,冰清玉洁。子筱:有道德、有学问的人被称为"子",例如孔子;"筱"(xiǎo)即竹,四季常青,暗示充满生机和活力,所谓"未出土时已有节,待到凌云更虚心。""子筱"寓意博学多才,如春天的竹子般潇洒挺拔、清丽俊逸。

59

姓名的人格及总格对人的潜移默化作用最大：

18 数理暗示：谨慎勿骄，机遇重来，有志竟成，博得名利。

31 数理暗示：智勇得志，博得名利，统领众人，成就大业。

47 数理暗示：开花结果，祥瑞吉利，进退攻守，皆有成就。

家长最后选择：刘子筱

刘姓吉祥起名例二：刘承烨

客户资料	父亲姓名	刘先生	性别	男	出生地	山东省临沂市
	母亲姓名	花女士	出生时间	阳历		
	要求	宝宝起名		阴历	2004 年八月十七 8 时 40 分
宝宝的出生时间对应的生辰五行：				甲	癸	壬	甲
				申	酉	子	辰

其中包括 0 火、3 水、2 木、2 金、1 土，代表本人先天日元壬水生于酉金之月，得时令五行金之力，日元壬水得 2 水帮助，得 2 金生之。所以日元壬水平衡偏旺，根据《周易》平衡原理，男性以日元五行平衡或旺盛为佳，五行缺火不利，所以起名补火对宝宝今后的健康、学业、事业、财运会更加有利。

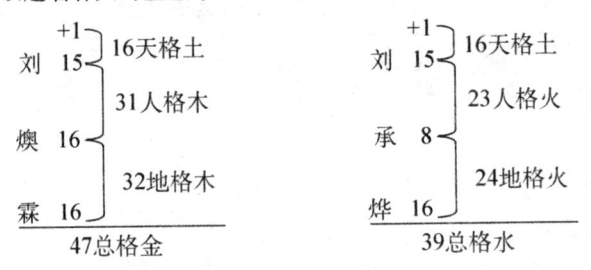

```
        +1
刘  15 ┐
       ├ 16 天格土
燠  16 ┤
       ├ 31 人格木
霖  16 ┤
       ├ 32 地格木
       47 总格金
```

```
        +1
刘  15 ┐
       ├ 16 天格土
承   8 ┤
       ├ 23 人格火
烨  16 ┤
       ├ 24 地格火
       39 总格水
```

以上各名数理吉祥，符合宝宝的生辰五行，其中"燠、烨"字形字意补火，有利于其今后的发展。符合 NIS 命名法则，音、形、意配合得当，按照普通话讲，没有不吉不雅的谐音谐意，请任意选取。燠霖："燠"（yù）意为暖热；"霖"（lín）意为雨，能够滋养万物，所谓"久旱逢甘霖"。"燠霖"喻指生活温暖幸福，如甘霖般充满希望。承烨："承"（chéng）担当，喻义有责任心，能力强；"烨"（yè）火光，形容光辉灿烂。"承烨"暗示有大将风范，能够承担重任，前途灿烂辉煌。

姓名的人格及总格对人一生的诱导作用最大：

23 数理暗示：旭日东升，壮丽可观，逐步进展，功名荣达。

31 数理暗示：智勇得志，博得名利，统领众人，成就大业。

39 数理暗示：德泽四乡，富贵荣华，财源茂盛，光明坦途。

47 数理暗示：开花结果，祥瑞吉利，进退攻守，皆有成就。

家长最后选择：刘承烨

刘姓吉祥起名例三：刘镁萱

客户资料	父亲姓名	刘先生	性别	女	出生地	山东省淄博市
	母亲姓名	何女士	出生时间	阳历		
	要求	宝宝起名		阴历	1999年十月初一凌晨2时08分	

宝宝的出生时间对应的生辰五行：

己	甲	甲	乙
卯	戌	子	丑

其中包括0火、0金、1水、3土、4木，代表本人先天日元五行甲木生于戌土之月，不得时令五行土之力，日元甲木得1水生之，得3木帮助，所以日元甲木相对偏旺，根据《周易》平衡原理，女性以日元五行平衡为佳，五行缺火、金不利，所以起名强金或火对孩子以后的健康、学业、事业、财运发展更有利。

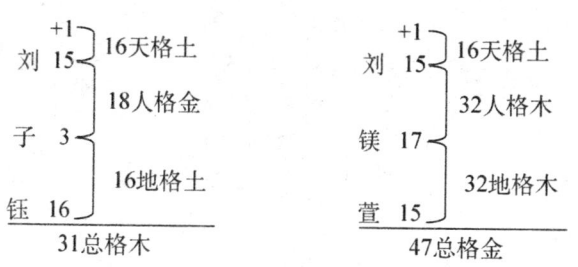

```
刘 15 ┐+1
      ├ 16天格土          刘 15 ┐+1
                                ├ 16天格土
      ├ 18人格金
子 3  ┤                   镁 17 ┤
                                ├ 32人格木
      ├ 16地格土
钰 16 ┘                   萱 15 ┘
      31总格木                   ├ 32地格木
                                47总格金
```

以上各名数理吉祥，符合宝宝的生辰五行，有利于其今后的发展。其中"钰、镁"字形字意补金，数理18、47五行强金，符合NIS命名法则，音、形、意配合得当，没有不吉不雅的谐音谐意，请任意选取。子钰："子"（zǐ）古时称老师或有道德、有学问的人为子，例如孔子、先秦诸子；"钰"（yù）宝物，珍宝。"子钰"喻义博学多识又像珍宝一样美丽，光彩耀人。镁萱："镁"（měi）寓意新一代、超越；"萱"（xuān）可以使人忘忧的草本。"北堂有萱兮，何以忘忧？"出自《红楼梦》。"镁萱"暗示才能突出，一生快乐无忧。

姓名的人格及总格对人一生的诱导作用最大：

18数理暗示：谨慎勿骄，机遇重来，有志竟成，博得名利。
31数理暗示：智勇得志，博得名利，统领众人，成就大业。
32数理暗示：荣幸多成，贵人得助，财帛丰裕，繁荣昌盛。
47数理暗示：开花结果，祥瑞吉利，进退攻守，皆有成就。

家长最后选中：刘镁萱

刘姓吉祥起名例四：刘宸熙

客户资料	父亲姓名	刘先生	性别	男	出生地	江苏省常州市
	母亲姓名	王女士	出生时间	阳历	\multicolumn{2}{l	}{2010年3月26日凌晨1时19分}
	要求	宝宝起名	阴历	\multicolumn{3}{l	}{2010年二月十一}

宝宝的出生时间对应的生辰五行：	庚	己	乙	丁
	寅	卯	亥	丑

　　其中包括1金、3木、1火、2土、1水，代表本人先天日元乙木生于卯木之月，得时令五行木之力，日元乙木得1水生之，得2木帮助，所以日元乙木旺盛，根据《周易》平衡原理，男性以日元五行平衡或旺盛为佳，五行齐全，所以起名数理吉祥对宝宝今后的成长更加有利。

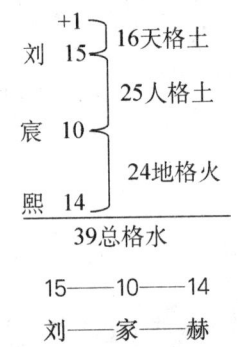

```
         +1
    刘  15  ┐ 16天格土
            │
            ┤ 25人格土
    宸  10  │
            ┤ 24地格火
    熙  14  ┘
    39总格水

    15——10——14
    刘——家——赫
```

　　以上各名数理吉祥，符合宝宝的生辰五行，符合NIS命名法则，音、形、意配合得当，按照普通话讲，没有不吉不雅的谐音寓意，请任意选取。宸熙："宸"（chén）北极星所在，后借指帝王所居，又引申为王位、帝王的代称；"熙"（xī）光明，"春物熙华，宸居暇豫"。

　　"宸熙"暗示如帝王般成就大业，正大光明。家赫："家"（jiā）寓意家大业大；"赫"（hè）意为显著，盛大。"家赫"暗示家大业大，地位显赫。

　　姓名的人格及总格对人一生的诱导暗示作用如下：

　　25数理暗示：资性灵敏，才能奇特，诚信和气，自成大业。

　　39数理暗示：德泽四乡，富贵荣华，财源茂盛，光明坦途。

家长最后选中：刘宸熙

刘姓吉祥起名例五：刘虚竹

客户资料	父亲姓名	刘先生	性别	男	出生地	浙江省杭州市
	母亲姓名	徐女士	出生时间	阳历		
	要求	宝宝起名		阴历	1992年七月廿四8时10分	

宝宝的出生时间对应的生辰五行：	壬	戊	庚	庚
	申	申	午	辰

其中包括4金、0木、1火、2土、1水，代表本人先天日元庚金生于申金之月，不得时令五行金之力，日元庚金得3金帮助，得2土生之，所以日元庚金相对旺，根据《周易》平衡原理，男性以日元五行平衡或旺盛为佳，五行缺木不利，所以起名补木对宝宝今后的健康、学业、事业、财运、婚姻更有利。

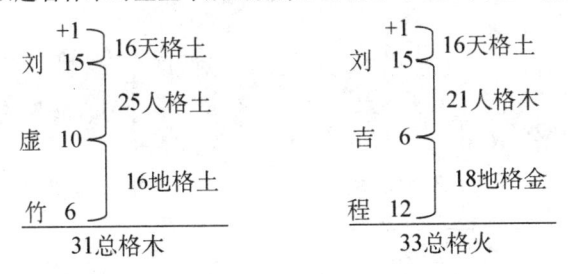

```
        +1                          +1
刘 15 ┐ 16天格土              刘 15 ┐ 16天格土
      ├                             ├
      │  25人格土                   │  21人格木
虚 10 ┤                       吉  6 ┤
      │                             │
      │  16地格土                   │  18地格金
竹  6 ┘                       程 12 ┘
      31总格木                      33总格火
```

以上各名数理吉祥，符合宝宝的生辰五行，其中"竹、程"字形字意补木，数理21、31五行强木，有利于其今后的发展。符合NIS命名法则，音、形、意配合得当，没有不吉不雅的谐音谐意，请任意选取。虚竹："虚"（xū）喻义谦虚，不自满；"竹"（zhú）四季常青，暗示充满生机和活力，所谓"未出土时已有节，待到凌云更虚心。""虚竹"喻义谦虚好学，如春天的竹子般潇洒挺拔。吉程："吉"（jí）好，有利的，幸福的；"程"（chéng）进展、前程之意。"吉程"即吉祥的前程，喻义前程美好，幸福吉祥。

姓名的人格及总格对人一生的诱导作用最大：

21数理暗示：为人尊仰，富贵荣华，立业兴家，大博名利。

25数理暗示：资性灵敏，才能奇特，诚信和气，自成大业。

31数理暗示：智勇得志，博得名利，统领众人，成就大业。

33数理暗示：旭是东升，鸾凤相会，才德双全，家门昌隆。

家长最后选中：刘虚竹

刘姓吉祥起名例六：刘霏儿

客户资料	父亲姓名	刘先生	性别	女	出生地	山东省日照市
	母亲姓名	汪女士	出生时间	阳历		
	起名要求	改名		阴历	2005年四月初五 14时43分	

宝宝的出生时间对应的生辰五行：	乙	辛	丙	乙
	酉	巳	申	未

其中包括3金、2木、2火、1土、0水，代表本人先天日元丙火生于巳火之月，得时令五行火之力，日元丙火得2木生之，得1火帮助，所以日元丙火相对旺盛，根据《周易》平衡原理，女性以日元五行平衡为佳，五行缺水不利，起名补水对贵女的健康、学业、事业、家庭更加有利。

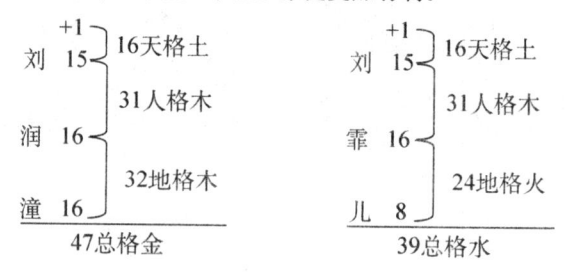

```
    +1                              +1
刘  15 ┐                        刘  15 ┐
       ├ 16天格土                     ├ 16天格土
润  16 ┤                        霏  16 ┤
       ├ 31人格木                     ├ 31人格木
       ┤                             ┤
潼  16 ┘ 32地格木               儿   8 ┘ 24地格火
    47总格金                        39总格水
```

以上各名数理吉祥，符合宝宝的生辰五行，其中"潼、润、霏"字形字意补水，有利于今后的发展。以上各名符合NIS命名法则，音、形、意配合得当，没有不吉不雅的谐音谐意，请任意选取。润潼："润"（rùn）光润，滑润，寓意珠圆玉润，《论衡·雷虚》有言"雨润万物"；"潼"（tóng）云起的样子，形容温柔可人。"润潼"喻义珠圆玉润，貌美可爱，前程美好。霏儿："霏"（fēi）弥漫的云气，寓意温柔洁白；"儿"（ér）小孩子的昵称。"霏儿"喻义温柔贤淑，洁白无瑕。

姓名的人格及总格对人一生的诱导暗示作用如下：

31数理暗示：智勇得志，博得名利，统领众人，成就大业。

39数理暗示：德泽四乡，富贵荣华，财源茂盛，光明坦途。

47数理暗示：开花结果，祥瑞吉利，进退攻守，皆有成就。

家长最后选中：刘霏儿

刘姓吉祥起名例七：刘峻赫

客户资料	父亲姓名	刘先生	性别	男	出生地	河北省石家庄市
	母亲姓名	孙女士	出生时间	阳历	2011年5月24日7时30分	
	要求	宝宝起名	阴历	2011年四月廿二		
宝宝的出生时间对应的生辰五行：			辛	癸	己	戊
			卯	巳	卯	辰

其中包括3土、1水、1火、2木、1金，代表本人先天日元五行己土生于巳火之月，得时令五行火之力，日元己土得1火生之，得2土帮助，日元己土平衡偏强，根据《周易》平衡原理，男性以日元五行平衡或旺盛为佳，起名数理吉祥对宝宝今后健康、事业、学业、婚姻的发展更加有利。

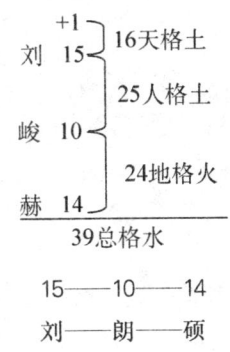

```
       +1
刘   15 ┐
        ├ 16 天格土
        │
        ├ 25 人格土
峻   10 ┤
        │
        ├ 24 地格火
赫   14 ┘
     ─────
     39 总格水

     15——10——14
     刘——朗——硕
```

以上各名数理吉祥，符合宝宝的生辰五行，有利于其今后的发展。符合NIS命名法则，音、形、意配合得当，按照普通话讲，没有不吉不雅的谐音谐意，请任意选取。峻赫："峻"（jùn）喻为高大之意；"赫"（hè）显著，喻义盛大光明。"峻赫"喻义高大权威，事业有成，赫然有名。朗硕："朗"（lǎng）指明朗，清亮，豁然开朗；"硕"（shuò）意为硕果累累，喻巨大的成绩。"朗硕"暗示明白畅达，学识渊博，大有作为。

姓名的人格及总格对人一生的诱导暗示作用如下：

25数理暗示：资性灵敏，才能奇特，诚信和气，自成大业。

39数理暗示：德泽四乡，富贵荣华，财源茂盛，光明坦途。

家长最后选中：刘峻赫

刘姓吉祥起名例八：刘朋锦

客户资料	父亲姓名	刘先生	性别	男	出生地	黑龙江省大庆市
	母亲姓名	牛女士	出生时间	阳历	1973年6月15日8时40分	
	起名要求	改名		阴历	1973年五月十五	

您的出生时间对应的生辰五行：	癸	戊	壬	甲
	丑	午	午	辰

其中包括2水、3土、2火、1木、0金，日元壬水生于午火之月，不得时令五行火之力，日元极弱，根据《周易》平衡原理，男性以日元五行平衡或旺盛为佳，五行缺金不利，所以起名补金对您的健康、婚姻、事业、财运的发展更有利。

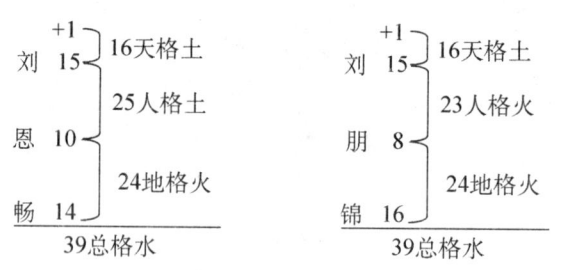

```
刘 +1              刘 +1
   15  16天格土       15  16天格土
   
恩  10  25人格土    朋  8   23人格火

畅  14  24地格火    锦  16  24地格火

    39总格水           39总格水
```

以上各名数理吉祥，符合您的生辰五行，其中"畅、锦"字形字意补金，有利于今后的发展。各名符合NIS命名法则，音、形、意配合得当，没有不吉不雅的谐音谐意，请任意选取。恩畅："恩"（ēn）喻道德高尚，恩惠众人；"畅"（chàng）畅达 。"恩畅"喻义德重恩弘，重情义，前途畅通无阻。朋锦："朋"（péng）喻义良友为伴，《诗·小雅·常棣》有言"每有良朋"；"锦"（jǐn)寓意美好的前程。"朋锦"喻义为人善良，有优秀的朋友为伴，前程似锦。

姓名的人格及总格对人一生的诱导作用最大：

23数理暗示：旭日东升，壮丽可观，逐步进展，功名荣达。

25数理暗示：资性灵敏，才能奇特，诚信和气，自成大业。

39数理暗示：德泽四乡，富贵荣华，财源茂盛，光明坦途。

家长最后选中：刘朋锦

刘姓吉祥起名例九：刘笑语

客户资料	父亲姓名	刘先生	性别	男	出生地	福建省福州市
	母亲姓名	秦女士	出生时间	阳历	2009年5月1日8时30分	
	起名要求	宝宝起名		阴历		

宝宝的出生时间对应的生辰五行：	己	戊	丙	壬
	丑	辰	午	辰

其中包括0金、0木、2火、5土、1水，代表本人先天日元五行丙火生于辰土之月，不得时令五行土之力，日元丙火得1火帮助，所以日元丙火平衡偏弱，根据《周易》平衡原理，男性以日元五行平衡或旺盛为佳，五行缺金无妨，因为"刘"五行为金，五行缺木不利，所以起名补木对宝宝今后健康、财运、事业的发展更有利。

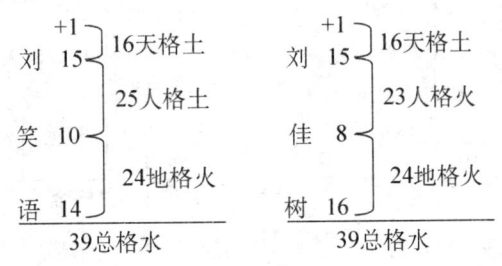

```
        +1                         +1
刘  15  ┐                    刘  15  ┐
        ├ 16天格土                    ├ 16天格土
笑  10  ┤                    佳  8   ┤
        ├ 25人格土                    ├ 23人格火
        │                             │
语  14  ┤ 24地格火             树  16 ┤ 24地格火
        39总格水                      39总格水
```

以上各名数理吉祥，符合宝宝的生辰五行，"笑、树"字形字意补木，有利于其今后的发展。符合NIS命名法则，音、形、意配合得当，没有不吉不雅的谐音谐意，请任意选取。笑语："笑"（xiào）表示愉快的心情，笑口常开，《说文》有言"笑，喜也。"；"语"（yǔ）言语精妙无比之意。"笑语"喻义生活充满欢声笑语，快乐无忧。佳树："佳"（jiā）美好的东西；"树"（shù）形容高大挺拔。"佳树"喻义玉树临风，人生美好。

姓名的人格及总格对人一生的诱导作用最大：

23数理暗示：旭日东升，壮丽可观，逐步进展，功名荣达。

25数理暗示：资性灵敏，才能奇特，诚信和气，自成大业。

39数理暗示：德泽四乡，富贵荣华，财源茂盛，光明坦途。

家长最后选中：刘笑语

刘姓吉祥起名例十：刘耕麾

客户资料	父亲姓名	刘先生	性别	男	出生地	山东省济南市
	母亲姓名	罗女士	出生时间	阳历		
	要求	宝宝起名		阴历	2011年一月十八 23时02分	
宝宝的出生时间对应的生辰五行：			辛	庚	丙	庚
			卯	寅	午	子

其中包括0土、1水、2火、2木、3金，代表本人先天日元五行丙火生于寅木之月得长生，日元丙火得2木生之，得1火帮助，所以日元丙火旺，根据《周易》平衡原理，男性以日元五行平衡或旺盛为佳，五行缺土不利，起名补土对宝宝今后健康、事业、学业、婚姻的发展更加有利。

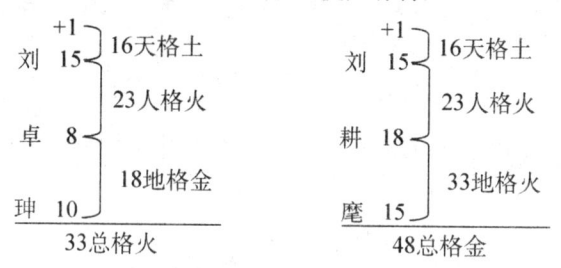

```
        +1
    刘  15  ┐
            ├ 16天格土
            ├ 23人格火
    卓   8  ┤
            ├ 18地格金
    珅  10  ┘
        33总格火
```

```
        +1
    刘  15  ┐
            ├ 16天格土
            ├ 23人格火
    耕  18  ┤
            ├ 33地格火
    麾  15  ┘
        48总格金
```

以上各名数理吉祥，符合宝宝的生辰五行，"珅"字形字意补土，天格16五行补土，有利于其今后的发展。符合NIS命名法则，音、形、意配合得当，按照普通话讲，没有不吉不雅的谐音谐意，请任意选取。卓珅："卓"（zhuó）意思为超高，不平凡，《论语》有言"如有所立，卓尔"；"珅"（shēn）玉名，指如白玉般无瑕。"卓珅"喻义具有远见卓识，卓尔不群，完美无瑕。耕麾："耕"（gēng）指勤劳、专注；"麾"（huī）喻为将帅之意。"耕麾"喻义勤学好问，有将帅之风范，统领众人，前途无量。

姓名的人格及总格对人一生的诱导暗示作用如下：

23数理暗示：旭日东升，壮丽可观，逐步进展，功名荣达。

33数理暗示：旭是东升，鸾凤相会，才德双全，家门昌隆。

48数理暗示：德智兼备，鹤立鸡群，量大荣达，名利双收。

家长最后选中：刘耕麾

刘姓吉祥起名例十一：刘祖赫

客户资料	父亲姓名	刘先生	性别	男	出生地	四川省成都市
	母亲姓名	李女士	出生时间	阳历	2010年10月27日11时50分	
	起名要求	宝宝起名		阴历		

宝宝的出生时间对应的生辰五行：	庚	丙	庚	壬
	寅	戌	戌	午

其中包括2土、2火、1水、2金、1木，代表本人的日元庚金生于戌土之月，得时令五行土之力，日元庚金得1金帮助，得2土生之，所以日元庚金平衡偏强，根据《周易》平衡原理，五行齐全，起名数理吉祥对宝宝的健康、学业、事业、财运的发展更加有利。

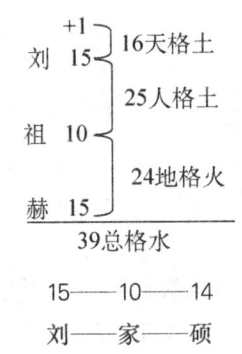

```
        +1
  刘  15 ┐
         ├ 16天格土
         │
         ├ 25人格土
  祖  10 ┤
         │
         ├ 24地格火
  赫  15 ┘
     39总格水

  15——10——14
  刘——家——硕
```

以上各名数理吉祥，符合宝宝的生辰五行，有利于其今后的发展。符合NIS命名法则，音、形、意配合得当，没有不吉不雅的谐音谐意，请任意选取。祖赫："祖"（zǔ）意为光宗耀祖；"赫"（hè）意为显著，显赫。"祖赫"喻义前途显耀盛大，赫赫有名，光宗耀祖。家硕："家"（jiā）寓意家大业大；"硕"（shuò）引申为硕果累累，喻巨大的成绩。"家硕"喻义硕果累累，德智兼备，能成开国承家之大事。

姓名的人格及总格对人一生的诱导作用最大：

25数理暗示：资性灵敏，才能奇特，诚信和气，自成大业。

39数理暗示：德泽四乡，富贵荣华，财源茂盛，光明坦途。

家长最后选中：刘祖赫

刘姓吉祥起名例十二：刘鹤紫

客户资料	父亲姓名	刘先生	性别	女	出生地	湖北省武汉市
	母亲姓名	王女士	出生时间	阳历	2010年9月19日20时07分	
	起名要求	宝宝起名		阴历		

宝宝的出生时间对应的生辰五行：	庚	乙	壬	庚
	寅	酉	申	戌

其中包括4金、2木、0火、1土、1水，代表本人日元壬水生于酉金之月，不得时令五行金之力，日元壬水得4金生之，所以日元壬水旺盛，根据《周易》平衡原理，女性以日元五行平衡为佳，五行缺火不利，所以起名补火有利于其学业、健康、事业、婚姻的发展更加有利。

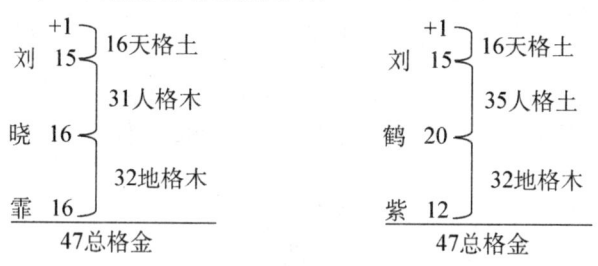

```
    +1
刘  15 } 16天格土
           } 31人格木
晓  16
           } 32地格木
霏  16
47总格金
```

```
    +1
刘  15 } 16天格土
           } 35人格土
鹤  20
           } 32地格木
紫  12
47总格金
```

以上各名数理吉祥，符合宝宝的生辰五行，其中"晓、紫"字形字意补火，有利于今后的发展。符合NIS命名法则，音、形、意配合得当，按照普通话讲，没有不吉不雅的谐音谐意，请任意选取。晓霏："晓"（xiǎo）天明，引申为明白，聪慧，《广雅》有言"晓，慧也；快也；智也。"；"霏"（fēi）弥漫的云气，寓意温柔洁白。"晓霏"喻义聪慧乖巧，冰清玉洁，生活美好幸福。鹤紫："鹤"（hè）喻义才能出众；"紫"zǐ紫色，紫气东来，象征吉祥之意。"鹤紫"喻义才能出众，鹤立鸡群，一生幸福吉祥。

姓名的人格及总格对人一生的诱导暗示作用如下：

31数理暗示：智勇得志，博得名利，统领众人，成就大业。

35数理暗示：温和平静，理智兼具，文昌技艺，成就非凡。

47数理暗示：开花结果，祥瑞吉利，进退攻守，皆有成就。

家长最后选中：刘鹤紫

刘姓吉祥起名例十三：刘晓艺

客户资料	父亲姓名	刘先生	性别	女		
	母亲姓名	夏女士	出生时间	阳历	2010年9月19日20：07分	
	起名要求	宝宝起名		阴历		

宝宝的出生时间对应的生辰五行：	庚	乙	壬	庚
	寅	酉	申	戌

其中包括4金、2木、0火、1土、1水，代表本人日元壬水生于酉金之月，不得时令五行金之力，日元壬水得4金生之，所以日元壬水旺盛，根据《周易》平衡原理，女性以日元五行平衡为佳，五行缺火不利，所以起名补火有利于其学业、健康、事业今后的发展。

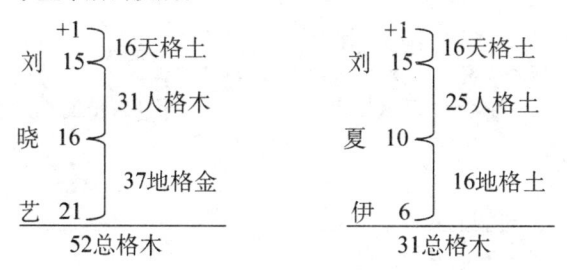

```
      +1
  刘  15 ┐                    刘  15 ┐
          ├ 16天格土                   ├ 16天格土
          ┘                           ┘
          ┐                           ┐
          ├ 31人格木                   ├ 25人格土
  晓  16 ┘                    夏  10 ┘
          ┐                           ┐
          ├ 37地格金                   ├ 16地格土
  艺  21 ┘                    伊   6 ┘
      52总格木                      31总格木
```

以上各名数理吉祥，符合宝宝的生辰五行，"晓、夏"字形字意补火，符合NIS命名法则，音、形、意配合得当，没有不吉不雅的谐音谐意，请任意选取。晓艺："晓"（xiǎo）天明，引申为明白，聪慧，《广雅》有言"晓，慧也；快也；智也。"；"艺"（yì）技艺高超。"晓艺"喻义机智聪慧，多才多艺。夏伊："夏"（xià）夏天，充满阳光的季节，暗示性格活泼开朗，有活力，给人暖暖之感。"伊"（yī）伊人，意为意中人。"夏伊"喻义活泼开朗，集万千宠爱于一身。

姓名的人格及总格对人的潜移默化作用最大：

25数理暗示：资性灵敏，才能奇特，诚信和气，自成大业。

31数理暗示：智勇得志，博得名利，统领众人，成就大业。

52数理暗示：卓识慧眼，先见之明，智谋超群，名利双收。

家长最后选中：刘晓艺

刘姓吉祥起名例十四：刘城熙

客户资料	父亲姓名	刘先生	性别	男	出生地	辽宁省大连市
	母亲姓名	王女士	出生时间	阳历	2010年9月1日21时43分	
	起名要求	宝宝起名		阴历		

宝宝的出生时间对应的生辰八字：	庚	甲	甲	乙
	寅	申	寅	亥

其中包括2金、5木、0火、0土、1水，代表本人先天日元五行甲木生于申金之月，不得时令五行金之力，日元甲木得1水生之，得4木帮助，所以日元甲木旺，根据《周易》平衡原理，男性以日元五行平衡或旺盛为佳，五行缺火、土不利，所以起名补火或土对其今后的健康、学业、事业、财运更有利。

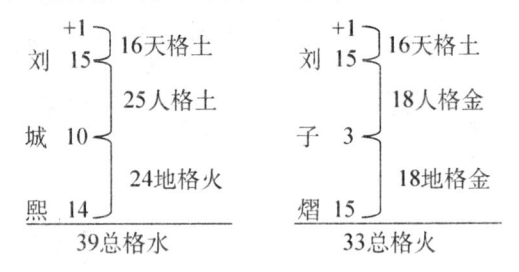

```
       +1                          +1
刘 15 ┐ 16天格土          刘 15 ┐ 16天格土
      ├ 25人格土                 ├ 18人格金
城 10 ┤                   子  3 ┤
      ├ 24地格火                 ├ 18地格金
熙 14 ┘                   熠 15 ┘
    39总格水                   33总格火
```

以上各名数理吉祥，符合宝宝的生辰五行，其中"熙、熠"字形字意补火，数理25、33五行强火，"城"字形字意补土，有利于今后的发展。符合NIS命名法则，音、形、意配合得当，按照普通话讲，没有不吉不雅的谐音谐意，请任意选取。城熙："城"（chéng）有国之意，喻义精忠报国；"熙"（xī）兴旺，兴盛，光明的意思。"城熙"喻义精忠报国，有自己的一席之地，未来充满希望。子熠："子"（zǐ）常称有学识、有道德的人为子，例如孔子、老子；"熠"（yì）光耀，鲜明。"子熠"喻义博学多识，品德高尚，受人敬重，一生光彩亮丽。

姓名的人格及总格对人一生的诱导暗示作用如下：

18数理暗示：谨慎勿骄，机遇重来，有志竟成，博得名利。
25数理暗示：资性灵敏，才能奇特，诚信和气，自成大业。
33数理暗示：旭是东升，鸾凤相会，才德双全，家门昌隆。
39数理暗示：德泽四乡，富贵荣华，财源茂盛，光明坦途。

家长最后选中：刘城熙

刘姓吉祥起名例十五：刘昱进

客户资料	父亲姓名	刘先生	性别	男	出生地	浙江省绍兴市
	母亲姓名	郭女士	出生时间	阳历	2010 年 8 月 27 日 16 时 40 分	
	起名要求	起名		阴历	2010 年七月十八	

宝宝的出生时间对应的生辰八字：	庚	甲	己	壬
	寅	申	酉	申

其中包括4金、2木、0火、1土、1水，代表本人先天日元五行己土生于申金之月，不得时令五行金之力，日元己土弱，根据《周易》平衡原理，男性以日元五行平衡或旺盛为佳，五行缺火，所以起名补火对其今后的健康、学业、事业、财运更有利。

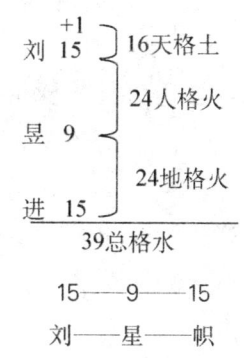

```
        +1
   刘 15 ┐
          ├ 16 天格土
          │
          ├ 24 人格火
   昱  9 ┤
          │
          ├ 24 地格火
   进 15 ┘
      39 总格水

   15 —— 9 —— 15
   刘 —— 昱 —— 帜
```

以上各名数理吉祥，符合宝宝的生辰五行，其中"昱、星"字形字意补火，数理24五行强火，有利于今后的发展。符合 NIS 命名法则，音形意配合得当，请任意选取。昱进："昱"（yù）日光，光明，喻义光辉灿烂；"进"（jìn）好的发展。"昱进"喻义事业蒸蒸日上，一生光辉灿烂。星帜："星"（xīng）象征特别杰出的人物；"帜"（zhì）旗帜，引申为典范，标准。"星帜"喻义学识渊博，才能出众，成为众人典范。

姓名的人格及总格对人一生的诱导暗示作用如下：

24 数理暗示：锦绣前程，贵人得宠，白手起家，财源广进。

39 数理暗示：德泽四乡，富贵荣华，财源茂盛，光明坦途。

家长最后选中：刘昱进

姓 氏 篇

> 本篇揭示姓与氏的渊源及其功能，使读者真正了解"姓"、"氏"、"姓氏"、"谱牒"、"家谱"。姓氏篇主要介绍了众多姓氏的起源及其发展，这也是姓氏文化的基础部分。了解该内容，是对自己的姓氏探究的开始。前言中我们提及起吉名不容易，这其中的不易，除宝宝的姓名要符合起名的规范外，还有就是对其姓氏的深入了解。只有对各个部分有深度的了解才能起出好的名字。本篇专门对刘姓的来源、始祖、兴盛的始末等进行了研讨。讲解了异姓同源与同姓异宗的轶事，为读者联系宗族、宗亲提供了有益线索。

◆ 中华最古之姓——风姓

人类早期并没有姓，也没有氏，随着人类文明的提高，才出现了姓氏。作为人类标志家族系统的称号，姓在世界各地出现的时间相差很大，产生的文化背景也各不相同。中国是世界上最早出现姓氏的国家，因此中国是世界上最早使用姓的国家。

据古文献记载，燧人弇兹氏自立姓氏为"风"，这是中国最古老的姓。

具体来讲，我们的祖先燧人氏与弇兹（yān zī）氏早在史前时代就用大自然中固有的"风"作为识别本族群血统的图腾（原始人认为某种动植物或自然物能够象征血缘相同的群体，或者认为自己的祖先与某种动物、植物、自然物发生过亲缘关系，于是用其做本族

姓 氏 篇

群的记号或标志,这就是图腾)了,中华第一姓——"风"姓就这样产生了。

距今一万年前的燧人氏(又称"燧人")与弇兹(yān zī)氏结为群婚杂居的关系,形成了燧人弇兹氏新族,他们发现并认识了大范围盛行的有规律的大气流动现象——季风,季风指随时令变化,定期定向而来的风,即季候风。季风就像一个人很讲信用一样年年稳定出现,所以中国古代文献称季风为信风,这种风的方向总是随着季节而改变,我国冬季盛行西北季风和东北季风,夏季则盛行东南季风和西南季风。燧人弇兹氏发明了指示四季风向的相风仪——"方牙"。我们的祖先燧人弇兹氏就用"方牙"来观测随季节变化的风的方向,判断不同季风来时的天气、气候特征,这样有利于原始人类安排生产、生活。燧人与弇兹氏认为自身获得了巨大力量、技能和族群不断繁衍壮大,这跟天空发来的信物——风有密切的关系,于是他们把"风"作为两个氏族结合在一起的族群图腾,换句话说,从这两个氏族中的男女群婚杂居以后繁衍出来的新氏族以"风"作为氏族记号,这个记号,后来就首先演变成了原始氏族母性成员的姓。所以"风"姓成为中华第一姓。

据学者研究,风姓族系共分为十个氏族:弇兹氏、婼氏、华氏、胥氏、华胥氏、赫胥氏、仇夷氏、雷泽氏、盘瓠氏等。他们主要分布在今甘肃省境内,西起敦煌(古瓜州)、三危山、疏勒河、弇兹山;东达庆阳、华池、河水,直至陕西境内的北洛河;南至湟中拉脊山、日月山、成县、礼县、康县、凤县,直至秦岭以南的华阳。其活动中心(观星象祭天中心)主要有三处:一为合黎龙首山(古昆仑山),二为湟中拉脊山,三为六盘山。

自从"风"姓产生后,我们的祖先们真正迈进有姓的母系氏族原始社会。

距今约7500至5500年前,中国古人类进入母系氏族社会的强盛时期,该时期出现了伏羲氏与女娲,伏羲氏又称太昊,亦作大嗥、太嗥、太皞、庖牺氏、宓羲、包牺、伏戏,是中华文明史上远古部落的首领,也是神农(即炎帝)和黄帝的共同祖先,位居"三皇"("伏羲"、"神农"、"黄帝")之首,被称为中华上古人文始祖。

伏羲氏继承了燧人弇兹氏认识自然的宝贵经验，他改进了相风仪，将其命名为"苍牙"，进一步利用季风为人类服务，所以他会"听八风、法八极"。"八风"指八种季候风，在《易纬通卦验》记载有："八节之风谓之八风。立春条风至，春分明庶风至，立夏清明风至，夏至景风至，立秋凉风至，秋分阊阖风至，立冬不周风至，冬至广莫风至。"古人将八方极远之地称为"八极"。《淮南子·墬形训》："八纮之外，乃有八极。自东北方曰方土之山，曰苍门；东方曰东极之山，曰开明之门；东南方曰波母之山，曰阳门；南方曰南极之山，曰暑门；西南方曰编驹之山曰白门；西方曰西极之山，曰阊阖之门；西北方曰不周之山，曰幽都之门；北方曰北极之山，曰寒门。"因此，伏羲氏也是以"风"为姓。古籍《竹书纪年》载："太昊（伏羲氏），以木德王，为风姓。"晋代皇甫谧《帝王世纪》说："太昊帝庖牺氏，风姓也，燧人氏之世有巨人迹出于雷泽，华胥以足履之，有娠，生伏羲于成纪。"东晋王嘉《拾遗记》说："春皇者，庖牺之别号。所都之国有华胥之州，神母游其上，有青虹绕神母，久而方灭，即觉有娠，历十二年而生庖牺。"唐代史学家司马贞补注《史记·三皇本纪》说："太暤包牺氏，风姓，代燧人氏继天而王。母曰华胥，履大人迹于雷泽，而生庖牺于成纪。蛇身人首，有圣德。"清代学者马骕撰写的《绎史》卷三引《三坟》说："伏羲氏，燧人子也，因风而生，故风姓。"

女娲又称女阴、女娲娘娘、女娲氏，姓风，是伏羲氏的妻子。女娲是中华民族伟大的母亲，她慈祥地创造了我们，又勇敢地照顾我们免受天灾，被民间广泛又长久崇拜的中华上古创世女神和始祖母神。由西汉皇族淮南王刘安主持撰写的《淮南子·览冥训》中记述了"女娲补天"的传说故事，原文是："往古之时，四极废，九州裂，天不兼覆，地不周载；火爁焱（火势蔓延的样子）而不灭，水浩洋而不息；猛兽食颛民，鸷鸟攫老弱。于是女娲炼五色石以补苍天，断鳌足以立四极，杀黑龙以济冀州，积芦灰以止淫水。苍天补，四极正；淫水涸，冀州平；狡虫死，颛民生；背方州，抱圆天。"也就是说，在远古时代，宇宙发生了一场特大陨石雨灾害，天塌地裂，大火延烧，洪水泛滥，飞禽作孽，走兽横行。在百姓哀号、冤魂遍野之际，一位叫女娲的女神挺身而出，她熔炼五色石来修补苍天，斩断龟足立于四方，将塌陷的天撑起来，用芦灰整治了地表水，使洪水不再为患，她还杀死了残害百姓的恶兽猛禽。灾害平息之后，出现了天圆地方、百姓安居乐业的景象。

在伏羲时代，中国出现了共工氏、柏皇氏、朱襄氏、昊英氏、栗陆氏、赫胥氏、昆吾氏、葛天氏、阴康氏等氏族部落。

伏羲与女娲都姓"风"，可见伏羲与女娲是同一始祖的关系，民间有关他们的神话传说确实有可信度。

《周易·系辞下》记载："古者包牺氏（即伏羲氏）之王天下也，仰则观象于天，俯则观法于地，鸟兽之文，与地之宜，近取诸身，远取诸物，于是始作八卦，以通神明之德，以类万物之情。"由此可见，伏羲还是中国八卦的始制人，被誉为"人文始祖"。

中华始祖炎黄二帝得姓由来

伏羲氏之后的上古时代，中华大地又出现了两位对史前文明有巨大贡献的人物，这就是炎帝、黄帝。炎黄二帝姓什么呢？

神农氏像 　　　　　　　黄帝像

中国最早的史书《国语》中记载了炎黄二帝得姓由来。《国语·晋语》："昔少典娶于有蟜氏，生黄帝、炎帝。黄帝以姬水成，炎帝以姜水成。成而异德，故黄帝为姬，炎帝为姜。二帝用师以相济也，异德之故也。"

77

三国时期吴国文学家、史学家、经学家韦昭引贾逵的话注释《晋语》："少典，黄帝、炎帝之先。有蟜，诸侯也。炎帝，神农也。……姬、姜，水名。成，所成长以成功也。"

由此可知，炎帝神农氏因成长于姜水而得姜姓，黄帝轩辕氏因成长于姬水而得姬姓。

史料记载，炎帝与黄帝初期曾经发生过争夺氏族部落首领的战争，后来，炎帝后裔与黄帝后裔结盟，这才有了今天的炎黄子孙。

今天许多人看了《国语·晋语》中提到的炎黄二帝得姓的史料，以为炎帝与黄帝是亲兄弟，其实不然，炎黄二帝虽然出自同一个亲族，但不是兄弟关系。许多人曾经把炎黄二帝解读为亲兄弟关系，这是因为大多数人停留于孤立的字面意思，没有按照古人的思维方式理清相互之间的源流关系、脉络关系、衍生关系、象征含义等。根据有关史料，我们阐释该段文意如下：

很久很久以前，女娲和伏羲后裔中的少典氏部族的一位"王子"与有蟜氏部族的一位名叫附宝的姑娘走婚交媾，生下了黄帝，黄帝具有"土"德，又在姬水之滨成就一番事业，建立了自己的领地，故为姬姓；少典氏部族后裔的另一个"公子"与有蟜氏部族后裔的另一位名叫女登"公主"走婚生下了炎帝。炎帝具有"火"德，且在姜水附近发展成为有实力的氏族，所以取族姓为姜。炎黄二帝的成长地不同，二人的五行之德不同，所以他们的姓也不同。

"少典氏"是黄、炎二族的父族称号，"有蟜氏"是他们的母族称号，也就是说，炎帝、黄帝是相同亲族之后裔，从族号上论，炎帝的父母与黄帝的父母虽然不同，但都出自兄弟、姐妹亲族。从遥远的母系氏族血缘祖根上讲，炎黄二帝的父族是出自同一个母性始祖少典氏，他们的母族是源自一个共同母性始祖有蟜氏，少典氏与有蟜氏的母性祖先不是一个人，而是两个不同的人。

相传黄帝的母亲叫附宝，炎帝母亲叫女登（又称安登、妊姒），附宝与女登都出生于只知其母不知其父的母系氏族中的有蟜氏部族。少典氏和有蟜氏是两个互相通婚的古老氏族，那时两个氏族的男女关系还处于只知其母不知其父的母系氏族社会的走婚阶段，所以有的古籍上只记载了民间传说的炎帝、黄帝母亲的名字与族姓，而炎黄二帝父亲的名字与族姓任何史料与传说都没有讲过，只知道黄帝之父与炎帝之父是母系氏族中的少典氏后裔中的两个不同男子。这是由于母系氏族社会"族外走婚"的习俗造成的。人类早期的婚配习俗是族内群婚，即同一氏族内的男女之间进行婚配，这样生育的后代常常发育不良、智力低下。后来，原始人类禁止族内婚配，于是开创了"族外走婚"，这种婚配的特点：白天，人们都在自己氏族村落里劳作生活，一到夜晚，想配偶的成年男人，就佩戴上表达求爱信息的贝壳、小宝石等吉祥物，带上弓箭，举着火把，去另外一个氏族村落里参加"派对"，寻找自己的意中人，或跟"情人"约会，他获得女方的芳心，女方就领着他到"洞房"过夜，第二天天亮，他起来走人，回到自己氏族村落劳动。所以，这种婚姻被称为"走婚"。由于男方不存在抚养女方和子女的义务，双方也没有经济上的来往和责任，所以不需要确认男方的身份、姓名，更不必确认父子、父女的关系。"走婚"生出来的孩子由母方氏族共同养育，只有母子、母女之间的关系非常明确。

在中华人文始祖伏羲之后，炎帝神农氏（简称"神农"）发展起来了，神农是又一位对中华民族颇多贡献的伟大人物，他开发了原始农业，成为中华民族农耕文化的创始人。据说他制造了木质耒耜，教人们耕种，以提高农作物的产量。中国春秋时期的《管子·轻重戊》说："神农作，树五谷淇山之'阳'，九州之民乃知谷食，而天下化之。"他还教人们制作陶器，用麻桑制成的布帛做衣裳。神农氏除了发明农耕技术外，还发明了医术，制定了历法，开创九井相连的水利灌溉技术等。因为他发明农耕技术而被称为"神农氏"，又因他以五行中的"火"德治理天下，故又被称为"炎帝"、"赤帝"、"烈（厉）山氏"。据唐代著名的史学家司马贞《史记索隐·三皇本纪》载："神农氏，姜姓，以火德王。母曰女登，女娲氏之女，忎（rén，古同"仁"）神龙而生，长于姜水，号历山，又曰烈山氏。"

关于炎帝神农氏亲自尝百草为人治病的故事，更是代代相传，家喻户晓。中国祭奠炎帝神农氏的地方很多，最著名的是湖南省株洲市炎帝陵。相传炎帝神农氏晚年到南方巡视，由于采药时不幸误

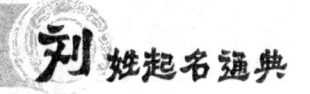

吃了断肠草而中毒身亡，就葬在株洲市境内。据记载，西汉时这里已有炎帝陵，唐代已有奉祀，到了宋太祖赵匡胤执政时，更是形成了大规模的祭祀活动，以至今天，香火一直袅袅不绝。2011年4月3日"辛卯年清明海峡两岸共祭炎帝神农氏大典"在炎帝安寝地湖南株洲炎帝陵隆重举行。

　　在中国古史演变上，黄帝更是一位地位崇高的人物，我们可以说他是中华文明的伟大创造者。黄帝创作音乐和历法，治五气，度四方，载时以象天，用阴阳五行干支理论完善中医，创造出了仰韶文化等。从河南省新郑的仰韶文化遗址出土的文物我们可以得知，黄帝时代人们过着定居生活，处于锄耕农业阶段，出土大量的房基、石铲、石斧等即是例证；手工业专门化，出现了彩陶技术，使用半机械化轮制技术。在内部组织管理上建立"云官云师"编制。中国关于黄帝的事迹与史料太多，我们就不再一一列举了。黄帝出生的具体年代有多种说法，大多数人认为黄帝出生于公元前2396年更可靠，换言之，黄帝生于距今4400多年前左右，比俗传出生时间少600年。在出土的战国中期的"陈侯因蟜敦"青铜器铭文中明确提到先祖"黄帝"。考古专家们对位于河北省涿鹿县矾山镇三堡村北的"涿鹿"遗址发掘，为我们提供了黄帝都城存在的考古证据，2008年10月29日中央电视台《探索发现》栏目播放了五集纪录片《发现黄帝城》，向世人全方位地介绍了"涿鹿"古城。

　　宋朝学者刘恕在《通鉴·外纪》中说："少典国君之妃曰附宝者，感电光绕斗而有娠，生帝于轩辕之丘，因名轩辕，姓公孙。"这里所说的"帝"指黄帝，"轩辕之丘"在今河南新郑市西北。这份材料直接反映原始人的生育观，间接暗示出原始人的婚姻观。在原始母系氏族时代，少典氏和有蟜氏的婚姻状况还处于母系氏族社会的走婚阶段，那时并没有娶妻纳妃之说，后人记述黄帝母亲怀孕生子的口传史话，才采用妻妃受感而孕的说法，因此，"少典国君之妃"的说法完全是后世附会之说。综合以上说法，我们可以这样判断：有蟜氏的一个名叫附宝的女子和少典氏的一个男子走婚，附宝怀孕后在轩辕之丘生下了一个儿子，于是便给这个宝贝儿子取名叫轩辕，轩辕做出了巨大贡献，后人就为轩辕追加一个尊号叫黄帝。因轩辕"有土德之瑞，故号黄帝（《史记》）"，也就是说，他具有五行"土"的柔和厚实、滋生万物、顺承天道、色黄居中、广大无垠的祥瑞美德，又是氏族联盟首领，所以后人给他取了"黄帝"的尊号。黄帝之号始见于《左传》和战国时期齐威王时期的陈侯因蟜敦青铜器铭文中。周安王时期（公元前391年）齐国的国相田和（史称齐太公）废齐康公，自立为国君，同年为周安王册命为齐侯。齐相田和夺取了齐国政权之后，不改国名，仍然称齐，史称田氏齐国。但是在田氏齐君所铸青铜器的铭文上，都称陈侯，例如陈侯子釜是为齐太公田和铸造的青铜器物；陈侯午簋与陈侯午敦是为齐桓公田午铸造的青铜器物；陈侯因资鼎与陈侯因蟜敦是为齐威王田因齐铸造的青铜器物。其中，传世的青铜器"陈侯因蟜敦"上刻有铭文："其惟因，扬皇考绍緟（昭统），高祖黄帝，俅（迩）嗣桓文，朝问诸侯，合扬厥德。"迄今为止，这是青铜器铭文中最早提到的"黄帝"。这也证明战国时齐君田氏都自谓黄帝的后裔，把黄帝作为陈氏远祖。

　　古籍上关于黄帝的姓氏名号的说法很多，黄帝到底姓什么？司马迁在《史记·五帝本纪》说："黄帝者，少典之子，姓公孙，名曰轩辕。生而神灵，弱而能言，幼而徇齐，长而敦敏，成而聪明。"《史记》与《通鉴·外纪》说黄帝姓"公孙"，而《国语》载黄帝在姬水长大而姓"姬"。著名历史教师纪连海说："（黄帝）所谓姓公孙不过是古人的伪托，根本无据可考。"我们认为，从父系血统讲，黄帝是少典氏中的分支"姬族"的创始人，从母系血统讲，黄帝是有蟜氏中的一支"公孙"后裔，"公孙"是黄帝的始祖母氏族的称号，因此，有的古书说黄帝姓"公孙"也没有错。在只知母不识父的母系氏族时期，黄帝的父名不详。《国语·晋语》记述黄帝姓姬，是按父系男性血统命名的族号。

　　黄帝的号为什么又叫有熊？因为有熊是黄帝的氏族部落方国称号。西汉史学家司马迁在《史记》里写道："故黄帝为有熊。"南朝时期的宋国史学者裴骃为《史记》作《集解》引谯周（三国时期蜀汉著名的儒学大师和史学家）的话说："黄帝，有熊国君，少典之子也。"唐代张守节在《史记正义》里也说："黄帝有熊国君，乃少典国君之次子，号曰有熊氏。"黄甫谧曰："有熊，今河南新郑是也。"黄帝以有熊为号，这暗示了黄帝的部落方国以"熊"这种猛兽为图腾。到周代，周的诸侯国中的楚国历代君主也以熊为名为氏号，《史记·楚世家》说："楚之先祖出自帝颛顼高阳。高阳者，黄帝之孙，昌意之子也。周文王之时，季连之苗裔曰鬻熊。鬻熊子事文王，早卒。其子曰熊丽。熊丽生熊狂，熊狂生熊绎。熊绎当周成王之时，举文、武勤劳之后嗣，而封熊绎于楚蛮，封以子男之田，姓芈氏，居丹阳。"据考古学家刘玉堂、王红星、高崇文研究，古"丹阳"当位于丹水和淅水交汇之处（今湖北省丹江口水库淹没区），因处丹水之北，故称为丹阳。自鬻熊以熊为名，其后裔楚君又以熊为氏，"熊"字作为氏称在楚国只有国君才有资格使用。例如统治楚国长达10年的第13位国君熊严（前837年—前828年）有4个儿子，他们的名字分别叫伯霜、仲雪、叔堪、季徇，兄弟4人当然像其父祖一样以芈为姓，伯、仲、叔、季是他们的排行字，表示老大、老二、老三、老四，霜、雪、堪、徇则为各自的名，老大伯霜继承其父的君位后，则称为熊霜，习惯上叫芈熊霜。这足以证明，只有居于首领之位者，方能以熊为氏，而这又表明，"熊"是楚民族的圣物，也就是楚国的图腾。由楚人以熊为神圣的吉祥物，亦足证黄帝之号为有熊氏。

《礼记》记载："黄帝正名百物，以明民共财。""黄帝正名百物"就是黄帝分门别类地给百物起名字；"以明民共财"的意思是便于人们得到许多事物的名字，使人们变得更加聪明，共同享有知识财富。所以，在中华文化史上，黄帝则是中华有文字记载史上第一位起名先师。

炎黄二帝是中国传说时代的精英人物，是远古两大氏族部落的领袖，他们所领导的氏族部落及其后代结盟集团，代代繁衍生息，在中华大地上长期居于主导地位，构成了中华民族的主体。现在的中国人都自称为炎黄子孙、龙的传人，公认他们是我们中华民族的人文始祖。

中华民族的众多姓氏，相传也都跟炎黄二帝有关。由炎帝所发展的姓族一般是跟古史传说当中的少数民族有关，像共工氏、蚩尤氏，还有后来的祝融氏。《史记·楚世家》、《国语·郑语》等古籍记载的"祝融八姓"（己姓、斟姓、彭姓、坛姓、曹姓、芈姓（即咩 miē 姓或是喭 yán 姓）、董姓、秃姓，史书称为"祝融八姓"）偏重于中国南方。而北方的一些氏族如高阳氏（风姓，名颛顼，是黄帝的孙子）、高辛氏（即帝喾（kù），姓姬，是黄帝的曾孙）、陶唐氏（姓伊祁，名放勋，史称唐尧或尧）、有虞氏（姚姓，名重华，史称虞舜或舜）都和黄帝有关。由黄帝的姬姓直接衍生出十二姓：姬、酉、祁、己、滕、任、荀、箴、僖、姞、儇、依。这就是黄帝二十五子所得的姓。

◆ 黄帝二十五子得姓史话详解

最早记述黄帝二十五子得姓的史书就是战国时期的《国语》。在《国语·晋语》第四篇里，记载了逃难到秦国的晋国公子重耳（后封为晋文公）的随臣司空季子劝谏他纳娶名分上是侄媳的秦女怀嬴的故事，司空季子为了促成"晋秦联姻"，就引述了关于黄帝二十五子得姓的口传史料，兹摘录原文如下：

黄帝之子二十五人，其同姓者二人而已：唯青阳与夷鼓皆为己姓。青阳，方雷氏之甥也。夷鼓，彤鱼氏之甥也。其同生而异姓者，四母之子别为十二姓。

凡黄帝之子，二十五宗，其得姓者十四人为十二姓，姬、西、祁、己、滕、箴、任、荀、僖、姞（jí）、儇（xuān）、依是也。唯青阳与苍林氏同于黄帝，故皆为姬姓。

这两节史料自汉代至今以来始终是史学家、姓氏学家论证中华古代姓氏文化起源与演变的重要论据之一，这是因为中国人至今多以"黄帝之子孙"自居。可是《国语·晋语》关于黄帝之子得姓的这段史料让人特别费解，几乎每一个枝节问题都在困惑着历代的学者，从而导致该得姓之说的整个情节及其解释成为迄今两千一百多年来史学研究与姓氏学研究上的一大悬案。正因这样，我们先介绍一下过去学者们的见解与看法。

黄丕烈（清朝乾隆时期藏书家、版本学家、校勘学家。字绍武，号荛圃，又号复翁、书魔）在所著《校刊明道本韦解〈国语〉札记》对黄帝二十五子得姓提出如下意见：

又虞（按：虞即三国时期吴国学者、官员虞翻，字仲翔，会稽余姚人，他于经学颇有造诣，尤其精通《易》学、为《国语》作过训注）说：凡有二十五人，其二人同姓姬，又十一人为十一姓……余十二姓德薄不记录。丕烈案，此小司马（按：司马贞的号叫"小司马"，他著《史记索隐》三十卷）所谓"旧解破四为三"者也。其解当读上文"皆为己姓"作"皆为姬姓"；下文"故皆为姬姓"乃申说上文。夷鼓与苍林为一人。

黄丕烈认为：虞翻"破四为三"的说法不妥当，夷鼓就是苍林，上下节的青阳一名指代同一人。

著名国学家、古文字学家唐兰提出《国语·晋语》第四篇所述黄帝二十五子得姓一文很矛盾的看法，他说："《国语》这一节里很矛盾……我疑惑这一段《国语》的本来面目是'黄帝之子二十五人，其同姓者二人而已：唯青阳与夷鼓皆为己姓。青阳，方雷氏之甥也。夷鼓，彤鱼氏之甥也。其同生而异姓者，四母之子别为十二姓。同德之难也如是。'后人因'别为十二姓'的话，添了一段进去，所以和上文都不合适了（北大《先秦文化史讲义》）。"

从事先秦史和人类学研究的已故著名学者杨希枚先生历时十几年研究《国语·晋语》黄帝之子得姓问题，在1962年与1976年发表了《〈国语〉黄帝二十五子得姓传说的分析》上下两篇论文（上篇发表于1962年《中央研究院历史语言研究所集刊》第34本，下篇发表于1976年《清华学报》），杨希枚先生认为："……上下两节不仅应是一正文一注文，且依文献上一般正文与注文的排比方式而改写呈下列形式，则两者的关系益为显然：

黄帝之子二十五人（凡黄帝之子二十五宗），其同姓者二人而已：唯青阳（青阳，方雷氏之甥也）与夷鼓（夷鼓，彤鱼氏之甥也）皆为己姓（唯青阳与苍林氏同于黄帝，故皆为姬姓）。其同生而异姓者，四母之子别为十二姓（其得姓者十四人为十二姓，姬、酉、祁、己、滕、箴、任、荀、僖、姞（jí）、儇（xuān）、依是也）。"

姓氏篇

杨希枚先生主张《国语》在传抄过程中误将后人的注释混入了原文导致把同姓者二人解成了三人或四人的后果！他说："《晋语》正文与注文中的青阳、夷鼓、苍林实际上只是两个人；既非三个人，更非四个人。"

根据从地下新考古出来的商、周二代的铜器铭文，我们不完全认同唐、杨二位先生的看法。细说如下：

杨希枚先生在《〈国语〉黄帝二十五子得姓传说的分析》中对原文一些词语做了有益的解释，值得我们赞同，我们结合杨先生研究成果，再进一步对《国语·晋语四》黄帝之子得姓原文进行释疑与释义。"黄帝之子"的"子"不是儿子的意思，应该是孩子的意思，不分男女性别统称孩子。"黄帝之子"意指黄帝的儿女，不单指黄帝的儿子，也包括黄帝的女儿。例如就在《国语·卷十·晋语四》里黄帝二十五子得姓传说之上三节有一句话："狐姬，伯行之子也，实生重耳。"狐姬是伯行的女儿，同时是重耳的母亲。我们认为"黄帝之子二十五人"就应该解释为黄帝有二十五个儿女（孩子）。"同姓"、"异姓"、"得姓"中的"姓"有古义与今义两种解释，先秦时代的"姓"从古义上讲指"族姓"，即族号、族名。我们对"族姓"进一步解释为用来表示源自同一血缘的族群称号，如同姬姓、嬴姓一类的"古姓"一样，本质上是不同血缘的不同族群的识别代号。此外"姓"也可以作为一个小家族的族长的个人称号。由于人口的繁衍，原来的一个大氏族部落又分支出若干新的小部落，这些小部落为了互相区别，就为自己的子部落单独起一个本部落共用的族号——"姓"，以表示自己的特异性，当然也有的小部落没这样做，而仍然沿用老部落的母姓。一个以部落酋长黄帝为中心的二十五子组成了黄帝大部族，亦即大氏族，这个大氏族分别衍生出十二个小家族或子部落，每个小家族或子部落都有自己的姓，他们聚居在一个村落或几个相邻的村落之内，亲族成员之间的关系较氏族成员之间的关系更为密切。根据考古资料，每个小家族包括族长及其一妻或数妻、子女。"四母之子别为十二姓"中的"别"是"分别衍生"之意，我们认为，黄帝的四位老婆所生的25个孩子没有都随母姓，而是分别衍生出了12个新姓。根据出土的

"己侯"青铜器铭文（出土文献），"唯青阳与夷鼓皆为己姓"中的"己姓"就是"纪姓"，先秦时期的"己"与"纪"通假互用，金文"己"就是后来的传世文献所记的"纪"。对此详细论述见置后。"青阳，方雷氏之甥也"与"夷鼓，彤鱼氏之甥也"句中"甥"是男子专用而非女子专用的一种亲属称谓。我们认为原文之所以这样迂回叙述，而不直接说"方雷氏之子、彤鱼氏之子"，目的是强调青阳与夷鼓都是男性，不是女性，如果云"某某之子"，孩子的性别问题就可能不明了，用"甥"字更能够突出性别，同时暗示出黄帝晚年的社会已经进入父权制社会时代。原始父权制社会的特征是，氏族由一个男性祖先和他的子孙后代组成，子女通常不再随母族，而是归属父亲部族。世系由男性传递，财产也由男性继承。族长或部落联盟酋长一般由年长的男子担任，族长或酋长既是生产的组织者，又是军事出征的指挥者。随着战争的频繁发生，部落集团酋长变成了专职的军事首领。强大、善战的部落集团在能力卓越的酋长指挥下，往往征服其他部落。相邻的部落由于战争的需要，也会结成部落联盟，有一些部落联盟相当持久，在历史上起过重大影响。《史记·五帝本纪》云："轩辕之时，神农氏世衰。……於是轩辕乃习用干戈，以征不享，诸侯咸来宾从。""天下有不顺者，黄帝从而征之，平者去之，披山通道，未尝宁居。"显然，黄帝对不顺从者，"征之"，"去之"，使"诸侯咸来宾从"，通过军事征服，使诸侯"宾从"。拥有这种号令征伐的最高权力者黄帝与蚩尤战于涿鹿之野，与炎帝战于阪泉之野，通过战争不断占有对方的各种资源与对方的女人，加强自己的部族集团权与部族成员获得最佳配偶权，巩固本部族的实力，也促使自己的后代不断优生，因为近亲婚姻使人口素质下降，导致家族衰落。《国语·晋语四》中的"凡黄帝之子，二十五宗"的"宗"指宗支、族支而言，这也就明显告诉我们：战国时期，《国语》作者讲黄帝二十五个孩子是一人一宗，共25支。此处人各一宗的意思与汉代分宗制不同，《史记·五宗世家》云："孝景皇帝子凡十三人为王，而母五人，同母者为宗亲。"即汉代孝景皇帝的儿子以母亲为准分为五宗。因此，我们认为上节"黄帝之子二十五人……四母之子别为十二姓"与下节"凡黄帝之子,二十五宗……故皆为姬姓"不是简单的重复,上节内容主要解释"十二姓",而下节内容强调黄帝之子不分男女一人一支,人各有姓,其中除了11人随从母姓、2人随从父姓——姬之外,又建立了11个新姓——酉、祁、己、滕、箴、任、荀、僖、姞、儇、依。上节云"唯青阳与夷鼓皆为己姓"的"己姓"即"纪"姓,是11个新姓之一。再说"得姓"一词。杨希枚先生认为,黄帝二十五子中十四人得十二姓,剩余十一人没有"不得姓"的意思。我们认为事实上也如此,从远古的母系氏族社会开始至夏朝末期,任何一个人只要一出生就自然而然地拥有该母族的称号——族姓,自从原始社会产生族姓以来,没有"不得姓"的姓氏制度,就《左传》记载"天子建德,因生以赐姓"而言,被赐姓的人也都有自己的原姓,或者原姓重新被天子(即具有最高统治地位的首领)宠赐。对有德有功之人来说,得到天子赐姓,那是一件非常荣幸的事,而没有被赐姓的人,虽然得不到这种恩赐,但都有其自己的族姓,并非因其未蒙赐姓而天生"不得姓",比如那位生于夏末的伊尹(一说名"伊"),他在被商王汤起用之前是弃婴,属于社会下等人,虽然不冠姓,但只是有姓不称罢了。伊尹是有莘国人,和有莘氏出自同一血统,故姓姒,是夏朝建立者禹的后裔,只因身份近似奴隶,在夏末商初的奴隶制社会就不能用有莘氏表明身份高贵的"姒"姓作自己的代号。据《吕氏春秋·本味》:"有侁氏女子采桑,得婴儿于空桑之中……身因化为空桑,故命之曰伊尹,此伊尹生空桑之故也。长而贤,汤闻伊尹,使人请之有侁氏,有侁氏不可。伊尹亦欲归汤,汤于是请取妇为婚,有侁氏喜,以伊尹为媵送女。"经考证,"莘"又写作"侁"。意思是:伊尹生于有莘国"空桑"(空桑,上古地区名,沿用至东周晚期,主要指今河南东部、安徽北部、山东兖州等地。《地记》言:"空桑,南杞而北陈留,各三十里,有伊尹村。"《括地志》云:"古莘国在汴州陈留县东五里,故莘城是也。"古陈留地在今河南省开封市附近,其地正在鲁西豫东平原上。唐《独异志》:"伊尹无父,生于空桑中。"),被有莘国女子发现抱养,长大后德才兼备,商部族酋长商汤得知伊尹情况后,想请伊尹到商辅佐自己,伊尹也有此心意,但遭有莘国拒绝,商汤于是用娶有莘国酋长之女为妻的办法，使伊尹以媵（yìng）臣（古代随嫁的臣仆）的身份来到商国。伊尹虽出身卑微，但其雄才大略却为成汤所独钟，尽管他是以媵臣的身份来到商国，却得到商汤的重用，伊尹辅助商汤推翻了夏桀，建立了商朝大业，是一位于商朝功不可没的开国元勋。"伊"之名，缘于其生在伊水之滨。因此，在黄帝二十五个孩子中，除了14人（可能都是男子）单独建立了十二个姓外，其余的11人（可能都是女子）只是随从母姓罢了，因为发源于母系氏族社会的"从母姓"的社会习俗，直到夏、商两朝均存在这种遗风，在商、周奴隶制国家时期，虽然是"男子称氏"、"氏别贵贱"发生发展的时期，但原先作为族号流传下来的"姓"仍然起"别婚姻"的作用，"妇人称姓"的习俗还在沿袭着，女人或以出生地冠姓，如齐姜、鲁姜，或以排行冠姓，如孟姜、伯姬等。那么早在夏商之前的黄帝时期，女子"从母姓"的社会习俗更应该盛行，至于这11个人的母亲（亦即黄帝的妻子）是什么姓，我们无法得知，有一点可以肯定，他们的母姓是沿袭上代母系流传下来的族姓，也就是说，其母姓早在"十二姓"之前就已经存在很久了。黄帝的"姬"姓到黄帝的子孙后代则因父权的确立蜕变成父系血缘的标志了，并由姬姓分支出十二个新姓。

　　根据以上释疑与释义，我们认为《国语·晋语四》中黄帝之子得姓记载都是原文，上下两节之间不是原文与释文的关系，"凡黄帝之子，二十五宗……故皆为姬姓"这一节也不是后人添加的一段。从语文体例上讲，重耳（后为晋文公）手下的随臣司空季子采用先分说黄帝之子中有两个同父异母兄弟夷鼓、青阳（指黄帝老婆方雷氏生的儿子）属于"己"（纪）支族，同为"己"（纪）姓，接着总说四母之子别为十二姓，又进一步总说十四人得了十二姓，紧接着具体分说这十二个姓是什么，最后点明苍林、青阳（指黄帝的妻子西陵氏嫘祖所生的儿子玄嚣）兄弟2人随从黄帝的姬姓。所以，《国语·晋语四》中关于黄帝之子得姓上下两节原文的关系是分——总——总——分的关系。

　　历代学者之所以解不开黄帝二十五子得姓的症结问题，主要是被"其同姓者二人而已：唯青阳与夷鼓皆为己姓"一语中的"己"

与"青阳"困惑住了,导致历代学者辨不清同姓者的人数以及他们的身份。据史书记载,黄帝有两个尊号叫"青阳"的儿子,一个是黄帝的妻子西陵氏嫘祖所生的儿子玄嚣(《大戴礼·帝系》又称"元嚣"),另一个是黄帝次妃方雷氏所生的儿子。《史记·五帝本纪》记载:"黄帝居轩辕之丘,而娶于西陵氏之女,是为嫘祖。嫘祖为黄帝正妃,生二子,其后皆有天下:其一曰玄嚣,是为青阳,青阳降居江水。其二曰昌意,降居若水。"黄帝的妻子嫘祖生了两个儿子,一个儿子名叫玄嚣,其尊号就是世人共传所称的"青阳",另一个儿子名叫昌意。春秋末战国初的《国语·晋语四》记载:"黄帝之子二十五人,其同姓者二人而已:唯青阳与夷鼓为己姓。青阳,方雷氏之甥也。夷鼓,彤鱼氏之甥也。……其得姓者十四人为十二姓,姬、酉、祁、己、滕、箴、任、荀、僖、姞(jí)、儇(xuān)、依是也。唯青阳与苍林氏同于黄帝,故皆为姬姓。"据《史记》、《国语》可知以下两条:(1)唐代史学家司马贞对"唯青阳与夷鼓皆为己姓"的注解是错误的,司马贞误以为此处的"青阳"就是少昊金天氏,于是他在《史记索隐》云:"其《国语》上文青阳,即是少昊金天氏为己姓者耳。"金文"己"对应后来文献中的"纪","己姓"就是"纪姓",所以,这位"己姓"青阳应是黄帝与次妃方雷氏所生之子。北宋刘恕编集的《资治通鉴外纪》(简称《通鉴外纪》)载:"黄帝二妃方雷氏之女节,生休及清。"《释名》说:"清,青也。"据此,方雷氏所生的青阳又可以叫清。(2)司马迁在《史记》记载的这位名叫玄嚣的青阳和《国语·晋语四》中提到的与黄帝同姓的姬姓青阳实为同一个人,其母亲就是西陵氏嫘祖。对于《国语》上文"青阳与夷鼓为己姓"与下文"唯青阳与苍林氏同于黄帝,故皆为姬姓"的解释,过去学者们认为:这个"己"字应是"自己"的"己",意指黄帝本人的姬姓,青阳与夷鼓都是姬姓。如果照此理解,上文与下文就发生了自相矛盾,为此三国时期吴国学者虞翻(164—233年)推测黄帝之子二十五人只有十三人得姓而已,不是十四人,即"破四为三"之说。唐代司马贞在《史记索隐》中的《史记·五帝本纪》说"黄帝二十五子,其得姓者十四人"就进行如下注解:"旧解破四为三,言得姓十三人耳。……唯姬姓再称青阳与苍林，盖《国语》文误，所以致令前儒共疑。其姬姓青阳当为玄嚣，是帝喾祖本与黄帝同姬姓。其《国语》上文青阳，即是少昊金天氏为己姓者耳。既理在不疑，无烦破四为三。"以上这两位古人解释都不对，经我们考证，黄帝之子中，叫"青阳"者有两个人，夷鼓与苍林其实也是两个不同的人，《国语》没有记载错。东汉史学家班固撰写的《汉书·古今人表》明确记载：彤鱼氏生夷鼓而嫫母生苍林，我们不管苍林的母亲是嫫母或是西陵氏嫘祖（假设昌意与苍林为一个人），这都说明夷鼓与苍林不是一个人。到魏、晋时期，才出现了皇甫谧《帝王世纪》所云夷鼓与苍林是一个人的错误说法，《帝王世纪》曰："次妃方雷氏女，曰女节，生青阳。次妃彤鱼氏女，生夷鼓，一名苍林。"唐代司马贞不知皇甫谧说错了，就引用他的说法。乾隆五十三年（1788年）藏书家黄丕烈在其著作《校刊明道本韦解〈国语〉札记》云："夷鼓与苍林为一人；皇甫谧曰夷鼓一名苍林，以此。"黄丕烈在这句中所谓"以此"者，即指皇甫谧说夷鼓与苍林为一人二名。历史上，只有班固之后的皇甫谧首先说夷鼓与苍林同为一人，司马贞、黄丕烈等人引用皇甫谧之说，这种注解造成后人以讹传讹，产生错误的判断。

由于历代学者们没有推敲准《国语·晋语四》原文中"唯青阳与夷鼓为己姓"的"己"的特殊含义，而误以为《国语·晋语四》所载黄帝二十五子得姓上下文矛盾以及上下文两"青阳"是同一个人。其实不然，再说《国语》的作者也不会从字面上犯这种语言重复而不相连贯的毛病。那么到底怎么解释"唯青阳与夷鼓为己姓"呢？这需要借助从地下考古出土的文献与文物来解释，否则永远无法释疑。1972年12月，山东省博物馆与烟台地区的考古人员对莱阳市前河前村古墓进行了考古挖掘，出土了9件铜器中有2件有铭文，其中一件为铜壶，上有铭文13字："己侯作铸壶，事小臣以汲永宝用。"说明己国之君己侯铸造了这件铜壶，他将此壶赐给了自己的忠臣——墓主人。根据1983年在山东省寿光市纪侯台遗址出土的商代末期前（大约3000多年前）的一批纪国青铜器，如"己侯钟"、"己侯簋（guǐ）"等器物，胶东半岛出土己国铜器的第三个

姓 氏 篇

地点在以先秦古迹众多而闻名的龙口市归城,归城东和平村出土了"己侯鬲"。根据以上三地出土的己侯铜器铭文,再结合有关传世文献资料,我们就茅塞顿开了,在中国古代典籍书面文字中古老的"纪国"、"纪侯"之"纪"在出土青铜器物铭文上均写作"己","己国"就是"纪国";"己侯"就是"纪侯"。因此,我们认为:夏、商、周三代之前的"己姓",在战国之后的传世文献典籍中多写为"纪姓","纪姓"只是在《国语》等个别传世文献中仍然记作"己姓",史书上记载的商纣王的宠妃妲己之"己",实质上就是"纪"姓。由此可证,这些商周铜器铭文所提供信息的真实性、全面性远远胜过古典籍。根据出土文献与传世文献,先秦的"己"字除用于天干的"己"和表示"自己"的"己"以外,还有表示血缘族姓的"己"。因此,在先秦古籍上经常存在同一句中音形相同的两个字或词,有时并非同义。甚至在今天,日常口语中也不乏这样的例证。例如:"老马,你的小马儿跑到哪儿去了?"因为是说的话,没有标点符号,听者便无法决定讲话者所说的两个"马"字是否为同义词,于是人们对这句话的理解上就可能出现下列三种意思:A. 老马这个人的朋友在问老马养的一匹小马儿。B. 老马的朋友在问老马的小孩儿跑到哪去了。C. 养马的人在跟他的一匹老马说话:老马生的小马儿跑哪去了。于是,我们对"唯青阳与夷鼓为己姓"茅塞顿开了,原来这里所说的"己姓"就是"纪姓",而不是"自己的姓"之意。由于古人没有找到先秦时期的"己"姓就是"纪"姓的考古证据,误以为"唯青阳与夷鼓为己姓"的"己"就是"自己"的"姬"姓,所以后世之人始终无法破解黄帝之子得姓传说的千年谜案。

至此,我们马上明白:在黄帝14个孩子(可能都是男子)中,"己"(纪)姓有2人——方雷氏生的青阳与彤鱼氏生的夷鼓,"姬"姓也有2人——西陵氏嫘祖所生的青阳(即玄嚣)和嫫母所生的苍林,余下10人分别得10个姓——酉、祁、滕、箴、任、荀、僖、姞(jí)、儇、依,合计为14人12姓,这12姓与黄帝原姓"公孙"后因其成长于姬水之滨又姓"姬"的道理一样,这14人一出生原来都有姓,只是因他们及其子孙发展壮大、人丁兴旺,单独建立了

12个新族姓,有了新姓,原来的旧姓就不再用了。14个人之所以有同姓和异姓之别,从人类学来讲,史前人类原始姓族制度存在兄弟父子异姓的社会现象,这是原始社会司空见惯的事。黄帝二十五子中剩余的11人虽然没有立新姓,却显然各有其姓氏,而无所谓"得姓者"与"不得姓者"之说,也不需要借助"赐姓"制度以求其他解释。事实上《国语·晋语四》原文也没有一字涉及"赐姓",黄帝时期,族大就要分支独立新姓,而族小力量弱,就没有经济实力建立新姓,因为没有实力和经济条件建立自己的领地,就要待在原处靠着父母生活,没有立新姓的人按原始社会习俗或"从母姓"或"从父姓"。根据考古资料,黄帝时期的大家族不但要照顾实力小的亲族成员,还要收养非血亲的氏族成员。我们揭开"己"姓就是"纪"姓与"青阳"的玄机,就把汉代以来困扰历代经师学者长达两千一百多年的特大悬案彻底解决了,也为《国语·晋语四》的原著者洗掉了"巫古圣而惑后儒"(语出乾隆时期著名的辨伪学者崔述)的罪名!

由黄帝的姬姓直接衍生出十二姓,即黄帝的十四个孩子得十二姓:姬、酉、祁、己、滕、任、荀、箴、僖、姞、儇、依。后来这12个支姓家族中又分出了众多的"氏",如黄帝的姞姓儿子是"黄帝部族联盟"中"姞姓氏族"首领,随着"姞姓氏族"的子孙繁衍,其后裔分支为"吉、雍、燕、鄂、密须(密、须)、阚、严、光、羊、杨、孔、尹、蔡、鲁、允、断、敦、逼、郅、虽"等氏。由黄帝的子孙分别衍生出来的姓氏达数百个,因为太多人是黄帝子孙。司马迁在《史记·帝王本纪》记载如下:"自黄帝至舜、禹,皆同姓而异其国号,以章明德。故黄帝为有熊、帝颛顼为高阳、帝喾为高辛、帝尧(尧是帝喾的儿子,名叫放勋)为陶唐、帝舜为有虞。帝禹为夏后而别氏,姓姒(sì)。契为商,姓子氏。弃为周,姓姬氏。"意思是,从黄帝到舜、禹,都是同一个姓源,但是他们作为部落联盟(部落联盟相当于后来"国"的概念)首领的号并不相同,这是为了彰显各自的光明仁德之业。所以黄帝号叫有熊……帝禹的号为夏后,并且另外又分出氏族,姓姒氏,契为商始祖,姓子氏。弃就是史书所称的"后稷"(在中国远古时期的氏族社会,氏族（部落）的首领称为"后"。"后"是部落内一切重大事情的决策者、指挥者、领导者），后稷为周始祖，后稷姓姬氏。后稷是玄嚣的曾孙，玄嚣的后裔到第二十九代是周文王，史书介绍周文王时，因其是黄帝（姬姓）的后裔，也说他姓姬名昌。晋代学者皇甫谧《帝王世纪》曰："颛顼，黄帝之孙，昌意之子，姬姓也。……帝喾，姬姓也。其母不觉，生而神异，自言其名曰……尧伊祁姓也……舜，姚姓也。其先出自颛顼。……禹，姒姓也。……周，姬姓也。文王始修政，三年而天下二分归之，入为纣三公。"

古姓是怎么得来的

中国史籍中关于姓氏的记载多以炎黄时期为起点。通常，姓氏学家把炎黄时期至春秋时期的姓与氏统称为"古姓"。

上古至春秋时代的古姓中有许多带"女"字旁，如：姜、姬、姞（jí）、嬴、姚、妫（guī）、妘、姺（shēn）、姒（sì）、嫚（màn）、姖（qī）。为什么这样？研究姓氏的学者认为姓是母系氏族的名称，一个姓代表了生来就是一个始祖母的后代，因为"姓"是由女和生组成的字，据此证明姓是由女而生的。所谓"今姓"，指春秋战国之后出现的姓氏。

中国的古姓是怎样得来的？据古籍上记述，古姓来源有三："因生得姓"、"因德得姓"、"因地得姓"。

所谓"因生得姓"，就是根据一个人由何所生而确定其姓。所谓由何所生，既指一个人的血统来源，又指得生救命的东西。古姓实际上是一个人血统的标志，亦即其所归属的血缘集团的标志。血统是自然传承的生命之源，人是自然繁衍的结果，因此，姓所表明的血统是一种自然的事实。上古，一个人诞生的母族姓什么，他自然就该姓什么。汉字"姓"是由"女"和"生"组成的，"生"字表示生命、出生、生来，而"女"则表示生命来源于女性血缘。东汉文字学家许慎《说文解字》解释"姓"字说："姓，人所生也。古之神圣母感天而生子，故称天子。从女从生，生亦声。《春秋传》曰：'天子因生以赐姓。'"这说明被称为"天子"的人一出生就得到母亲给予的识别血缘身份的标记——姓。《说文·女部》所列的古姓有：姞、嬴、奶、妘、姓、妞、娸、嫣、娥、娃、姒、娴、嫪、姜、姬，这些带"女"部的古姓都是母系氏族的血缘族姓。

因生得姓的事例很多。大禹是为中华民族谋福祉的治水英雄、帝王，他父亲的名叫鲧，母亲是有莘氏部族人脩己。根据《吴越春秋》记载，大禹的母亲脩己得到苡米（又名薏苡仁、苡仁、薏米），她吃了这种神米，后来就怀孕了，生下了禹。尧成为远古中国帝王时，为了表彰禹的治水功德，他根据大禹母亲生子的故事，赐禹姓"姒"（sì），即把"苡"（sì）的草字头换成女字旁，成为"姒"。这就是禹姓"姒"的由来。"苡"在《康熙字典》里有两个读音：宋代的《集韵》注音"似"（sì），《唐韵》注音"以"（yǐ）。《国语》与司马迁的《史记》都尊称禹为伯禹，伯就是伟大的意思。禹又是建立夏朝的第一位天子，因此后人也称他为夏禹。

再如《史记·殷本纪》记载："三人行浴，见玄鸟堕其卵，简狄取吞之，因孕生契。"唐朝司马贞的《史记索隐》记录了蜀汉时期著名的儒学大师、史学家谯周说过的话："契生尧代，舜始举之，必非喾子。以其父微，故不著名。其母娀氏女，与宗妇三人浴于川，玄鸟遗卵，简狄吞之，则简狄非帝喾次妃明也。"大意是，在远古的原始社会时期，有三个人在外面洗澡，其中包括有娀氏之女简狄，她见到"玄鸟"即全身黑色的燕下一个子（子就是蛋卵的意思，现在还有地方称鸡蛋为鸡子），简狄捡起来燕子吃了，她就这样怀了孕，生了契，契是殷商王朝的始祖。东汉史籍《潜夫论·志氏姓》中记载："昔尧赐契姓子；赐弃姓姬；赐禹姓姒，氏曰有夏。"因为契的促生之物是"燕子"，尧当中国部落联盟首领时，所以赐契姓"子"。简狄吃燕卵而生契的传说，实际上告诉我们：远古的男女在外面媾和交欢，把怀孕、生儿育女看做是神物的恩赐，这反映了原始人类的生殖信仰，因为那时还没有"生理学"，原始人不懂卵子与精子的结合产生新生命的道理。契是商族自母系氏族过渡到父系氏族所祭祀的最早的男性直系祖先。从契开始，商族男人才有了以"子"姓相承的惯例。

又如"鸦"姓的由来。这个姓由避祸遇救而来。目前除江苏省

姓 氏 篇

扬州市有此姓外，江苏省仪征市新集镇方桥村的鸦家窝庄上几十户都姓鸦。在鸦姓家族传说里，鸦姓的祖先是少数民族，并且是武将出身。鸦姓的祖先在扬州地区与宋军交战，结果战败了，祖先带领一班人马仓促逃跑。为了躲避追兵，他们逃到了一个小水塘边，大家都筋疲力尽，无法前进了，只得借夜色躲在树林里。追兵赶到，正好一只乌鸦从树上飞起。追兵将领认为，这些乌鸦之前没被惊醒说明没人来过，就离开了，他们因此躲过一劫。为了感谢乌鸦的救命之恩，也为了更好地融入当地生活，这些人都改姓"鸦"，从此就有"鸦"姓了。

比"鸦"姓来源还早的李姓一支源自养活祖先生命的李树。商朝末年，有位执掌刑法的大理官叫理徵，他不断批评商纣王的恶政，劝说纣王不要荒淫无道，远离奸臣，他还利用自己世代相传的"大理"（法官）身份与职权，处分了纣王身边一些张牙舞爪的亲信，昏庸的纣王为此不悦，于是残害了理徵。理徵的夫人闻讯理徵被杀，赶快带着还在怀抱中的儿子利真（又写作"利贞"，或因避难期间不敢称"理"，就以"利"冠名）逃到伊侯之墟（今河南省西部伊河流域一带）躲藏起来。在这荒凉的废墟，母子二人过着非常艰辛的逃难生活，渴了就喝山涧里的水，饿了就吃李树上的果实——"李子"。春去夏来，秋去冬来，母子二人靠吃李子活了下来。后来，周武王推翻了商纣王的统治政权，母子二人才真正获得解脱。为了纪念李树果实的救命之恩，从利真起，"理"姓人改姓为"李"。

以所生之地或发祥地的地名为姓，称为"因地得姓"。发明阴阳五行、文字、音律、乐器、医药的华夏部落联盟领袖黄帝因生长在姬水之滨而姓姬，炎帝生长于姜水宝地而姓姜。相传舜因生在姚墟，他的后裔子孙便以地为氏，称为姚氏，南宋郑樵的《通志·氏族略》记载："姚姓，虞之姓也，虞帝生于姚墟，故因生以为姓。"至于姚墟的确切位置，目前有两种说法，一种说法是位于今河南省范县南，唐朝张守节的《史记正义》中引用《括地志》的记载："姚墟在濮州雷泽县东十三里。"另一种说法是位于今山东省菏泽县东北一带。另外，据郑樵说舜"因妫水之居而姓妫"可推断舜改姓

95

为妠。

　　因为有功德、发明等重大贡献而被赐姓,这就是"因德得姓"。例如:辅佐舜帝的伯翳(或益)因养畜"多"而获赐嬴氏。《史记·秦本纪》载:"大费拜受,佐舜调驯鸟兽,鸟兽多驯服,是为柏翳。舜赐姓嬴氏。……昔伯翳为舜主畜,畜多息,故有土,赐姓嬴。"这段伯翳因养畜"多"而获赐嬴姓的史料,可与《帝王世纪·秦》相互印证。《帝王世纪·秦》:"秦,嬴姓也。昔伯翳为舜主畜,多,故赐姓嬴氏。"为什么牲畜繁殖得"多"就可以赐姓嬴,而不赐其他姓?只因为嬴与盈相通。《战国策·楚策》:"魏有更嬴,能虚弓落雁。"再如,《管子·势》:"成功之道,嬴缩为宝。"《战国策·秦策》:"进退盈缩变化,圣人之常道也。""嬴缩"同"盈缩",嬴、盈相通。而"盈"是"盈余"之意,只有"多"了,才有盈余。罗泌《路史·后纪七》在"嬴氏"之下注:"嬴,盈也,庶物盈美。"所以说,嬴具有又"多"又"好"之义。又因"翳"与"益"通假,"伯翳"又写作"伯益"。实际上,他的名字就是一个单字"翳"或"益"。《尚书·尧典》、司马迁《史记·五帝本纪》和《史记·陈杞世家》等,都用单名"益或夷"。古人往往在单名前加"大"、加"伯",或表爵位,或示尊意,并非其名的组成部分。据《左传》记载,董姓来源也属于因德赐姓。《左传·昭公二十九年》:"昔有飂叔安,有裔子曰董父,实甚好龙,能求其耆欲以饮食之,龙多归之。乃扰(扰,驯也。能驯养龙的嗜欲)畜龙,以服事帝舜。帝赐之姓曰董,氏曰豢龙。封诸鬷川,鬷夷氏其后也。"按照《左传·昭公二十九年》所述魏国史官蔡墨的话说,古时候有一个人叫飂叔安,他的后代董父非常喜欢龙,能根据龙的嗜好来喂养它,因而引来了不少龙,于是他就学着饲养并驯化龙,并用这种技术为帝舜服务。帝舜因董父有功德就赐他姓董,赐其氏叫豢龙,同时把鬷(zōng)川这个地方封给了他。

　　"因生得姓"指出生就得到母系血缘传承的标记,或者因生命被救而以救命物的名为姓。"因地得姓"就是以发祥地或者出生地为姓氏。"因德得姓"是因一个人创造出特别的业绩或重大的贡献而得姓,是彰显文明成果的标志。"因生得姓"和"因地得姓"的法则浓缩了人类认识自然、把握宇宙规律、造福人类的历史经验，建构了中华民族大生态天人合一文化体系，建构了人类最佳生态环境、最佳生命状态、最佳生存状态的理念体系和实施技术体系。"因德得姓"的法则浓缩了中华文明的进程，展示了中华先人创造的中华文明的多层面的历史勋业，这些社会的发明，极大地推动了世界文明的发展进程。

古氏是怎么得来的

古代男人的氏来源有十多种，这些氏后来都变成了姓。查其来源，命氏大致有以下几种方式：

1. 以国名为氏。例如：

芈（mǐ）姓之后鬻（yù）熊曾为周文王师，周成王追封鬻熊曾孙熊绎为诸侯，定都丹阳建立荆国。后熊通自封为武王，他儿子又迁都到鄂（湖北江陵）改国号为楚，春秋战国是强国之一，后被秦灭，子孙以楚为氏。吴姓出自黄帝姬姓，周太王亶父长子太伯为了让贤，出奔到东南沿海一带，被当地居民拥为君长建立吴国，春秋后期曾成为强国而称霸一方，后被楚国所灭，子孙以吴为氏。另外，像齐、鲁、燕、郑、卫、曹、任、吕、梁、申、霍、耿等都是以国为氏，这里不细说。

宋姓源出于子姓，武王灭商后，纣王哥哥微子启被封于商丘一带，建立宋国，七百多年之后被齐国所灭，子孙以宋为氏。

2. 以封邑（yì）名为氏。周代被封邑的人就以邑名为氏，例如：

姬奭（shì）是周文王庶子，伯邑考之弟，武王之兄，他是历经文、武、成、康的四朝老臣，在周初的政治舞台上，发挥了积极而巨大的影响力。他与周公一起协助武王灭商完成统一大业，平三监之乱，挽救了周初政权的危难局面；南征淮夷，巡视江汉，经营了周初的基业；负责营建东都洛邑，震慑和稳定了东方形势，扶立康王即位，使周政权得以巩固和延续。其敬德爱民，修文王之德，改变了社会风气，受到民众的赞扬与怀念。姬奭因功被封在召邑（今陕西省东岐山西南），遂称召氏，他在五等爵位（公、侯、伯、子、男）中居于公，于是被称为"召公"。三国时期著名史学家谯周说召公"食邑于召，谓之召公。"司马贞索引也说："召者，畿内采地。奭始食于召，故曰召公。或说者以为文王受命，取岐周故墟周、召地分爵二公，故《诗》有周、召二南，言皆在岐山之阳，故言南也。"后来，召公子孙的受封地"燕"被秦国抢占了，失去封地的召公的子孙以原来的封地名"召"为氏。据明代凌迪知的《氏族博考》所载："召与邵，春秋本一姓，后分为二。汝南、安阳之族皆从邑。"由此可见，召氏和邵氏其实同出一姓，只是写法不同而已。

楚国楚武王有个名叫瑕的儿子，瑕被封于名叫"屈"（今湖北秭归）的地方，于是其后代以"屈"为氏，屈氏后来变成了屈姓，代表人物即为屈原。

晋公族靖侯被封食采于羊舌这个地方，遂以"羊舌"为氏，以后就成为羊舌姓了，代表人物为羊舌赤。

西周初期，周武王之子、周成王的弟弟叔虞有个名叫良的儿子，良被封于解国（今山西省临晋县西南解城），所以称为解良。解良的子孙后代于是以"解"为氏，这就是"解"姓的来源。

东周时，周匡王封小儿子到刘邑建立刘国（今河南偃师县南），号刘康公，其后代中有人以刘为氏，即今天的刘姓一支。

3. 以官职名为氏。例如：

周武王当政时，执掌刑狱的官叫司寇，司寇的后代以"司寇"为氏，代表人物为司寇惠子。

周朝有史官，史官尹逸的后代以"史"为氏，代表人物为史墨。

古代担任司马官职的人就以"司马"为氏，司马后来也变成了姓，代表人物为西汉历史学家司马迁。

上官复姓源出于芈姓，战国时，楚国公族子弟靳尚任上官大夫，后代子孙以上官为氏。

4. 以爵名为氏。古代有王爵、侯爵，封王爵和侯爵的人就以王、侯为氏。

5. 以谥（shì）号为氏。例如：

楚庄王的"庄"是谥号，楚庄王的后人就以"庄"为氏。卫康公的"康"也是谥号，后人就以康为氏。庄、康二氏后来又都成为姓。周文王姬昌谥号"文"，其后代以"文"为氏，后来就有"文"姓，代表人物为文种。

6. 天子赐氏。例如：

周武王建立周朝的第二年（公元前1045年）追封先贤后代功臣，把舜帝的后裔虞满封于陈，按照宗法制度和胙土命氏的惯例，赐为陈氏，于是虞满改叫陈满。

◆ 从"姓"、"氏"有别到"姓氏"合一

在当今人们的观念中，"姓氏"已成为一个固定的名词，姓氏不分家，都是一个人的先天代号。其实，在中国古代，姓和氏之间有着本质的区别，古代"姓"、"氏"是两个名词，这两个名词的内涵和用途不一样。古代的"姓"是有血缘关系的世代相承的同族代号，不同血缘的部族团体就有不同的姓。距今一万年前，处于母系氏族社会初期（相当于考古学分期上的中石器时代向新石器时代的过渡时期）的人们通过"姓"识别不同血缘的族群。古时期的"氏"也可以作为部族的名称，到夏、商、周时期，"氏"才变成了"姓"的分支，是一个与地域有紧密联系的人的新标志，以至于"氏"起着标明一个人身份地位高贵的作用。

在姓氏发展史上，姓在母系氏族原始社会里是按照母系传承的。中国先人早期处于"但知其母，不识其父"（《白虎通·号篇》）的母系氏族社会时期，母权制已深入氏族生产和生活的各个领域，氏族成员按母系血统计算世系，并形成明确的姓族制度：子女从母亲居住，由母亲抚养，并属于母亲所在的氏族，同一氏族的成员都是同姓的，子女也从母姓，为此子女的血统世系是按照母系计算的。那时的姓由女性世代相传，即由祖母传给母亲，母亲传给女儿，再由女儿传给孙女，依次类推，长久绵延。在母系氏族社会时期，同姓人出自一个共同的女性祖先。人类学家认为，在群居杂

处、男女无别的原始群体中，子女绝不可能辨认父亲，而母子之间的关系则是很明确的。这种情况，我国古代文献已有记载。《吕氏春秋·恃君览》云："昔太古尝无君矣，其民聚生群处。"《淮南子·本经训》："男女群居杂处而无别。"摩尔根在《古代社会》里曾经说过，这些原始的人们过着"群团的生活，实行杂乱的性交，没有任何家族，在这里，只有母权能够起某些作用。"中国古籍里记载了母权制氏族社会男女性关系，例如《列子·汤问篇》（战国前期思想家列子著）记述："男女杂游，不媒不聘。"《公羊传》（亦称《春秋公羊传》，是专门解释《春秋》的一部典籍，据传作者是战国时代的公羊高）记述："圣人皆无父，感天而生。"东汉的经学家、文字学家许慎在《说文·女部》（《说文解字》简称《说文》）讲："姓，人所生也。古之神圣人母感天而生子，故生天子，因生以为姓。"所谓"无父"、"感天而生"，实际是母权制走婚交媾的反映，说明当时原始氏族部落的婚姻状况还处于母系氏族社会的走婚阶段。

如今云南永宁纳西族仍保留了浓厚的母系制传统习俗。当地以女为贵，认为有女不算断根，但是只生儿子则是断根，必须过继女继承人。

考古专家在以山东泰山地区为中心的大汶口文化早期（公元前4040—公元前3340年）遗址发现无葬具的墓葬，且有反映氏族成员间牢固血缘关系的同性合葬墓，这是母系氏族社会的特征。

距今约5500至4000年前，中国远古人类进入父系氏族社会，父权代替了母权，从此男性的财产权和社会地位高于女性，家庭婚姻关系也由母系氏族社会的"从妻居"变为"从夫居"，子女自然不再属于母系氏族成员，而成为父系氏族成员，中国人的姓氏于是转变为按照父系传承，直到今天还是如此。

在大汶口文化的中、晚期（公元前3640—公元前2240年）墓葬中，发现了木椁，出现了夫妻合葬墓和夫妻带小孩的合葬墓，这标志着只知其母不知其父的母系社会的结束，中国开始或已经进入了父系氏族社会。因此，最晚在距今4250年前，中国远古人进入父系氏族社会，原来的"走婚"演变为"抢婚"，妻子生育的孩子不再是母系氏族成员，而是父系氏族成员，中国人的姓氏于是转变为按照父系传承，即一代代的子女都随父姓，那时的同姓人出自一个共同的父系祖先。

根据《左传》记载，鲁隐公八年（公元前715年），担任"大夫"官职的众仲曾对"姓"与"氏"的来历及关系作过概述，众仲对曰："天子建德，因生以赐姓，胙之土而命之氏。"就是说，"天子"（从父系氏族时期到夏朝之前，这个称呼可以指代具有最高统治地位的部落联盟首领）分封有功德的人，根据他们的出生即血缘关系赐给其姓，为提高其姓族地位，再赏赐给他们土地而给予氏称。"赐姓、胙土、命氏"就非常明了地勾勒出了"氏"是"姓"的分支。宋朝刘恕《通鉴·外纪》说："姓者，统其祖（祖为始、初、先之义，后来才引申为父母以上的长者）考之所自出；氏者，别其子孙之所自分。"班固《白虎通·姓名》篇说："所以有氏者何？所以贵功德、贱伎力……闻其氏，即可知其德，所以勉人为善也。"

宋朝史学家郑樵在其《通志·氏族略序》里对上面的史实追述概括如下：

"氏所以别贵贱，贵者有氏，贱者有名无氏，故姓可呼为氏，氏不可呼为姓。姓所以别婚姻，故有同姓、异姓、庶姓之别。氏同姓不同者，婚姻可通；姓同氏不同者，婚姻不可通。三代之后，姓氏合而为一，皆所以别婚姻而以地望明贵贱。"明末清初著名的思想家、史学家、语言学家顾炎武（1613—1682年，原名绛，字忠清，明亡后改名炎武，字宁人，亦自署蒋山佣，被尊称为亭林先生）曾一针见血地说出了姓和氏的区别："氏一传而可变，姓千万年而不变。"这三者用更清晰的表述，对众仲的概论作了阐释。

根据文献记载，我们可以归纳姓的主要作用是：①别种族；②明世系；③别婚姻。在上古，同姓的人们都是同一个祖父母，同一个祖宗的后代血缘就相同，所以那时同姓不婚，如《左传·信公二十三年》说："男女同姓，其生不蕃。"《国语·晋语》也说："同姓不婚，恶不殖也。"古人从长期婚配育子实践中领悟到近亲婚配会产生不良后代的道理，通过辨别男女双方的姓，就能决定婚娶与否。同姓不婚的习俗，只限于先秦时代（指远古到公元前221年秦始皇统一中国这一漫长历史时期）。秦朝统一中国之前，有"女子称姓，男子称氏"的规矩，这种规矩就受性别婚姻、氏明高贵的习俗影响。

　　东汉文字学家许慎在《说文解字》中这样解释："姓，人所生也，从女、生，生亦声。""姓"的本义是人生来就有的图腾记号，所以远古产生的姓是用来识别氏族及其成员的血缘亲疏远近关系的标志。"氏"可以说是"姓"或"支姓"的分支。"氏"冠在男人的名前，表露着一个男人的封地、爵位、官职以及追谥，代表了男人的荣耀功业和尊严。譬如周武王的四弟叔旦，由于其采邑为周，被称为周公。其实，周公为姬姓，周只是他的氏而已。

　　明末清初著名的思想家、史学家、语言学家顾炎武考证春秋时代只有女子称姓，而男子不称姓。当时的女子，尤其是贵族妇女姓比名重要，没有出嫁的女子在姓上加孟（伯）、仲、叔、季表示排行，如孟姜、叔隗（kui）、季姬；出嫁后，如果嫁给国君，要在姓上加娘家的国名，如齐姜、晋姬、秦嬴；如果嫁给士大夫，就在姓前加大夫的氏，如赵姬（赵衰之妻），棠姜（棠公之妻）；如丈夫去世，要在姓上加丈夫的谥号，如武姜（郑武公之妻），文嬴（晋文公之妻）；如果嫁给平民，因平民没有氏只有名，则在夫姓后加自己娘家的父姓。这样做的用意，都是为了避免同姓婚配。国学大师王国维（1877—1927年，字静安、伯隅，号观堂、静观，浙江海宁盐官人）在《观堂集林》中证实了男子自周代起称氏，女子称姓。

　　"姓"是因生、因德、因地而得来的，主要从居住地名或者所属的部族名称而来。"氏"是从受封地、所赐的爵位、所任的官职的名而来，或者由死后因功绩被追加的谥号而来。所以先秦时期贵族有姓、有氏、有名，比如周文王（约公元前1152—前1056年），姬姓，周氏，名昌，因商纣王封其为西伯，即西方诸侯酋长，故称为西伯昌，亦称伯昌，《封神演义》称其为西伯侯，周武王灭商建周后，其为父西伯昌追加谥号叫"文"，史称周文王，周文王虽姬姓，却不叫姬昌，"姬昌"姓名在东汉时期才出现，后世循之，遂称文王为姬昌。

秦朝之前,一般平民以及奴隶有名无氏,这是由于他们没有显赫的身世可张扬,自然就没有"氏"称了。《左传》中提到这类人时,就只有名了。如晋国公子重耳因"骊姬之乱"躲避迫害而流亡国外时,在追随他的侍从中有赵衰(姓嬴,氏赵,名衰,又作"崔",字子余,一曰子馀,谥号曰成季,故史称赵成子)、狐偃(姓狐,名偃,氏咎,也写作臼,字(子)犯,亦称子犯、舅犯、咎犯、臼犯、狐子,晋文公重耳之舅)、介子推(名叫推,后人尊其为介子,一作介之)、头须等人,其中,介子推、头须只有名没有姓氏。介子推是春秋时期没落贵族的小老婆生的后代,没有资格承袭父祖的爵位与权利,所以介子推在重耳手下当微臣。头须更是有名无氏的小兵。重耳在逃亡途中,负责保管财物的勤务兵头须趁机把全部钱财拿走开溜了,以致重耳一行穷困潦倒,一路上只能半饥半饱,也引出了介子推"割股奉君"(又称"割肉啖君")的千古佳话。当时,重耳无粮,饥饿难行,介子推毅然割下自己大腿上的肉煮成汤给他吃。后来重耳当上了晋国君主,介子推又"功不言禄"、"功成身退",隐居山林,这突出了他不贪求功名利禄的高贵品质。《左传》载:"晋侯赏从亡者,介子推不言禄,禄亦弗及……遂隐而死。"晋文公赏赐跟从他逃亡的人,介子推不谈爵禄,爵禄也没有轮到他……最后隐居到死。介子推与头须出身与地位都低贱,从事的工作也都是低等的,因此《左传》只称其名。这就是郑樵所谓"贵者有氏,贱者有名无氏"了。再如《孟子·告子》中最擅长下棋的人奕秋,就只有名而无氏;《柳敬亭传》中的"优孟",是指名叫"孟"或者排行老二的艺人。"优",亦称优伶、伶人,古代用以称以乐舞戏谑为职业的艺人,后亦称戏曲演员。"庖丁解牛"这个成语中的"庖丁","庖(páo)"就是屠宰的意思,表示一个人的职业或技艺。《周礼·天官》:"庖人:掌共六畜、六兽、六禽,辨其名物。凡其死生鲜槁之物,以共王之膳,与其荐羞之物,及后、世子之膳羞。共祭祀之好羞,共丧纪之庶羞、宾客之禽献。""丁"可能是名,也可能不是这个人的名,因为"丁"字在汉语中就有人口、成年男子的含义以及指代从事某种专业劳作的人,如壮丁、男丁、园丁、家丁之"丁"就是这个意思，因此，《庄子》书中称这个杀牛的人为"庖丁"，或许正是我们今天称杀猪的屠夫为"杀猪的人"，或《水浒传》中称外号叫"镇关西"的屠户为"郑屠"一样。

正因为古时一些以技艺为职业的人在早期没有姓氏，所以古书称呼他们时常在其名前面加一个表示其职业或所具有的专长的汉字，让人一看就知道这人的专业身份。如《师说》中的"师襄"和《群英会蒋干中计》中提到的"师旷"，"师"就是乐师，表明职业。不过，一种职业或技艺称号被叫久了，也会逐渐成为一个家族的姓氏，尤其是到秦代，以职业或技艺的名号为姓氏的人就很多，如卜姓、陶姓的一支就来源于卜筮、制陶技艺，正如《风俗通》载"氏于事者，巫、卜、陶匠是也"，上古有人专管卜筮、制陶工作，他们的后代就以职业为姓，世代姓卜、姓陶。

秦朝初期，平民也可以有被人称呼的姓氏了。所以，"百姓"这个词，在秦朝以前指的是贵族，那时"百姓"就是"百官族姓"的意思，如《尧典》"乎章百姓，百姓昭明"，因为先秦贵族有姓，而平民有名无姓。直到无权无势的人也有姓氏后，"百姓"才成为"民众"的通称。

从时间上估计，氏比姓的产生至少晚一二千年。后人撰写五帝时期部落联盟首领的事迹一般不说"姓"只称其"氏"，总是以××氏的模式出现。如有熊氏、少典氏、彤鱼氏、方雷氏等，这是对先王的敬称，如燧人发明了火，称其为燧人氏；弇（yǎn）兹发明了结绳编织，被称为弇兹氏，又名织女氏或玄女氏或须女氏；伏羲发明了舍饲庖厨，称为庖牺氏，又名伏羲氏；炎帝发明了农业，称神农氏；盘古发明了盖天（中国古代的一种天体学说，认为天像一个斗笠，地像覆着的盘子。天在上，地在下，日月星辰随天盖而运动，其东升西没是由于近远所致，不是没入地下），因称混天氏或壶天氏；少昊发明了金星历，称为金天氏。再如，自颛顼（黄帝的孙子）以来，帝喾（黄帝的曾孙）、尧（帝喾的儿子）、舜（黄帝的七世孙，舜的父亲叫瞽叟，瞽叟的父亲叫桥牛，桥牛的父亲叫句望，句望的父亲叫敬康，敬康的父亲叫穷蝉，穷蝉的父亲是颛顼）都来自一个血缘始祖姓，但他们的氏并不相同，例如：颛顼在高阳兴起，称为高阳氏；帝喾在高辛兴起，故称高辛氏；尧因在古名叫唐的地方烧陶尔发展起来，所以得陶唐氏；舜因有虞之地而称虞氏。

禹（姒姓，夏后氏，名文命，号禹，后世尊称"大禹"）为颛顼的曾孙、黄帝的玄孙，禹的祖先黄帝为姬姓，但禹本人被赐姓姒（sì），在一个名叫"夏"的地方担任部落酋长。尧舜时期的人们长期遭受连续不断的水患，禹带领大家奋战十三年，终于用疏通河道引水入海的方法制服了洪水，以此获得崇高威望，当选为原始社会末期的最后一个部落联盟首领。《国语·周语下》记载了大禹的业绩："……伯禹念前之非度，厘改制量，象物天地，比类百则，仪之于民，而度之于群生，共之从孙四岳佐之，高高下下，疏川导滞，锺水丰物，封崇九山，决汨九川，陂鄣九泽，丰殖九薮，汨越九原，宅居九隩，合通四海。故天无伏阴，地无散阳，水无沈气，火无灾燀，神无间行，民无淫心，时无逆数，物无害生。帅象禹之功，度之于轨仪，莫非嘉绩，克厌帝心。皇天嘉之，祚以天下，赐姓曰'姒'、氏曰'有夏'，谓其能以嘉祉殷富生物也。"随着经济上私有制的出现与发展，政治权力的独占与世袭也日益为原始社会的各级首领所追求，禹成为这种要求的代理人，他没有按照传统的禅让制把部落联盟领袖的权力传交给各氏族推举出来的接班人伯益，而是私自授给了自己的儿子启，启继承了这份政治财产，成为中国第一个奴隶制国家夏朝的第二位国王。夏朝由立国之君禹到亡国之君桀，一共相传了14世、17王，大约延续了500年左右。《史记·夏本纪》记述："禹为姒姓，其后分封，用国为姓，故有夏后氏、有扈氏、有男氏、斟寻氏、彤城氏、褒氏、杞氏、缯氏、辛氏、冥氏、斟戈氏。"姒姓被赐给禹后，禹后来建立了夏朝，禹的后代改以国号"夏"为姓，随着人口繁衍，禹的后代夏王家室又分支产生了11个氏。按照夏商周三代时期"女子称姓，男子称氏"的规矩，除了历代夏王保持这个夏姓外，夏王的子孙当以"氏"称呼。商太祖（姓子、名履、又叫成汤，商汤，庙号为太祖）灭夏后，夏桀的后代也有以夏为姓自称的。

只有先秦贵族才可以取氏、称氏，平民、庶民与奴隶没有资格

为自己取氏。《左传》有一句"坠命亡氏"的话，这是指贵族被削爵夺地而降为平民或者其后代沦落为庶民后，其氏也连带失去了。春秋以前，有姓有氏的都是官贵之人，平民和奴隶仅有个名字而已。因为氏有"别贵贱"的作用，贵族以氏冠名成为上流社会的特权。

　　姓和氏都是在历史发展中产生的标识族别或社会身份的符号，其中的一部分随着历史的演进而亡失，应属正常现象，因此，古书上常有"亡其氏姓"的记载。姓氏亡失的历史现象一般有两种情形。一种情形是某个族姓或族氏因灭族之祸，就此从历史上消失了。导致这种后果的主要原因，是民族或氏族部落间的征服与兼并。司马迁在《史记·五帝本纪》中，描写了上古许多惨烈而壮观的部落联盟相互间厮杀拼搏的场面。战争中，不少氏族被对方用暴力消灭，或者因被征服而隶属于其他氏族，并且被迫使用其他氏族的徽记，于是他们的族姓也就像历史长河上的泡沫一样，转瞬而逝了。《国语·周语下》对姓氏兴衰总结教训道："有夏虽衰，杞、鄫犹在；申、吕虽衰，齐、许犹在。唯有嘉功，以命姓受祀，迄于天下，及其失之也，必有慆淫之心间之。故亡其氏姓，踣毙不振；绝后无主，湮替隶圉。"这段话的核心意思是，只有为世人谋福利、创建济世功业的人，才能获得姓与氏，但是他们的后人因傲慢淫乐而断送了祖先的功业，因此他们的氏、姓灭亡了，败亡又不能振作，一族之主慢慢没人接替了，子孙沦为奴隶。其实，如此概括氏姓灭亡的因果关系，未必是历史真相，但我们因此可见这种事是经常发生的。据经学大师郑玄（字康成）考证，伏羲时有五十九姓，西周金文中约有三十姓，《左传》里可见二十余姓，到东汉许慎撰写《说文解字》时，仅剩下十二姓了。这种统计，虽然不会是每一个历史阶段的古姓的实数，但毕竟反映出古姓逐渐减少的趋势，而这种结果当是与姓族的灭亡有关系。姓氏亡失的另一种情形，是大批沦为奴隶或贱役的男女因身份卑微而失去了姓氏。比如，那位夏末商初的大名人伊尹，尹为官名，一说其本名"伊"，一说本名"挚"，甲骨卜辞中称他为伊，金文则称为伊小臣，他是有莘国人，和有莘氏出自同一血统，故姓姒，是夏朝建立者禹的后代。夏朝的

姓氏篇

第二位天子启（姓姒，名启，大禹的儿子，史称夏启）封支子于莘（今陕西省渭南市合阳县），称"有莘国"，简称莘国。商代因之。西周时，有莘国改属畿内地。公元前770年，周平王迁都洛阳后，废有莘国，并入晋国，称"莘"、"梁"或"羁马"。伊尹本属于姒姓贵族的分支有莘氏成员，但是因为是弃婴，而后从事耕田、师仆（奴隶主贵族子弟的家庭教师），所以不能再用姒姓或有莘氏作自己的标记了。只因在莘国当地很有贤德之名，以"媵（yìng）臣"（指古代贵族嫁女时随嫁或陪嫁的人）的方式被商族首领汤（姓子、名履，又称武汤、成汤、商汤）聘请过来，当上了商汤的右相（即右丞相，最高行政长官），后任三代商王外丙、仲壬、太甲的辅佐之官。假使伊尹没有机会当上汤的大臣，也可能结婚生子，一代一代延续下去，其后裔自然就成了没有姓氏的人，这样，也没有人替他考证家世，寻找出已经亡失的姓了。

春秋以前，达官贵人之姓承袭远祖的族称，因此，百代不变，比较稳定，而氏却是变化的，氏由当事人的先人受封地名、爵位名、官名而来，而且还会随着封邑、官职的改变而改变，出现一个贵族的后代有几个氏或者父子两代不同氏。例如芈姓是春秋时期楚国国君的姓，在史籍《通志·氏族略》中也记载："芈氏，楚姓也，陆终之子季连之后也。"芈姓源于黄帝的姬姓，出自上古黄帝第八世孙季连之后，属于以图腾崇拜为姓。据史籍《史记·楚世家》的记载："楚之先祖出自帝颛顼高阳。高阳者，黄帝之孙，昌意之子也。高阳生称，称生卷章，卷章生重黎。重黎为帝喾高辛居火正，甚有功，能光融天下，帝喾命曰祝融。共工氏作乱，帝喾使重黎诛之而不尽。帝乃以庚寅日诛重黎，而以其弟吴回为重黎后，复居火正，为祝融。吴回生陆终。陆终生子六人，一曰昆吾，二曰参胡，三曰彭祖，四曰会人，五曰曹姓，六曰季连，芈姓，楚其后也。"楚国的祖先季连是黄帝的后裔陆终的第六子，季连建立了芈姓。芈姓季连的后人鬻熊担任周文王的顾问，因鬻熊灭商兴周有功，周文王的孙子周成王就分封鬻熊的曾孙熊绎为"子"爵（公、侯、伯、子、男五种爵位中的第四等爵位），食采邑于"荆"（都于丹阳，今湖北省枝江市一带），从此熊绎的后代不仅有了自己的正式领地，

107

后来熊绎的裔孙熊通在"荆"自封为"武王",史称"楚武王",熊通晚年迁都于郢(今湖北省荆州市荆州区城北5公里纪南城遗址),立国号为楚(辖地大致为现在的湖南、湖北全部,重庆、河南、安徽、江苏、江西部分地方)。《世本·居》说是"武王徙郢";而《史记》的《楚世家》和《十二诸侯年表》都说是熊通的儿子楚文王熊赀迁都于郢,后者说得更加具体:"楚文王熊赀元年,始都郢。"另据《后汉书·地理志》江陵注:"故楚郢都,楚文王自丹阳徙此。"在楚武王熊通执政时,楚国更加强大了,也有了再分氏的客观条件,于是芈姓仅有的一支熊氏又派生出来33个氏:严、善、屈、阳、侯、门、景、贺、申、沈、即、咸、季融、吉白、子午、子庚、子西、子南、公田等,分布在今江汉地区。就屈氏来讲,出了一位伟大诗人屈原,其始祖是楚武王熊通的儿子熊瑕,熊通封屡建战功的儿子熊瑕"食采于屈",号"屈侯",从此,瑕以"屈"为氏,又称屈瑕。屈原诞生于湖北省秭归三闾乡乐平里,出身于楚国贵族。在他生活的年代,楚国已经有了700多年的历史,正经历着从盛到衰的过程。楚怀王十一年(公元前318年),屈原由文学侍臣晋升为左徒,仅次于楚国最高行政长官令尹,相当于后来的副宰相。屈原的姓氏全称应为芈姓屈氏,芈是他始祖母的族姓,屈是他高祖父熊瑕的氏称,熊是熊瑕的立姓始祖鬻熊的氏称,按照春秋战国男子称氏的惯例,世人称他们为屈瑕、屈原。如果叫"芈瑕"、"芈原"的话,他们的贵族身份便无从体现了。

另外,不同姓之间可能会以同样的方式命氏,因此会出现姓不同而氏相同的现象。

在中国姓氏文化史上,氏文化在周代达到鼎盛时期,有权、有势、有高贵历史背景的人猛增,因而数量庞大的氏集中喷发。周朝初年,为管理被征服的广大地区,大规模地分封有功德的男人到各地当地方诸侯,而这些诸侯及其后人即以所封国名为氏。周之诸侯又以同样的方式对其国内的卿大夫进行分封,大夫及其后代就以受封地名为氏。以后,不同氏的命取方式又各种各样,所以氏的数量远远超过了姓的数量。至于贵族女子,则无论怎么称呼都必须带上姓,因为女子的姓起着辨别婚姻的作用,这反映了中国周代社会婚姻制度的严谨性。

　　战国初期，也就是周朝的后半期，周朝二十多个诸侯国依然以周天子为天下之王。进入战国中期，七国（齐、楚、燕、韩、赵、魏、秦）争雄，各个诸侯国为保持自己的生存和壮大，他们不断改革图强、加强军备，诸侯们都相继越轨称王，独霸一方，周天子作为天下之王成了虚摆设，名存实亡。各诸侯互相攻伐，周王宗法制度逐渐瓦解，社会发生大变革，社会财富分配与姓氏制度也发生根本变革，于是有些世袭的贵族开始没落，有的贵族还沦为平民甚至奴隶，一些庶民或者奴隶有了社会地位与财富，为此表明贵族身份的"氏"就变得不重要了，例如齐国国君陈厉公的儿子陈完的后代到周末战国时期已将世袭的陈氏改为田姓。从战国时期开始，许多人的氏逐渐转变为姓，姓与氏融合为姓氏。

　　在公元前221年，秦始皇完成了古中国统一大业，建立中国历史上第一个统一的、多民族的、中央集权制国家——秦朝，秦始皇接受了李斯的建议，废除了分封诸侯的制度，全面推行郡县制度，郡县制需要户籍制度配合，所有的人都要登名造册，姓与氏正式合二为一了。郑樵《通志·氏族略》载："秦灭六国，子孙该为民庶，或以国为姓，或以姓为氏，或以氏为氏，姓氏之失，由此始……兹姓与氏浑为一者也。"姓氏制度的演化，反映了中华五千年文明中的姓文化与氏文化走上合二为一的姓氏文化轨迹。

　　当氏贵制度瓦解后，氏作为一个人的称号不再是有权有钱的贵族身份标志了，而与姓一样成了单纯的家族识别称号，氏"别贵贱"的作用就不存在了。在秦朝崛起的新贵族需要标识身份地位的新招牌，于是新兴起的"郡望"代替"氏"起到了"别贵贱"的作用，自秦以后的贵族就在其姓氏前加上郡名（古代行政区域名，秦代的郡比后来兴起的县大），如太原王氏、琅琊王氏等，太原、琅琊就是姓氏古籍中常说的王姓郡望。在中华百家姓中，王姓拥有郡望最多，这从一个侧面反映了不同王姓家族的超强繁荣。

　　"郡望"一词，是"郡"与"望"的合称。"郡"是行政区划，"望"是名门望族，"郡望"连用，即表示某一地域范围内的名门大族，它成为某一显赫姓氏望族的社会身份的地域性标志。

中华姓氏文化源远流长，博大精深，并且在世界文明上独树一帜，具有世界上其他民族姓氏文化所未有的鲜明特色。因此，姓氏是中华姓氏文化的瑰宝。

◆ 贵姓何来——源自伊祁姓的刘氏

刘姓一支源自中国原始社会末期的部落联盟首领帝尧的伊祁姓。尧因早年初封于陶，后封于唐（今河北省唐县），故又称"唐尧"，号"陶唐"。尧为什么姓伊祁？尧的母亲庆都的祖先是伊耆侯的后代，所以庆都姓伊耆，尧寄居母家，随其母在祁山（今甘肃省祁县祁山）一带度过幼年生活。所以，尧的伊祁姓由母姓与地名结合而来。

刘姓人是"五帝"中帝尧的后代。尧的子孙（一说尧的长孙式，一说尧的第九子源明，一说尧的儿子丹朱）被舜赐居于刘邑（今河北省唐县），其氏族即以地名为姓，称刘氏。这种说法最早见于汉代流行的纬书《尚书中候》。该书记载："尧之长子监明早死，不得立，监明之子（式）封于刘；朱又不肖而弗获嗣。"这是中国最早的刘姓。

史籍上记载的第一位有名有姓的刘氏始祖就是夏代的刘累，刘累是帝尧的裔孙、夏王孔甲的养龙师。龙是一般人不能驯养的，除了作为上帝之子的天子外，就只有那些具有非凡本领的特殊氏族或人物，才具有驯养龙的专门本领，刘累就是这类特殊人才。刘累的姓名有什么玄机？"刘"字除了用来当做姓氏外，在古代汉语中，"刘"字有着极其丰富而神奇的含义。根据《辞源》、《汉语大字典》、《汉语大词典》、《中文大辞典》等当今世界上最权威的汉语文字辞书的统计，"刘"字在古代有多达11种的不同字义和解释。从上面罗列的"刘"字的11种字义看，只有"斧钺"这种解释有可能是"刘"姓的本义。"刘"作为一柄斧刀，喻含着征服和斩杀的意思；而"累"字本义是一种绳索，引申为拘系、捆绑的意思。这两个字合起来，就是一手操刀，一手执绳，要去征服、驯服龙的意思。

姓氏篇

关于刘累这个人主要记载于《左传》、《史记》、《新唐书》和大量刘氏族谱中。据文献记载，刘累是陶唐氏帝尧的后裔。他的出生很奇特，一生下来两手手掌中就各有一个特殊的纹饰，看上去分别是"刘""累"二字。刘累的家人认为这种胎记是上天的某种预兆，是神的暗示，因此，就把这位新生的圣婴取名叫做"刘累"。

约在公元前2070年，大禹建立了中国历史上第一个王朝——夏朝，到大禹的后代孔甲执政时，孔甲既沉湎于歌舞享乐之中，又淫乱非为，夏王朝自孔甲开始混乱了，因此《国语·周语下》说："孔甲乱夏，四世而陨。"孔甲是第十一位夏王不降的儿子、第十二位夏王扃的侄子。孔甲性情乖僻、残暴，其父不降怕他治理不好国家，就没有传位给他，而内禅给堂兄弟扃，扃死后传位于其子廑，廑继王位后病死，于是才由孔甲继位，成为第十四位夏王。孔甲在位31年，死后葬于今北京市延庆县东北三崤山。孔甲爱饲养宠物，尤其喜欢养龙，《史记·夏本纪》和《列仙传》等古籍都记载了"孔甲好龙"的故事。在孔甲统治时期，天上降下来雌雄两对龙。为了饲养这4条龙，孔甲派人去找世世代代专门负责养龙的豢龙氏，结果没有找到豢龙氏，却打听到尧的裔孙刘累曾经向豢龙氏（姓董名父）学过养龙技术，就把他召来为自己养龙，还赐给他氏号叫"御龙氏"。不久，刘累养的龙中有一条雌龙病死了，觉得没法向孔甲交差，就烹炒后献给孔甲吃了。4条龙喂死了一条是掉脑袋的大事，刘累对此十分清楚，他怕露馅要承担责任，只好一走了之。《史记·夏本纪》对此记载："帝孔甲立，好方鬼神，事淫乱。夏后氏德衰，诸侯畔之。天降龙二，有雌雄，孔甲不能食，未得豢龙氏。陶唐既衰，其后有刘累，学扰龙于豢龙氏，以事孔甲。孔甲赐之姓曰御龙氏，受豕韦之后。龙一雌死，以食夏后。夏后使求，惧而迁去。"

南朝宋国裴骃写《史记集解》时引用三国时期文武兼备的贾逵的话，贾逵说："夏后既飨，而又使求致龙，刘累不能得而惧也。"古籍《左传》详细记载了刘累为孔甲养龙的故事。《左传》昭公二十九年载："古者畜龙，故国有豢龙氏，有御龙氏。献子曰：'是二氏者，吾亦闻之，而知其故，是何谓也？'对曰：'昔有飂叔安，有裔子曰董父，实甚好龙，能求其耆欲以饮食之，龙多归之。乃扰（扰，驯也。能驯养龙的嗜欲）畜龙，以服事帝舜。帝赐之姓曰董，氏曰豢龙。封诸鬷川，鬷夷氏其后也。故帝舜氏世有畜龙。及有夏孔甲，扰（扰，打扰，以示给人添了麻烦）于有帝，帝赐之乘龙，河、汉各二，各有雌雄，孔甲不能食，而未获豢龙氏。有陶唐氏既衰，其后有刘累，学扰龙于豢龙氏，以事孔甲，能饮食之。夏后嘉之，赐氏曰御龙，以更豕韦之后。龙一雌死，潜醢以食夏后。夏后飨之，既而使求之。惧而迁于鲁县，范氏其后也。'"

　　故事的内容大致如下：古时候，专职养龙的人是豢龙氏董父及其徒弟御龙氏刘累。豢龙氏董父为舜帝养龙，御龙氏刘累为夏王孔甲专门养龙。在孔甲统治夏朝时期，孔甲喜欢龙，请求天帝赐龙，上天就赐给孔甲四条龙，一对龙在黄河，一对龙在汉水，各有雌雄，因为孔甲没有寻找到专职养龙的豢龙氏后代，因此不知道怎么样喂养它们，幸运的是，孔甲找到了豢龙氏的徒弟、尧的裔孙刘累。刘累就到孔甲那里为他喂养那四条龙，孔甲对此非常高兴，不但赐给了刘累大片土地（这片土地原来属于豕韦氏，是颛顼帝的孙子所居之地，豕韦在今河南省滑县西南韦乡），同时赐给刘累一个美好的称号叫御龙氏。御龙氏刘累在为孔甲饲养四条龙的过程中，非常尽心尽力，但在当时的条件下龙十分难养，稍有不慎就可能出问题，四条龙喂死任何一条都是掉脑袋的大事，对此刘累十分清楚，工作起来废寝忘食，但是不幸之事还是发生了。有一天，刘累发现其中的一条雌龙死了，怎么向孔甲王交代呢？费尽苦心的刘累终于想出了一个办法，何不将死龙做成肉羹野味献给孔甲王吃呢？于是刘累把龙肉加工成美食，送给孔甲吃，孔甲享用后，感到味道特别鲜美，继续要着吃，龙肉吃完了，刘累无法应付差事，怕死龙事发，孔甲追究问罪，便携家眷逃亡，刘累逃到鲁县（今河南省鲁山县一带）隐居下来，隐匿了原来的姓名，改姓为范氏，改名叫"丘"，人称"丘公"，称隐居的地方为"邱公城"。刘累后代在河南繁衍生息，成为河南刘姓最早的一支。如今，在刘累当年逃难的地方河南鲁山县还有他的墓地，这里成为海内外刘姓人的朝圣之地。

　　《竹书纪年》云："孔甲元年，废豕韦氏，使刘累豢龙。"又云：

"帝孔甲七年，刘累迁于鲁阳（今河南省鲁山县）。"

追溯刘姓远祖世系。根据家谱相传，刘姓远祖应是伊耆氏，伊耆氏是炎帝神农氏的后裔。传说，炎帝神农氏的名字叫榆罔，姓姜。中国春秋末期战国初期的史书《国语》中《晋语》卷载："黄帝以姬水成，炎帝以姜水成。成而异德，故黄帝为姬，炎帝为姜。二帝用师以相济也，异德之故也。"《说文》曰："神农居姜水，因以为氏。"炎帝神农氏有三子：长子姜临魁继承部落首领位，号称"烈山氏"；次子姜居，号称"连山氏"；三子姜石年，号称"伊耆氏"。炎帝神农氏能征善战，非常勇敢，但在氏族部落五强争霸中，被黄帝有熊氏组建的联盟军征服了，于是炎黄两大部落结盟和解。和解后，炎帝的后代与黄帝的后代通婚，他们的子孙在炎黄帝部落联盟里获得了大发展，其中一位名叫帝喾的人脱颖而出。

帝喾是如何和平崛起的？我们先了解"喾"的意思，《说文解字》释曰："喾，急告之甚也。"段玉裁注曰："急告，犹告急也。告急之甚，为急而又急也。"按照所谓"急告之甚也"，帝喾的名字反映出他敏锐快捷的行事风格，他的号令很快传到四面八方，他告诉各地的氏族长迅速执行利民措施。西汉史学家司马迁在《史记》里对帝喾评价是："聪以知远，明以察微；顺天之义，知民之急。仁而威，惠而信，修身而天下服。"帝喾自15岁就跟随颛顼帝，所以他见多识广，实践经验丰富，在强大的东夷族部落首领少昊帝跟颛顼帝叙"琴瑟"旧好之时，他主动开辟了"亳"（今河南省偃师县）地。帝喾还通过贵族联姻方式壮大自己，《史记·五帝本纪》所载："帝喾娶陈锋氏女，生放勋；娶娵訾（jū zī）氏女，生挚。"《史记正义》引《帝王世纪》："次妃娵訾氏女，曰常仪，生帝挚也。"陈锋氏本作"陈酆氏"，又写作"陈丰氏"，是炎帝神农氏之子伊耆侯的后代。晋代学者皇甫谧说："陈锋氏女曰庆都。"唐代司马贞《索隐》案："庆都，名也。"常仪，又名嫦娥、常羲，是东夷部落中娵訾氏的女子，联姻使得帝喾的外交迅速扩张到山东东部沿海一带的东夷氏族部落。

颛顼、帝喾在"三皇五帝"中名列第二位和第三位，前承炎黄，后启尧舜，奠定华夏基根。国学大师范文澜先生在《中国通史简编》中写道："汉以前人相信黄帝、颛顼、帝喾三人为华族祖先，当是事实。"

喾，又名夋或俊。唐代开元年间学者张守节撰写的《史记正义》载："帝喾……生而神异，自言其名曰夋……年十五而佐颛顼，三十登位。都亳，以人纪为官。"帝喾少小聪明好学，十五岁便帮助颛顼帝，被封于高辛（今河南省商丘），实住帝丘（今濮阳），三十岁得帝位，即当了炎黄部落联盟的首领，都城在亳邑（今河南偃师县西南），在位七十年，享寿百岁。因他兴起于高辛，史称高辛氏。《史记集解》引张晏曰："颛顼以来，天下之号，因其名，高阳、高辛，皆所兴之地名。颛顼与喾，皆以字为号。上古质朴故也。"

笔者需要说明的是，帝喾名扬天下后，西汉史学家司马迁就从男性血缘上说他是黄帝曾孙，这是封建宗法制世系排法。《史记·五帝本纪》："帝喾高辛者，黄帝之曾孙也。高辛父曰蟜极，蟜极父曰玄嚣，玄嚣父曰黄帝。自玄嚣与蟜极皆不得在位，至高辛即帝位。高辛于颛顼为族子。"根据中华姓氏谱牒，尤其是刘姓家谱，许多人认为司马迁的这段记述值得商榷。远古以女性为主的对偶婚及走婚制，无法记男性的传承，但帝喾是炎黄的混血后裔，这一点应该肯定。

《山海经》记载的神秘人物帝俊应是帝喾。搜寻上古神话，探究后世传说，我们发现帝俊与帝喾竟有惊人的叠合关系。这些叠合是后世儒师们在改造与分化帝俊神话时所遗留下来的消化不掉的痕迹，足以证明帝喾的真实身份，且能让我们有足够的证据恢复帝喾的本来面目。这里，我们主要从以下五点来证明：其一，《帝王世纪》云："自言其名曰夋。"唐代司马贞《索隐》引皇甫谧云："帝喾，名夋也。"何新《诸神的起源》云帝俊之"俊"又可写为"夋"(shùn)，这字在甲骨文中实为一个鸟的形象"。其实，在1976年出版的《中国史稿》里，郭沫若先生已指出："据说，帝喾名舜，也就是传说中的帝夋。如此说来，是太史公误将一人，或名喾，或名夋(俊)，或名舜者，分为二帝了。"帝喾刚出生时，自道其名为"夋"，"俊"与"夋"形近，所以二人当同为一人。其二，史传商

114

代始祖契是帝喾次妃简狄（有娀氏之女）生的儿子，商王室家族都认为帝喾是其祖先。根据著名国学大师王国维所著《卜辞所见先公先王考》，他认为"俊"是商代高祖中地位最显赫的人。这也推断"俊"与帝喾是一人二名。其三，《诗经》载周族人的祖先后稷乃帝喾的元妃姜嫄（有邰氏之女）所生，而《山海经·大荒西经》言"帝俊生后稷"，此亦可证喾与俊同为一人。其四，《山海经·大荒南经》云："帝俊生季厘。"郝懿行疏云："《左传》云，高辛氏才子八人，有季狸，狸、厘声同，疑是也。"郝懿行的所疑正好推测帝俊与喾本是一人，所以二人之子也同名。其五，《山海经·大荒西经》说有女子方浴月，帝俊妻常羲，生十二个月亮神。《史记》云帝喾娶娵訾氏之女。唐代司马贞的《索隐》说："案：皇甫谧云女名常仪。"帝喾之妻常仪与帝俊之妻常羲的名中都带"常"字，当然不是偶然。由于史家对神话的改造，将帝俊事迹嫁接到帝喾身上，于是便出现了仪与羲两个不同的字，后人不明二人同实异名，干脆便将两名分为二人。综上所述，远古神话中的帝俊与帝喾本为一人的化身，帝俊本是从帝喾分化而产生的，且取代了帝喾祖神的地位，大踏步地进入了中华民族的始祖神行列。

　　帝喾死后，其长子挚（姓姜，名匠二，又名鸷）继承天子位，史称帝挚。关于帝挚的经历，历史上记载颇有不同。按皇甫谧（生于东汉建安二十年即公元215年，卒于西晋太康三年即公元282年）《帝王世纪》说："帝挚之母于四人中班在下而挚于兄弟最长，得登帝位。封异母帝放勋为唐侯。挚在位九年，政微弱，而唐侯德盛，诸侯归之。挚服其义，乃率群臣造唐而致禅，唐侯自知有天命，乃受帝禅，乃封挚于高辛。"司马迁《史记》则记载云："帝喾娶陈锋氏女，生放勋；娶娵訾氏女，生挚。帝喾崩，而挚代立。帝挚立，不善，而弟放勋立，是为帝尧。"帝挚有三个同父异母的弟弟：二弟名叫弃（后稷），父亲把他封在了邰邑（今陕西咸阳市武功县西南），赐姓为姬，是为邰侯。三弟名叫契，父亲把他封在了商邑（今河南商丘市南），赐姓为子，是为商侯。四弟名叫尧，父亲把他封在了唐邑（今河北保定市唐县西北），仍为姜姓，是为唐侯。但是，父亲在位时，他们都没有到封地去，而是留在朝中辅佐父亲。三位弟弟的才能都远远超过帝挚，这使帝挚十分不安。为了防止他们干预朝政，架空自己，他即位后，立刻颁发一道强制性命令，限所有在先帝时受封的诸侯10日内必须回到自己的封地去，拒不执行者，则收回封地削去封爵。他的三个弟弟只好乖乖地离开都城，带着自己的家人回封地去了。看着几个弟弟都离开了都城，帝挚放心了，便把自己的亲朋好友拉入朝中为官，帮他管理朝政。他自己却终日待在深宫里与妃子们享乐，很少过问朝中大事。于是，那些他所信任的大臣便借机利用手中的权力欺上瞒下，胡作非为，干了许多不法的事情。而帝挚对此却不闻不问，任由那些贪官污吏横行。各地百姓都怨声载道，暗地里纷纷诅咒帝挚早死。史书上说，由于帝挚无德触怒了上天，天帝便降下种种灾难惩治人间。先是连年大旱，一些地方颗粒无收，接着又发生了虫灾、水灾，灾民们没有活路，被迫背井离乡到外地去逃荒，有许多人饿死在逃荒路上。而这时，居住在唐邑的尧积极领导当地百姓抗灾自救，他们拦河筑坝，引水浇田，战胜旱灾，取得了丰收。唐地的百姓没有一个人饿死，更没有一个人外出逃荒。于是，各地灾民纷纷投奔尧。尧把自家的所有积蓄都拿出来救助灾民，赢得了百姓的赞扬。他在国民中树立起了贤君的良好形象，进一步发展和扩大了自己的势力。帝挚十二年（甲辰，公元前 2357 年。王大有《三皇五帝时代》），尧联合全国各大氏族的大酋长向帝挚发难，逼迫他退位。帝挚虽然不甘心退位，但是，面对强大的氏族联盟阵营和年富力强咄咄逼人的弟弟，自知无力抗争，不得不走下天子的宝座，将帝位禅让给尧。好在尧念及兄弟情分，并没有为难他，仍旧将他封在莘邑（今山东聊城市莘县），是为莘侯（莘也作辛 sen）。

不管帝挚贪图享乐，激怒百姓，还是政绩微弱，诸侯离去，都因形势所迫而禅位其弟放勋（《尚书》和《史记》都说尧的名叫放勋），放勋选用贤才，咨询四岳，咨官掌管天地时令，观测天象，制定历法，敬授民时，派人治水，征伐苗民，推行公平的刑法，非常有圣德，使得所有诸侯和睦共处，于是被人们尊称为"帝尧"。

《尚书·尧典》："昔在帝尧，聪明文思，光宅天下。……允恭克让，光被四表，格于上下。克明俊德，以亲九族。九族既睦，平章百姓。百姓昭明，协和万邦。黎民于变时雍。""聪明"注释："听远为聪，见微为明（《孔疏》)。"聪明的古义与现代含义不同，不是指智力、智慧高，而是指视觉、听觉灵敏，能够得知天下之事。文："经纬天地谓之文"，这里是治理天下的意思。思："虑事通敏谓之思。"意思是果断，有计谋。《尚书正读》："宅，宅而有之也。"拥有、充满的意思。允：的确。恭：恭谨。克：能够。让：让贤。被：覆盖。四表：四方以外的地方。格：到达。《孔传》：格，至也。俊：才智超过一般人。九族：上至高祖，下及玄孙，是为九族（《孔疏》)，即高祖、曾祖、祖、父、自己、子、孙、曾孙、玄孙。平：分辨。《史记·五帝本纪》作"便"，《史记索隐》作"辩"，《后汉书·刘恺传》引作"辨"，郑玄注："辨，别也。"章：彰明。万邦：所有诸侯、氏族。黎：众。于：相当"以"。时：善。雍：和睦。

《尚书·尧典》的大意是：从前唐尧称帝的时候，耳聪目明，治理天下有计谋，他的光辉充满天下。……他处理政务敬慎节俭，明朝四方，善于治理天下，思虑通达，宽容温和，他确实对人恭敬，能够让贤，他的光辉普照四方，至于上下。他能发扬才智美德，使家族亲密和睦。家族和睦以后，又辨明百官的善恶。百官的善恶辨明了，又使各氏族部落协调和顺，天下众人从此也就友好和睦了。

总之，帝喾氏族形成于少昊金天氏政权时期，兴起于中国西部的陕甘地区。其父系先祖为黄帝氏族，母系先祖为炎帝氏族。由于远古时代，为母系制部落社会，随母姓为炎帝神农氏族后裔。刘姓是由多个氏族发展、转变而形成的，既可说是黄帝后代，更是炎帝后代。75世祖汉高祖86世孙……95世祖刘备31世孙……161世祖四川刘志勇考证，孔子及司马迁按宗法的需要篡改远古历史，强按后来传统封建宗法排世系，违背了历史，并提出商榷。

◆ **贵姓何来——源自姬姓的刘氏**

源于古姬姓的刘姓始祖是周定王姬瑜赐给弟弟刘康公（姓姬，

名季子），这支刘氏属于以封邑名称为氏。

刘康公，是东周诸侯国刘国开国君主，又是周顷王（姬壬臣）的儿子、周定王（姬瑜）的弟弟，是姬姓刘氏和刘国的开基始祖。因季子是周顷王之子，所以他又被称为王季子，周定王于公元前599年把刘邑分封给季子，刘邑也被称为刘国。季子逝世后被赐谥号为"康"，因此，史书又称其为刘康公。鲁成公十三年（周简王九年，前579年），鲁成公及诸侯到王城洛邑朝见天子周简王，于是跟随刘康公、成肃公密会晋侯晋厉公，商议伐秦，在秦地麻隧（今陕西省泾阳县北）击败秦国（当时秦国的国君是秦桓公），这次战争即麻隧之战。在麻隧之战前，成子在社坛受脤（shèn，古代祭社稷用的生肉），不敬周王室。刘康公批评了他，"吾闻之，民受天地之中以生，所谓命也。是以有动作礼义威仪之则，以定命也。能者养以之福，不能者败以取祸。是故君子勤礼，小人尽力，勤礼莫如致敬，尽力莫如敦笃。敬在养神，笃在守业。国之大事，在祀与戎，祀有执膰，戎有受脤，神之大节也。今成子惰，弃其命矣，其不反乎？"这段话反映了刘康公的中庸思想。

约公元前11世纪，原来生活在刘邑一带的古老的刘氏族是臣服于商王朝的氏族政权，周武王灭商后，刘氏族变为姬姓周王朝统治下的臣民。公元前806年，周宣王封他的小弟弟姬友到郑，建立郑国。此后，郑国日益扩张，迅速发展成为中原大国。郑国吞并刘邑后，刘邑变成西周诸侯郑国统治下的一个小邑。

公元前712年，东迁洛阳的周平王为了扩张地盘，从郑国手中索取了刘邑等4处地方，这4邑成为周朝新都城洛阳的王畿（古代王都所管辖地区）。这便是《左传·隐公十一年》记载的"王取邬、刘、蒍、邘"事件。再过了一百多年，周定王八年（公元前599年）前后，姬季子任周王朝的卿大夫，周定王将刘邑（今河南偃师西南）赐给他，至此，刘国就正式地在东周王畿之内建立起来了。姬姓刘氏作为周朝王族分支，自形成伊始便地位显赫，宗族长期兴旺不衰，并孕育出了大批权倾一时的人物。

史书载称，刘氏家族除了要统辖自己的刘国事务外，还长期担任东周王室的卿士等官职，负责周朝王室的婚姻大事和外交礼仪。

如公元前599年，刘康公就奉周定王之命出使鲁国为王室求亲。回来后，刘康公还借分析鲁国情况之机，向周王作了一番关于俭存奢亡的精彩论述，详载于《国语·周语》中，原文如下：

「定王八年，使刘康公聘于鲁，发币于大夫。季文子、孟献子皆俭，叔孙宣子、东门子家皆侈。归，王问鲁大夫孰贤？对曰："季、孟其长处鲁乎！叔孙、东门其亡乎！若家不亡，身必不免。"王曰："何故？"对曰："臣闻之：为臣必臣，为君必君，宽肃宣惠，君也；敬恪恭俭，臣也。宽所以保本也，肃所以济时也，宣所以教施也，惠所以和民也。本有保则必固，时动而济则无败功，教施而宣则遍，惠以和民则阜。若本固而功成，施遍而民阜，乃可以长保民矣，其何事不彻？敬所以承命也，恪所以守业也，恭所以给事也，俭所以足用也。以敬承命则不违，以恪守业则不懈，以恭给事则宽于死，以俭足用则远于忧。若承命不违，守业不懈，宽于死而远于忧，则可以上下无隙矣，其何任不堪？上任事而彻，下能堪其任，所以为令闻长世也。今夫二子者俭，其能足用矣，用足则族可以庇。二子者侈，侈则不恤匮，匮而不恤，忧必及之，若是则必广其身。且夫人臣而侈，国家弗堪，亡之道也。"」

刘康公的儿子刘夏，又名官师，史称刘子或者刘定公。刘定公早年也在周王室中担任卿士之职，经常为周王出使各国。到周景王时（公元前544—前520年），刘夏以王族元勋身份出任周王室正卿，开始操纵东周朝政，成为当时地位显赫、势力强大的贵族。

刘定公生子刘挚，史称刘献公。刘献公是周景王时期王室的又一实权人物。当时，周朝王室的朝政，实际上已经由以刘挚为首的姬姓刘氏家族控制操纵了。

公元前520年，刘氏家族参与了周朝王室的内乱：这一年，周景王病危，准备废掉太子，改立自己最宠爱的庶长子王子朝为王。景王的计划遭到以刘献公为首的王室大臣的强烈反对。周景王准备杀掉刘献公，铲除刘氏家族势力。但还没来得及实施，周景王和刘献公就相继去世了。

刘献公没有嫡子，他死后由他的庶长子刘卷继任刘国国君，这便是历史上著名的刘文公。

刘文公即刘卷，又名狄，字伯蚠。他继位袭爵后积极地参加了周王室的内争。公元前520年6月，王子朝叛乱，率兵将刘卷等人赶出东周王都。刘卷先逃到扬地，后又回到自己的领地刘国。接着，刘卷拥立太子姬猛为王（即周悼王），率兵攻打王子朝，进居王城。不久，周悼王去世，刘卷又拥立悼王的弟弟王子姬为新的周王，这就是周敬王，从此与王子朝展开了长达5年之久的周王室内部战争。

公元前516年，刘卷在东周诸侯晋国的帮助下，终于将王子朝打败，拥立周敬王回到东周王城。从此，刘氏家族又重返周朝政坛，继续控制周朝王室，成为当时天下最有势力的家族。

公元前510年，刘文公在诸侯的帮助下，大兴土木，修建成周新城，将周敬王从王城迁到成周。此举虽然为刘文公赢得了一时名声，但也有人认为，他这样做"其殃大矣"，并预言"刘氏则子孙实有祸"（见《国语·周语》）。

刘文公参与周朝政治达14年之久，直到公元前506年去世。刘文公去世后，周天子为他举行了国葬。

刘文公的儿子刘桓公继承刘国君位之后，同样兼任东周王室的大臣。公元前503年，刘桓公平定了王室内部尹氏的政变，将逃难在外的周敬王迎接回王城。此后，他又率军多次讨伐乱党，稳定了东周王朝的政权。

刘桓公之后，刘氏子孙仍在东周王室任卿士，但其地位已不如从前。直到周贞定王时期（公元前468—前441年），刘氏家族大概是因为在王室内部斗争中失败，其领地刘国也被王室所灭。至此，这支活跃于春秋时期，执掌周王室朝政长达100年之久的姬姓刘氏家族彻底衰落了。

◆ 贵姓何来——源自"士"氏的刘氏

这支刘氏属于以官职名"士师"命氏的。尧帝的裔孙刘累给夏王孔甲养龙，被赐御龙氏。御龙氏刘累的后代繁衍至商代，被称为豕韦氏。豕韦氏在商末被封于唐（今山西翼城西部）。在西周初期，

周成王年幼，周公（姬旦）代周成王处理国政，刘累后裔豕韦氏作乱，周公削其封地唐邑，并将唐邑封给周成王的弟弟叔虞，叔虞又称唐叔虞，后来叔虞的儿子燮父迁都于晋水之旁，就改封国名为晋，燮父改称为晋侯。到周宣王亲政时，豕韦氏的后人迁于杜邑（今陕西省西安市东南），为周大夫，被封为杜伯（杜邑的领主，"伯"是周封五等爵位"公、侯、伯、子、男"中的第三等），其后以国为姓，又称杜氏，故史家多云刘氏在周为唐杜氏。杜伯其人的真实性在《国语》、《左传》和《墨子》等典籍中都有提及，可是杜伯的名字在以上典籍中都没有出现，但在《太平广记》中记载其名叫恒，也有族谱称其名为献、致禄，待考。《新唐书·宰相世系》载刘氏"在周封杜伯，亦唐杜氏。至宣王，灭其国。其子隰叔奔晋为'士师'（官名，掌禁令、狱讼、刑罚之事），生士蒍。蒍生成伯缺，缺生士会。"《国语》、《史记》对隰叔论述不多，皆言周宣王时杜伯被杀，自隰叔奔晋为大夫，担任"士师"官职，后世多袭此说。自杜伯的孙子士蒍开始，改姓氏为士，士蒍有二子，长子士缺、次子士縠。士缺的幼子士会，史称"范武子"。士会的后代升迁为晋国正卿，有的封于随邑（今湖北省随县），为随氏之祖，有的封于范邑（今河南省范县），以邑名"范"为氏，是为范氏始祖。《左传》襄公二十四年（范宣子说）："匄之祖，自虞以上为陶唐氏，在夏为御龙氏，在商为豕韦氏，在周为唐杜氏，晋主夏盟为范氏。"士会嫡子士燮（范文子），为晋国之贤臣；次子士鲂，立彘氏，士鲂被称为"彘恭子"。幼子士囏侍秦，恢复了刘氏，汉高祖刘邦就是他的后代。由此也可以看出：刘姓、唐杜氏、杜姓、士姓、随姓、范姓存在同源同根的关系。

　　杜伯之所以被广为传载，皆因其死。关于杜伯被杀的原因，有两种说法：一种说法是，周宣王在位期间，有童谣"月将升，日将没；桑弓箕袋（箕草编的箭袋），几亡周国"，预言有人操桑木做的弓和箕草编的箭袋，使周王朝几近灭国。于是周宣王下令全国禁弓矢，由大夫杜伯专督此事。恰有山野妇女不明政令，进城卖弓矢，于是被杀。自此宣王以为童谣之言已应，不究此事。周宣王四十三年（公元前785年）举行大祭，宣王夜梦美貌女子自西方来，入太庙携太庙神主东去。宣王惊,知谶语未消,乃杀杜伯。杜伯临死言曰:"吾君杀我而不辜,若以死者为无知则止矣;若死而有知,不出三年,必使吾君知之。"其三年,周宣王与诸侯在野外狩猎,日中,杜伯乘白马素车,穿着红衣冠,执红色的弓箭,将周宣王射死车上。还有一种说法是周宣王有个宠妃叫女鸠,她看上了英俊的杜伯,就想方设法去引诱他,杜伯拒绝了女鸠的勾引。结果女鸠恼羞成怒,在宣王面前诬告杜伯欺侮她。周宣王听信了女鸠的话,就把杜伯处死了。这两种说法,散见于《国语·周语上》、《墨子·明鬼下》、《太平广记·报应十八》、《论衡·死伪篇》等古籍里。

◇ 贵姓何来——源自赐姓的刘氏

(1) 出自芈姓项氏:汉高祖刘邦赐项伯为刘氏,封射阳侯。

公元前206年冬,项羽大军攻破函谷关进驻长安以东新丰鸿门,他与早已屯兵霸上的刘邦夹霸水对垒互峙,两军大有一触即发之势。项羽的叔父项伯和刘邦的谋士张良有生死之交,他主张项羽和刘邦和解,在鸿门军帐中举行会谈。项羽采纳了项伯的意见,便约请刘邦来鸿门赴宴会谈。第二天清早,刘邦在张良、樊哙的陪同下来到鸿门,见到项羽后立即装出谢罪的样子,语意诚恳,项羽信以为真,随令摆宴款待。席间项羽的谋臣范增多次暗示项羽要当机立断,趁机杀掉刘邦。项羽明白范增的意思,但就是按兵不动。范增急了,便离席急召项庄前来舞剑助兴,以借机杀害刘邦。项伯看破了范增的意图,也立即站起挥剑上前,和项庄共同舞剑,以保护刘邦,使得项庄无法下手。这次鸿门宴项伯救了刘邦一命。所以刘邦当了皇帝之后,为感谢项伯的救命之恩,赐项伯姓刘,封为射阳侯。同时还把三位项氏族人封了侯:项襄为桃侯,采邑在山东汶上;项它为平皋侯,采邑在河南温县;玄武侯(姓项,名待查,封邑待考),对这三位项氏侯爵及其家人均赐姓为刘氏。

(2) 出自王姓,王常被赐为刘氏:东汉舞阳人王常在西汉皇族平叛王莽篡汉时立了大功,被西汉皇帝刘玄赐姓刘。

(3) 出自姒姓娄氏:娄敬被赐为刘氏,封关内侯。

娄敬，齐国人，公元前202年农历5月被征发到陇西戍守。路过洛阳时看到许多人正大兴土木修建都城宫室，经打听知道刘邦要在此建都称帝。娄敬认为以洛阳为都实有不妥，便找到一位同乡名叫虞将军的朝官，请他引荐去拜见刘邦。刘邦接见了娄敬，认真听取了他对建都的意见后，并又征求众大臣的意见。众臣中唯独张良十分赞同娄敬的见解，并力劝刘邦移都长安。于是，刘邦采纳了娄敬迁都长安的建议，并把他留在身边为官，还封他为关内侯，同时赐姓为刘氏。

（4）出自龚氏：宋真宗继位后，赐皇后刘娥表兄（一说前夫）龚美姓刘，认其为弟。

（5）出自寇氏：三国蜀将刘封，原姓寇。为刘备义子，赐姓刘。

◆ 贵姓何来——源自"貙刘令"官职的刘氏

自汉高祖刘邦开始，汉朝帝王于立秋日举行出猎射牲以祭宗庙之礼，这种农业与狩猎生活一致的秋季祭礼称为"貙刘"（chū liú）。在史籍《后汉书·志第五·礼仪》中记载有："立秋之日，白郊礼毕，始扬威武，斩牲于郊东门，以荐陵庙。其仪：乘舆御戎路，白马朱鬣，躬执弩射牲，牲以鹿麛。太宰令、谒者各一人，载以获车，驰驷送陵庙。于是乘舆还宫，遣使者赍束帛以赐武官。武官肄兵，习战阵之仪、斩牲之礼，名曰貙刘。兵、官皆肄孙、吴兵法六十四阵，名曰乘之。立春，遣使者赍束帛以赐文官。貙刘之礼：祠先虞，执事告先虞已，烹鲜时，有司告，乃逡巡射牲。获车毕，有司告事毕。"北朝时期的《魏书·礼志一》："常以九月、十月之交，帝亲祭，牲用马、牛、羊，及亲行貙刘之礼。"清代赵翼《拟秋狝应制》诗："九天秋肃貙刘信，万帐宵严虎卫兵。"

"貙刘令"就是主持"貙刘"祭祀活动的官吏，是汉朝时期为此礼仪而设置的一种官职，专职负责"貙刘"祭礼的一切事务，属于既具临时性、又属常例的官职，一般由皇室长者担任，或由太宰、谒者分别担任。

在长期担任"貀刘令"的官吏后裔子孙中，有以先祖官称为姓氏者，称貀刘氏，属于以官称为氏，为炫祖宗之耀，后皆省文简改为单姓刘氏，汉廷亦予以默认，此后世代相传至今。

◆ 贵姓何来——源自冒姓、改姓的刘氏

西汉末年，外戚专权，社会矛盾空前激化，天下纷争，汉高祖刘邦建立的江山岌岌可危。公元23年"赵敬肃王"刘彭祖（汉景帝的第八皇子。公元前154年，汉景帝平定"赵王"刘遂叛乱后，将刘彭祖改封为"赵王"。公元前92年，刘彭祖薨逝，谥号敬肃）的曾孙刘林诈称精通占卜星相学的王郎是汉成帝刘骜的儿子刘子舆，拥立其为皇帝，建都邯郸，刘林本人也成了丞相。黄河以北地区多闻风归顺。王郎假冒刘姓皇族后代，当了1年多的皇帝。次年（即公元24年），西汉皇族远支旁庶后裔刘秀（后来刘秀被称为"光武帝"，东汉开国皇帝）率军进攻王郎政权，占领邯郸，斩杀王郎。邯郸之战为刘秀建立东汉政权奠定了基础。公元25年，刘秀先后平灭了赤眉军、王郎和陇、蜀等诸多割据势力，使得自新朝王莽末年以来纷争战乱长达二十余年的中国大地再次归于一统，刘秀登基称帝，为表汉室重兴之意，仍以"汉"为国号，史称"后汉"，即"东汉"。

王郎冒姓刘，一是因战乱，二是刘氏皇族的子孙遍布天下，《汉书·平帝纪》载："宗室子，汉元至今，十有余万人"，可见，到了西汉末年，刘氏宗族后裔的数量是何等的庞大。

王郎是如何当上短命皇帝的呢？

根据我国南朝刘宋时期的历史学家范晔编撰的纪传体史书《后汉书》卷十二记载，王郎本来姓王名昌，不过人家都称他"王郎"。古代年轻的男子，通常称之为郎，比如周瑜被叫周郎，孙策被叫孙郎。《后汉书》卷十二记载："王昌一名郎，赵国邯郸人也。素为卜相工，明星历，常以为河北有天子气。"王郎是邯郸人，"素为卜相工，明星历"，他擅长算卦、相面，又对星座变化有一定研究。对王郎这种专长，我们都不陌生，通过算卦、相面、生辰八字，能说

出人生命运，预测事情吉凶。王郎给自己算了一命，算出的结果是自己当皇帝。这个结果实在是太离奇了，他为什么会这么算呢？

汉景帝的裔孙刘林跟王郎是好朋友。《后汉书》上说刘林"好奇数"，喜欢神神道道的东西，结交很多狐朋狗友，豪滑之徒。王郎经常向刘林灌输一个观念："河北有天子气。"意思就是：河北这个地方有天子气象，能出皇帝。古人对"天子气"很迷信，例如秦始皇就很信，他统一全国后，有一个会望气的术士对他说："五百年后，金陵有天子气！"（《晋书·元帝纪》）秦始皇很担心，按照他的设想，秦朝的江山应该是二世、三世一直传下去，传到千世万世，怎么才五百年，金陵就能冒天子气？怎么能再冒出个皇帝呢？他就让人去把天子气给破了。《晋书·元帝纪》："故始皇东游以压之，改其地曰秣陵，堑北山以绝其势……"秦始皇到金陵（也就是现在的南京）派人凿山，硬是把南京北边的山挖断，这样就可以斩断天子气。

恰逢刘秀到河北招抚人马，在冯异和邓禹等人的协助下，工作开展得很顺利。很多人都愿意跟着刘秀干，向他献计献策。就在邯郸，和刘秀还有点远亲关系的刘林去拜访他，以为刘秀将来能够当天子。因为刘林对王郎说的"河北有天子气"深信不疑，就琢磨："河北作为燕赵之地，本来就人杰地灵，现在又是乱世，河北也有不少宗室子弟，说不定有哪个人就能当皇帝。那么，这个人究竟会是谁？"刘林成天盘算这件事，他也挺谦虚的，再怎么盘算，也没有往自己身上想。他觉得自己这两下子，肯定是承担不了天子重任的，可他觉得："如果能找到这个未来的皇帝，从现在开始就给他帮忙，将来他真当了皇帝，我的功劳多大啊。"

刘秀到了河北之后，刘林突然就想到了刘秀。刘秀在河北的口碑不错，也是宗室出身，能力很强。刘林以为找到了天子气的源头，亲自去访问刘秀，想看看刘秀是不是当皇帝那块料。当时刘秀恰巧在邯郸，刘林和刘秀作为皇族成员同城相会，格外亲切。刘林见了刘秀，他不直说"河北有天子气"这件事，而是以献计的方式去试探刘秀。刘林说："我有个办法可以大破赤眉军。"赤眉军和绿林军一样，在当时，都是全国规模比较大的农民起义军。河北有很多支农民起义军，赤眉军是其中很重要的一支大军。刘秀到河北之后，别的工作都做得挺好，只是一时确实还没有好的办法对付这些起义军。刘林上来就说"赤眉可破"，刘秀很纳闷，难道这个赵缪王的儿子，还真有奇计？

刘林说："赤眉今在河东，但决水灌之，百万之众可使为鱼。"（《后汉书》卷一《光武帝纪》）刘林的奇计就是：赤眉军现在驻扎在黄河的东边，如果把黄河掘个口子，百万大军就全部喂鱼了。刘林这个办法，简直是灭绝人性。更重要的是，黄河决了口，赤眉军活不了，老百姓更活不了。面对刘林这么反人类的建议，刘秀当然不能采纳。不过，刘林毕竟出于一片热心，而且他在河北一带还是很有势力的，所以刘秀也不好意思直接表态，就当没听见，转谈其他无关紧要的事情。事后，刘林大失所望。

我们知道，刘林是认定了河北有天子气的，找了那么久好不容易才发现了刘秀，一看刘秀这么心慈手软，哪有什么天子气啊，只有孩子气。不过，刘林并没有因此就认为自己的观念是错误的："刘秀不行是刘秀的错，我并没有错，天子气肯定还是有的，并且就在河北。"这时候，刘林的好朋友王郎来了，告诉刘林一件往事，刘林顿悟："哦，闹了半天，天子气在王郎这人身上啊。"

《后汉书》卷十二记载："初，王莽篡位，长安中或自称成帝子子舆者，莽杀之。郎缘是诈称真子舆，云母故成帝讴者，尝下殿卒僵，须臾有黄气从上下，半日乃解，遂妊身就馆。赵后欲害之，伪易他人子，以故得全。"公元10年，也就是王莽篡位当了皇帝后的第二年，长安城出了一件奇事，轰动全国。有一个人，在长安的闹市，拦住了立国将军的马车，说自己是汉成帝的儿子，叫刘子舆。他当着大家的面，说王莽应该把皇位还给汉朝："我是汉朝皇帝的正统传人，你们要是不相信，就让我去见太后当面对质，验证血统和身份。"从汉成帝开始，成帝、哀帝、平帝都没有儿子，国统三绝。王莽能够篡位，也是借着这个，可王莽这皇帝才当了一年，突然就平地冒出一个汉成帝的儿子，还有名有姓，就算这件事是真的，王莽也不能承认。所以，立国将军当即把这个人带进了宫里，紧接着就处死了。王莽对外宣布，说此人就是长安本地人，叫武仲，这是犯了大逆不道之罪，汉成帝根本就没有儿子，什么刘子舆，完全是造谣生事，一派胡言。汉成帝究竟有没有一个叫刘子舆的儿子呢？被王莽处死的这个武仲到底是不是所谓的刘子舆呢？这在历史上算是一个疑案，无法考证。当时民间对此事议论纷纷，大家七嘴八舌：原来汉成帝是有儿子的，汉成帝的儿子叫刘子舆，那可是汉室正统。一传十，十传百，谁都觉得可信，又都不能确定，越传越邪乎，什么说法都有。由于老百姓普遍对王莽不满意，所以，相信有刘子舆存在的人是很多的。王郎利用这一点，他对刘林说："我成天说河北有天子气，没有骗你，刘子舆就在河北。"刘林乍一听估计很震惊，说道："刘子舆不是死了吗？他什么时候来河北了？"王郎接着说："刘子舆没死。别人不能确定，但我可以确定，因为我就是刘子舆。"

王郎给刘林讲了这样一个故事：王郎说他母亲是汉成帝的讴者，就是歌女。有一天，在宫殿门口，王郎的母亲也不知道怎么回事突然晕倒了。晕倒之后，一阵黄气从天而降，围绕着她好半天。等黄气散去了，王郎的母亲就怀孕了。后来就生下了王郎，就是真正的刘子舆。王郎的意思就是，这黄气不是一般的旋风、沙尘暴什么的，而是代表着汉成帝通过黄气使他母亲怀孕，留下了龙种。当时，后宫里面的皇后是赵飞燕，她姐妹两人心狠手辣，自己生不了孩子，还容不下别人怀孕。别说皇帝的儿子，就是黄气的也不行。王郎的母亲怕龙种被害，生下王郎之后就把他偷偷送出宫，化名王昌，王郎这才活了下来。后来他辗转了很多地方，最后来到河北燕赵之地，等待天时。

王郎给刘林讲的这个故事就算是拍成电视剧，也得在片头加字幕：本故事纯属虚构，如有雷同，纯属巧合。汉成帝的皇后以及嫔妃都没孩子，一阵黄风歌女就怀孕了，汉成帝是黄风怪变的皇帝吗？他为了留下子孙非现原形不可？不过，王郎把这件事编得一五一十，时间、地点、年龄都比较吻合，挺像那么回事。于是刘林就认定了"河北有天子气"，看谁都不像，只有刘子舆（即王郎）像天子，想不到众里寻他千百度，蓦然回首，天子就在我身边。

从这以后，刘林就跟几个当地的豪强大户商量："咱们不如拥立王郎为帝，王郎只是他的化名，其实他是汉成帝的儿子刘子舆，比现在的皇帝刘玄正统多了，咱们拥立了他，就是推戴之功。将来大家都是开国元勋，四方王侯。"另外，当时河北也都在传，赤眉军大队人马就要渡黄河而来，刘林就对外散播出一个假消息，说"赤眉当立刘子舆"。意思就是赤眉军会立刘子舆为天子，拥护汉室正统。《后汉书》卷十二上说："会人间传赤眉将度河，林等因此宣言赤眉当至，立刘子舆以观众心，百姓多信之。"按照老百姓的思路，如果真有这么一个刘子舆还活着，他又真是汉成帝的儿子，那他比谁都有资格当皇帝。再说了，谁当皇帝还不都一样，反正一般的老百姓也当不了，就是想进皇宫，最大的可能也只是当太监。

公元23年十二月的一个早晨，刘林带着几百车骑，驰入邯郸城赵王宫，宣布刘子舆（即王郎）为皇帝，正式即位。大骗子王郎一下子成了皇帝，刘林本人也成了丞相。王郎登基之后，就向天下发布檄文，强调了自己的身份，详细说明了自己的身世，并且说："天下只能有一个皇帝，我刘子舆，过去一直潜伏着，更始帝刘玄不知道我的存在，所以才会称帝。大家应该听我的了。当然，刘玄是有功劳的，他现在退位也来得及，但是他再派使者招抚就是违法的了，该我派使者招抚了。"

从河北这里开始，王郎也像西汉更始帝刘玄那样，派使者去招抚豪绅、诸侯。由于很多人不明真假，再加上不愿意舍近求远，一个月内河北的很多地方都归属了王郎政权。

面对突如其来的王郎政权，在河北从事招抚工作的刘秀感到措手不及，因为此时，他仅仅是使者身份，原是更始帝刘玄派到河北招抚的使者，王郎又重金通缉，他现在的处境万分危险，燕赵之地对刘秀来说，成了深陷其中难以逃脱的"燕赵门"，差点就要了刘秀的命。刘秀虽名为皇族后裔，但刘秀这一支属皇族远支旁庶的一脉，这一支族人生活在南阳郡（在今河南省西南部一带），地位是一代不如一代，到了刘秀这里，更是完全成了布衣平民。故三国时代的曹植曾言："汉之二祖（即指高祖刘邦、世祖刘秀），俱起于布衣"（《金楼子》卷四《立言篇》）。刘秀早在昆阳之战中尚且有一些兵马可以指挥，而现在他毫无战斗力。

刘秀下一步怎么办？他对手下人说了一句话："咱们不说是刘玄的使者，就说是王郎的使者，从邯郸来的，吃饱喝足了就走，不就完事了？"刘秀这一招，在三十六计里叫"瞒天过海"，谁也说不清邯郸来的使者什么模样，所持的通行证都一样，的确是很容易蒙人的。但刘秀这个主意，在细节上暴露了马脚，差点就误了大事。他带着自己这些人进了饶阳，冒充是邯郸来的使者，前来招抚。饶阳的县官赶紧把他们迎进传舍，相当于县委招待所，安排了一桌酒菜。肉菜上来了，"从者饥，争夺之"（《后汉书》卷一《光武帝纪》）。酒菜不上还好，一上来就出事了。这些人这么多天吃不饱饭了，突然看见了这么一桌丰盛的大餐，会是什么表现？饿急眼的随从人员就争夺吃起来了，饶阳的官员一看，这是邯郸来的使者吗？饶阳的官员对他们的行为产生了怀疑，不过，也不能因此就猜测他们是假的，派人把他们全抓了，万一要是真的，将来追究起来，抓皇帝使者的罪名可担待不起。考虑来琢磨去，饶阳的官员想出了一个妙计，来验证一下刘秀他们的真假。这个办法够狠的，饶阳的官员让手下去传舍外面敲鼓，一边敲鼓一边喊："邯郸的将军到了！"这一吓唬，使者都不吃了。估计有不少人，差点没噎过去。邯郸的将军要是真来了，刘秀这些人马立刻就现原形了，邯郸的将军能不认识邯郸来的使者吗？所以史书上说"官属皆失色"，脸色全变了！刘秀本来想坐上车逃跑，就在那一瞬间，他突然冷静下来了，心想："如果这时候跑，那是根本跑不了的。现在唯一的办法，就是再冒一次险，不是说邯郸的将军来了吗？如果是真的，那我怎么着都难逃一死，不过要是假的呢？要是饶阳的这些人在试探我们呢？"刘秀这聪明一个人，一定能够想到，这很有可能只是一个试探，哪能那么凑巧，邯郸的将军早不来，晚不来，单等我们吃饭的时候来搅局。另外，刚才大家的吃相确实是有破绽，刘秀当时肯定能够看出来，但没法管，当着饶阳地方官的面他不能直接纠正大家，不能说都慢点吃，一说就露馅。

刘秀镇定自若地说："邯郸的将军既然来了，就请进来，我们是老关系，交流一下工作，一起吃点，当然剩的也不多了，一起喝两杯嘛。"

刘秀这么一步险棋，直接又将了对方一军。轮到饶阳的地方官傻眼了，本来是想试探，现在成了被试探，无语可对。刘秀看这形势，心里就更明白了，越是明白，就越装糊涂，又坐了很长时间才走："久乃驾去"。

第二年，亦即公元24年，刘秀重整大军，不久刘秀率军在更始帝刘玄派来的尚书令谢躬和真定王刘杨的协助下，一举攻破邯郸，击杀了王郎等人，消灭了王郎政权。值得一提的是，为了促成和真定王刘杨两家的联盟，刘秀亲赴真定府，以隆重的礼仪迎娶了真定王刘扬的外甥女郭圣通，此时距刘秀在宛城迎娶阴丽华尚不足一年。

更始帝刘玄见刘秀在河北日益壮大，他极为不安，于是遣使至河北，封刘秀为萧王，令其交出兵马，回长安领受封赏，同时令尚书令谢躬就地监视刘秀的动向，并安排自己的心腹做幽州牧，接管了幽州的兵马。刘秀以河北未平为由，拒不领命，史书上说此时刘秀"自是始贰于更始"。不久，刘秀授意手下悍将吴汉杀死谢躬，其兵马也为刘秀所收编，而更始帝派到河北的幽州牧苗曾与上谷等地的太守韦顺、蔡允等也被吴汉、耿弇等人所收斩。自此，刘秀与更始政权公开决裂。

刘秀发幽州十郡骑兵与占据河北州郡的铜马、尤来等农民军激战，经过激战，迫降了数十万铜马农民军，并将其中的精壮之人编入军中，实力大增，当时关中的人都称河北的刘秀为"铜马帝"。公元25年六月，已经是"跨州据土，带甲百万"的刘秀在众将拥戴下，于河北鄗城的千秋亭即皇帝位，为表重兴汉室之意，刘秀建国仍然使用"汉"的国号，史称"后汉"。唐末五代之后也根据都城洛阳位于东方而称刘秀所建之汉朝为"东汉"，刘秀就是汉世祖光武皇帝。

西晋义阳（今河南新野）人丘沈冒称汉宗室后裔，改姓刘名尼，被拥立为帝，建年号为神凤。

留氏改刘氏：后坡刘氏为永春留氏族裔，于宋末元初的动荡中改姓为刘。另《清源留氏族谱》载：第三十九世留天禄，泉州路录事，因军情严重，不仕，复入永春，居留安故地，改留为刘，为本支始祖。

唐朝文学家柳宗元的后人改姓刘。因柳宗元和当时朝政大臣不和，招惹很多皇室亲信，其后人恐遭陷害，逃荒到山西的洪洞县，改姓为刘。很多年后因当地遭水灾，他们纷纷迁移到河南的周口、安徽的亳州、山东的曹县一带。

一说元末陈友谅败亡后其后代有改姓刘的。

明朝嘉靖年间著名大将军都督刘显原姓龚，为报人知遇之恩，改姓刘。

贵姓何来——源自少数民族的刘氏

我国是一个多民族的国家，长期以来的民族融合，也在姓氏上有所体现，刘姓是颇为典型的一例。

1. 西汉初年，匈奴族很强盛，汉高祖刘邦为了跟匈奴部族搞好关系，采取了和亲政策，将皇族刘氏公主或宗女嫁给匈奴首领单于，通过政治联姻，化干戈为玉帛。匈奴单于为了表示对汉朝的尊重，便将这些汉朝公主所生子女改从母姓——刘，其后裔遂形成匈奴刘氏。公元48年，匈奴分裂成南北二部，南部匈奴人立日逐王比为呼韩邪单于，建庭五原塞（今内蒙古包头），依附东汉称臣。汉、魏之际，南匈奴末代单于呼厨泉死后，曹操将南匈奴族人分为左、右、前、后、中五部，各立其贵人为部帅。并州休屠各部刘豹（匈奴人）为左部帅，南匈奴刘猛为中部帅。

十六国时期的汉国建立者刘渊、前赵国建立者刘曜、大夏国建立者刘屈孑（即赫连勃勃）、襄国刘显都是匈奴后裔。

2. 独孤部族原是南匈奴后裔刘路孤所建立，其后裔以部落名为氏。独孤氏归附拓跋鲜卑后成为鲜卑贵族，是当时鲜卑贵族最显赫的八姓之一。北魏孝文帝迁都洛阳以后，改鲜卑贵族原有的姓氏为汉姓，并定门第等级。所改之汉姓，以音近于原鲜卑姓者为准。拓跋氏作为北魏第一姓改为元姓，是最高的门第等级；另丘穆陵氏改姓穆氏，步六孤氏改姓为陆氏，贺赖氏改姓为贺氏，独孤氏改姓为刘氏，贺楼氏改姓为楼氏，勿忸于氏改姓为于氏，纥奚氏改姓为稽氏，尉迟氏改姓为尉氏。这八姓贵族的社会地位，等同于北方最高门第崔、卢、郑、王四姓。北魏道武宣穆皇后刘氏、北周明敬皇后独孤氏、隋文帝杨坚皇后独孤伽罗和唐代宗李豫的贞懿皇后独孤氏以及唐高祖李渊的母亲元贞太后独孤氏都出自独孤部族。

3. 稽胡族，又称山胡、步落稽，源于南匈奴。北魏时期稽胡族首领刘蠡升与其孙北周时期稽胡部族首领刘没铎等曾先后称帝，建立割据政权。

4. 离石胡是山胡的一支部族，隋末唐初，离石胡的首领刘苗王、刘龙儿、刘季真曾先后称王，建立割据政权。

5. 突厥族刘氏出自突厥别部沙陀氏。唐德宗时，突厥别部沙陀人内附，定居于今山西大同一带，长期与汉族杂居，五代时沙陀人刘知远建立后汉政权，其弟刘崇建立北汉政权。

6. 契丹刘氏出自契丹耶律氏、金移剌氏。辽太祖耶律阿保机建立辽国后，因为追慕汉高祖皇帝，便将自己的耶律氏改称刘氏，《辽史·后妃传》"序"："太祖慕汉高皇帝，故耶律兼称刘氏。"《金史》也记载"移剌曰刘"。"移剌氏"就是契丹国姓"耶律氏"，因此耶律后代有的改为刘姓，比如辽国于越（官名）耶律屋质之四世孙名刘家奴，曾官至节度使。当代天津市郊区宝坻县耶律各庄村中刘姓村民较多。当地人说，这个村刘姓村民多为坐地户，是当年随蒙古军队来到这里定居的，刘姓是由耶律姓衍转过来的。

7. 魏晋时乌桓部族有刘姓者。

8. 据《旧唐书·南蛮传》所载，唐代南蛮有刘姓者。

9. 回族中的刘姓，多为改姓。中国回族形成于宋元之间，初无固定姓氏，入居中原后，回、汉杂居，很多人使用汉字姓。刘姓是从古兰经经名译音"辽艾辽艾"（汉语译为"珠宝"）转音而来。明初以后，随着回汉民族间人文交融，内地回民普遍使用汉字刘氏。清代归附的回回人伊不热业墨，在凤城县（分属辽宁）入籍，改姓刘氏，遂为凤城刘姓回民先祖（《中国回族人名大词典》）。另有元至正十七年（1357年）任河南行省平幸政事的刘哈剌不花，虽《元史》言"其先江西人"，但就其"哈剌不花"和"探马赤军户"的身份，以及受回回人泰不华（达不华）赏识推举为椽史（属员）的迹象来看，或是回回人。哈剌不花的刘姓，非赐即改。再有，甘肃的回族中，也有将马、白等回族显姓，改为刘姓者。刘姓回族在中国分布较广。

10. 蒙古族刘姓来源众多。

（1）元朝蒙古族中刘氏出现在公元 1285 年，元仁宗爱育黎拔力八达即位，后来有位名叫呼图克特穆尔的蒙古族著名人士，酷爱汉族书籍和文化，他的母亲是汉人，姓刘。有一天，这位名士拜见元仁宗皇帝，谈论中，元仁宗对他的汉学水平加以赞赏，并为他起了个汉人的名字，叫刘汉卿。从此，刘汉卿的后代就形成了一支刘氏家族。

（2）蒙古族鄂尔果诺特氏，满语为 Ergonote Hala，亦称鄂柳特氏，本蒙古族姓氏，世居喀尔喀，后多冠汉姓为刘氏。

（3）蒙古族刘佳氏，亦称留佳氏，后有满族引为此姓氏者，满语为 Lingiya Hala，世居李佳和罗、瓦尔喀、乌喇、辉发、松花江等地，后多冠汉姓为刘氏、雷氏。蒙族刘佳氏世居察哈尔，察哈尔现主要指内蒙古自治区。

（4）蒙古族崔珠克氏，亦称赤穆特氏，世居察哈尔，后有满族人也姓该氏者，满语为 Cuijuk Hala，多冠汉姓为崔氏、刘氏。

11. 女真族、满族刘姓来源虽然繁多，但属于汉化改姓为氏。据史籍《清朝通志·氏族略·满洲八旗姓》记载：

（1）满族乌库理氏，亦称乌色里氏，满语为 Ukuri Hala，汉译为"细鳞鲮鱼"，满族最古老的姓氏之一，源于金国时期女真"乌古伦"，世居黑龙江，后多冠汉姓为商氏、刘氏、乌氏、李氏、讷氏、桑氏等。元代大将军刘国杰（1233—1304），字国宝，女真族，本姓乌古伦，后改姓刘。

（2）满族宁古塔氏，满语为 Ningguta Hala，汉译为"六"，既清六祖世居地。以地名为氏，所冠汉姓为宁氏、刘氏，世居宁古塔、绥分、珲春、讷殷和佟吉等地。

（3）满族钮图氏，亦称宁武图氏，满语为 Niotu Hala，世居哈达。后有锡伯族引为姓氏者。后多冠汉姓为钮氏、刘氏。

（4）满族喜塔喇氏，亦称奇塔喇氏、喜特勒那氏，是满族大

姓，满语为 Sitara Hala，汉译为"指甲"或"插孔雀翎的管"。俄国学者史禄国认为，它与瓜尔佳氏，满语为同属"阔雅里满洲"。另考，《龙飞御天歌》有哈兰都达鲁花赤姓"奚滩"，乃明时女真望族，曾冠汉姓为"刘"，有学者认为喜塔拉即其演变而来。世居尼雅满山、蜚优城、长白山盖吉、佛克顺等地，所冠汉姓为管氏、赵氏、图氏、祝氏、文氏、齐氏、孙氏、希氏、奚氏、喜氏、线氏、祁氏等。

（5）满族伊喇氏，亦称伊拉喇氏，满语为 Ilan Hala，汉译为"三"，满族最古老的姓氏之一，源于金国时期女真"移喇"（即契丹国姓"耶律"），后多冠汉姓为刘氏、王氏、肖氏、萧氏、李氏、黄氏、白氏。

（6）满族纽塔氏，亦称努他氏，满语为 Nuntamongu，老满洲部族，人数很多，有四个分支。满语 Ninguta 为远祖之意，推想表示其远祖来自宁古塔，后多冠汉姓为刘氏。

（7）满族查佳氏，满语为 Cagiya Hala，是满族脱谱姓氏之一，今内蒙古自治区呼和浩特市的满族同胞中有此氏，后改汉姓为刘氏。

（8）钮祜禄氏多改汉姓为钮或郎，也有少数钮祜禄氏改姓刘的。

12．维吾尔族刘姓

维吾尔族刘姓形成于元末明初。元代在河南为官的维吾尔族人剌真海牙，曾孙名叫忽都海牙，明初随祖母姓刘，名仲琛，隐姓埋名，作为普通百姓繁衍生息下来。刘姓维吾尔族人现居河南渑池县尚有500余人，一小部分移居到西安等地。

13．朝鲜族刘姓

中国朝鲜族刘姓人口数量位居第30名左右。朝鲜族刘氏以江陵为核心，后来分衍有忠州、巨昌、金城、裴州、延安、我州、庆山、平尚等地。在韩国的250多个姓氏中，韩国刘氏人口总数排在第32位。据记载，泉州人刘载在高丽哲宗元佑三年（公元1088年）定居高丽后，被任用为"守司空尚书右仆射"。

14．傣族、景颇族刘姓

明朝初期，朝廷派军队到腾冲地区屯田戍边，许多内地刘氏将士随军来到该地，其中一部分人则定居下来，与当地主要民族傣族、景颇族女子联姻，成家立业，繁衍生息。由于这些刘氏人与傣族、景颇族人通婚，其后代多随父姓刘，融入傣族、景颇族。据近年云南腾冲刘氏收集到的351个族谱发现，有七支刘姓演变为傣族、景颇族。

15. 京族刘姓

京族原称为越族，人口近2万，有31个姓氏，居住在广西南疆诸岛，这里的刘姓人口数量中京族占20%，京族刘氏是这里少数民族的第一大姓。在越南的京族刘姓有三类，一类是完全融入越南民族的刘姓，一类是越南族人使用汉字姓刘氏而形成的刘姓，再一类就是近代以后移民越南的华侨、华人。不过，今天这几种不同的刘姓已很难区分了。

16. 壮族刘姓

湖南、广西等地都有壮族刘氏分布，名人有唐代著名的歌仙刘三姐。

17. 高山族刘姓

高山族人本无固定姓氏，清乾隆二十三年，朝廷赐给高山族七个姓：卫、金、钱、廖、王、潘、黎。从日本侵占台湾到台湾重回中国期间，高山族人多依托当地汉族人，认其姓为己姓，据统计共有79个姓，其中有刘姓。

18. 柯尔克孜族刘姓

清末民国初期，柯尔克孜族姓氏改称汉姓，并从柯尔克孜族姓"蔡音德热"分化出汉族姓"刘"。

19. 达斡尔族刘姓

清末民初两次户籍调查时，满文已被汉文代替。用多个汉字书写达斡尔族姓氏已不方便，于是便采用"哈勒"或"莫昆"音首或意义字表记，随着社会的发展和不同民族的联姻，达斡尔族又增加了讷迪、扎尼、雅库斯、尼尔登、涂库敦、张、王、李、赵、徐、邵、刘、陈等姓氏。

20. 仫佬族刘姓

在仫佬山乡的客家人主要居住在龙岸镇，他们当中有刘、陈、李、古等 13 个姓氏。

21. 苗族刘姓，湘西等地有分布。

22. 瑶族刘姓，湘南等地有分布。

23. 白族刘姓，湖南桑植、慈利的白族姓氏比较多，有谷、王、钟、熊、李、段、高、杨、张、刘、孔、施、车、于、马等。

24. 藏族刘姓

藏族逐渐发展成为六大氏族，即赛、穆、党、东、札和珠，各大氏族中又分化出若干小氏族和家族，各有自己的姓氏。其实，藏族人取汉姓是历史及生活环境的产物，也是社会发展、民族融合大趋势的产物。

如今，根据中国户籍管理部门的"全国公民身份信息系统"（NCIIS）统计，刘姓是中国大陆第四大姓。

◆ 谱牒寻根

提到谱牒，不少人就发蒙了，究竟什么是谱牒？"谱"是一个派生字，原字为会意字的"普"，由于用"普"字表示一种文献、簿籍，所以后来加"言"旁成了形声字的"谱"。"普"和"谱"意义完全相同，都表示全、遍之义。刘熙《释名》说："谱，布也，布列见其事也。"（《释名·释典艺》）凡同类事物，全部、普遍的布列出来，这种体裁、格式叫"谱"，如年谱、历谱、乐谱、家谱等。《说文》牒、札互训，《说文·片部》："牒，札也"，《说文·木部》："札，牒也"。《释名·释器》训牒为板："牒，板也"。可见牒、札、板是一个东西，即小木片、小竹片，我们今天称之为木简、竹简。这种小木片、小竹片的制法，据王充的解释，是"截竹为简，破以为牒"，"断木为椠，析之为板"（《论衡·量知篇》）。王充的意思大概是认为牒为竹简，板（札）为木简。所以牒指书写的材料。因为谱牒产生时尚未发明纸张，亦无书帛的习惯，便将一个家族血缘世系内容全部排列刻记在"牒"（竹简）上，所以这种记录家族成员间血缘关系的档案就叫做谱牒。

我们今天通常说的谱牒，有特定的含义，是指专门记录家庭、家族内部血缘世系关系的文献、簿籍。战国以前称谱牒为世本、系本、牒记等，魏晋至隋唐称为族谱、家谱、姓谱、族姓谱、氏族谱、血脉谱等，宋以后则通称为族谱、宗谱、家谱、家乘（乘shèng，家族之史）、族系录、族姓昭穆（昭穆即父子祖孙的血缘关系）记、族志等。家谱是什么呢？家谱也被称作族谱、宗谱，是以一姓一族为记录对象，反映一家之史的一种专门档案。内容包括世系、世表、源流、宗派、诰敕、像赞、传记、墓记、墓图、墓志铭、祠堂记、祠规、家规、家训、家范、宗约、义田、义庄、艺文、著作等。家谱是研究社会结构、宗法制度、社会学、人口学、方志学、民族史、家族史、侨民史以及历史人物、文艺创作等方面的重要资料。

根据目前能见到的材料和研究成果，中国谱牒的起源很早，从《史记·夏本纪》详录夏朝自禹至桀14代世系17位帝王事迹可证明，在奴隶社会的夏朝就有了记载奴隶主贵族世系的谱牒。所以，《史记·太史公自序》说："维三代尚矣，年纪不可考，盖取之谱牒旧闻，本于兹，于是略推，作《三代世表》第一。"唐代史学家刘知几《史通·书志》说："谱牒之作，盛于中古。"

在商代就有比较详细的家族世系记录了，商代甲骨档案中记载"干支表、祀谱和家谱"的"表谱刻辞"，便是殷商王室的谱牒。司马迁在《史记·三代世表序》说："自殷以前诸侯不可得而谱。"这个"谱"指完整详细的家谱，不是指没有谱牒。

西周推行宗法制和分封制，谱牒更被重视，设官掌管，藏于金匮，存于宗庙。战国时出现了较为完整地记载帝王、诸侯世系的《世本》等谱牒。秦灭六国后，各国谱牒虽有散失，但两汉中央和地方私家均重视家谱的搜集、编修和保存。"故修谱者，当知其所自出，姓氏之所由赐，及迁移之所起，卜居之凡来，与夫世代相承，并无所缺，斯宝录也。"

谱牒的盛行跟西周至秦朝建立前的宗法式的社会制度紧密相连。宗法制度是在父权家长制的基础上不断扩大和发展起来的，由它构成了社会等级阶梯，形成中国奴隶社会基本的社会政治制度。

到了西周时期，这一制度得到充分的发展，达到完备的程度。依据宗法制度的组织形式，周王既是普天之下最高的统治者，又是全体姬姓宗族的"大宗"，即最大的族长。宗法式家族组织是多类型、多层次、多等级的，有贵族家族，有平民家族（宗族村社），还有种族奴隶的家族。贵族家族还分成王室、诸侯、大夫和介乎贵族与平民之间的士等等级。宗法式家族是一种血缘组织，内部的血缘关系必须十分清楚，这种组织才能够维持和发展。即使分裂成许多新家族后，以及新家族再分裂之后，各家族之间的血缘关系也必须十分清楚。一个家族的始祖及始祖母是谁？始祖如有几个妻的话，谁是嫡，谁是庶？她们各有几个儿子，名叫什么？他们的妻又是谁，又各有几个儿子？家族的各支各房是怎样一代一代地传下来的？现在众多族人的父、祖、曾祖、高祖等是谁？谁和谁是堂兄弟、再从兄弟、三四……从兄弟？新家族始祖是从旧家族的哪一代分裂出来的？它又怎样一代一代地传到现在？总之，家族所有成员的各种复杂的血统关系必须清楚。在没有文字的时候，血缘关系靠一代一代的口耳传授，储存在人们的记忆中。时间长了，记忆难免有差错。当文字产生以后，人们就用文字把这种血缘关系记录下来。这就是谱牒。氏姓是家族组织的名字，谱牒则是记录家族成员间血缘关系的档案。

从谱学本身而言，魏晋南北朝时期是我国谱牒学发展的鼎盛时期。根据我们研究，南宋学者郑樵说，"姓氏之学最盛于唐"的结论也是不对的。当然，这里我们也要指出，魏晋南北朝时期谱牒著作，多以一家一族所修的宗谱、族谱、家谱为主，虽然也有总谱、州郡谱的编修，但不是谱学发展的主流，而是为政府掌管户籍为主要目的而编修，因为九品中正的用人制度，选拔人才的标准必须严格以谱籍为准，同样国家赋税徭役和兵役的生疏招募，也都以谱籍为依据，因而对于篡改谱籍者处分极严。

有的学者认为，"六朝以前，谱学在官，唐宋而下，谱在私家"。我们认为，这一结论并不确切，因为六朝时期的谱学历史发展说明，此时基本上是"谱在私家"，只有唐代才是真正意义上的"谱学在官"。唐代为突出李唐皇族及外戚、功臣的社会地位，唐太宗令修《氏族志》，武则天令改修《姓氏录》，唐玄宗修成《姓族系录》。《大唐姓氏录》、《衣冠谱》、《开元谱》、《永泰谱》、《韵谱》、《元和姓纂》等著名谱牒也相应问世，路敬淳、柳冲等谱牒学家脱颖而出。至于宋代则开启了真正意义上私家之谱的编修历史，宋以后除王室族谱外，司马光撰有《臣寮家谱》，苏洵、欧阳修等人则率先编撰本族新族谱。于是地方大姓名族修谱之风再兴，并多仿欧、苏谱例撰辑。北宋时期的《新唐书》把"宗室世系"、"宰相世系"等作为重要内容记载；南宋郑樵写的《通志》把谱系分为6种著录。清代虽"谱学之传，已久失矣"，但清王朝中央及地方大族对谱牒的编修和保存仍十分重视。顺治十年（1656年）第一次编修皇室家谱——玉牒，以后规定每10年续修一次，至清末共修27次，由宗人府主持，专开玉牒馆掌修。蒙古王公札萨克、四部伯克、西南土司、政教首领等少数民族上层源流谱系，由理藩院掌编报，亦定10年考订编修一次，要求考证其得赐姓氏、受封的原始资料、传袭至今的世系顺序等，著录于册。八旗世袭、内务府庄户和专业户的谱系，由八旗及内务府分别登记编报。地方名门大族修谱也有严格规矩，其中孔子后裔于乾隆九年（1744年）在曲阜孔庙制定了修谱条规、榜示和凡例，定60年大修一次，30年小修一次，并统一了谱册格式、填写要求、投报办法等。民国时期仍有些旧名门望族保留着续修家谱的习惯。

　　唐代谱牒学家柳芳曾说，"善言谱者，系之地望而不惑，质之姓氏而无疑，缀之婚姻而有别"。这里所讲的"谱"，显然就是指魏晋南北朝时期的谱牒，"地望"指的是当时的各个郡望。再如南宋学者郑樵，在其《氏族序》中说："自隋唐而上，官有簿状，家有谱系，官之选举，必由于簿状，家之婚姻，必由于谱系。"这两条材料都在说明，魏晋南北朝时期的谱学主流并不在官，而是世家大族所修之宗谱、族谱。这种宗谱、族谱应当说是普遍存在的，《世说新语》注中还流传有三十九种家谱。当然，所修之族谱、家谱，都必须上报官府，"藏于秘阁"，而政府也掌握有总谱和州郡谱，所以郑樵在《氏族序》中又说："历代并有图谱局，置郎、令史以掌之，仍用博通古今之儒知掇谱事，凡百官族姓之有家状者，则上之

官,为考定详实,藏于秘阁,副在左户。若私书有滥,则纠之以官书;官籍不及,则稽之以私书。此近古之制,以绝天下,使贵有常尊,贱有等威者也。所以人尚谱系之学,家藏谱系之书"。这里所讲,也是指魏晋南北朝之事,这与柳芳所说是一致的,所谓"系之地望而不惑,质之姓氏而无疑"。实际上就像当时谱学家王弘那样,"日对千客,不犯一人之讳",必须对当时的重要谱牒都非常熟悉,对世家大族的郡望都非常了解,否则是做不到的。特别要注意的是,"历代并有图谱局",专门管理收藏谱牒之事。唐代则改称"图谱院"。五代乃是谱学发展的一个大转变,欧阳修就曾讲过:"自唐末之乱,士族亡其家谱,今虽显族名家,多失其世次,谱学由是而废绝。"而苏洵亦说:"盖自唐衰,谱牒废绝,士大夫不讲,而世人不载。"两人都讲,唐末以后,谱学废绝,显然这个讲法并不确切,因为宋代开始,私家之谱开始兴起,修谱之事,真正走入普通百姓之家。因此,"六朝以前,谱学在官,唐宋而下,谱在私家"的说法并不全面,尤其是唐宋两代,更不应当连称,因为谱学在这两个朝代所处地位和发展则全然不同。

唐代的谱学虽然也非常发达,但是,若与魏晋南北朝相比,自然还是相差很远的,因为魏晋南北朝时期,由于社会多方面因素要求,几乎家家要藏谱学,人人要讲谱学,因此,谱学在当时社会已经成为一块招牌,自然也就成为我国谱学发展史上的黄金时代,而唐代则无论如何是无法与之相比的。也许由于唐代统治者一开始就垄断了编修谱牒的大权,接连发动了几次大规模的谱牒著作编修,限制和打击了私人编修谱牒著作的积极性,影响了唐代谱牒学的发展。尽管这样,在唐代仍然涌现出了不少谱学家和谱学著作,如:隋末唐初著名谱学家李守素,唐太宗时期的《氏族志》编修者高士廉,唐代著名谱学家路敬淳(?—697年),《姓氏录》的编撰者许敬宗、李义府、孔志约、阳仁卿、史玄道、吕才等六人,大型的谱牒著作《姓族系录》(亦称《大唐姓族系录》)历时十年而成书,其编修者柳冲、魏元忠、张锡、萧至忠、岑羲、崔湜、徐坚、刘宪和吴兢等九人。

家谱记载着一个家族短则百年、长则千年的世系演变,展示了

姓氏篇

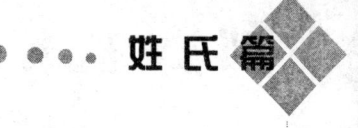

祖辈们开基兴家的历史足迹，对中华民族发展的贡献，蕴涵了一个家族血浓于水的亲情。从家谱里我们可以了解家族的源流、迁徙路线、始祖、始迁祖及繁衍分支情况，知道我是谁？我的根在哪里？

经查 2004 年新编《杨康刘氏族谱》，现在广东省饶平县新丰镇杨康乡以信卿公即刘信卿为始祖，涵头寨、弦歌都新寨、浮殿社石井乡、溪口乡、新安、石鼋头、澄海南洋，漳州漳浦等地有这一脉的裔孙们。

根据刘氏家园网，台湾刘姓主要来自大陆的福建，其次是广东和江浙地区。

刘姓进入台湾的历史，因典籍记载不详，明朝以前已不可考。有明确记载的刘姓入台，较早的可以追溯到明朝末年，主要是随郑成功大军进去的，比较著名的有平和人刘茂燕、刘德龙等。这可视为刘姓迁入台湾的第一个高峰期。

清朝是刘姓入台的第二个高峰期。据台湾中华文化基金会编的《中华文化百科全书》记载，康熙年间就有大批刘姓到台湾垦殖，如广东人刘志瑞徙台，居彰化河东社。乾隆年间又有广东人刘宗由林杞埔入垦鱼头堡，刘启东招大埔曾、何、巫三姓开垦今台中东势镇石冈、土牛庄等地，刘中立开垦栋东上堡社寮角，安溪人刘秉盛开垦今台北新店镇张北时七张等地。乾隆年间，还有刘姓始祖监明公派下第 140 代孙刘九朗公由五华渡海入台，定居新竹埔；第 147 代刘奇由长乐县鹧鸪镇渡海迁台，居中坜分移红毛田、新埔等处；第 156 代刘亨于乾隆二十年（1755 年）由平和县新安里率妻子渡海来台，徙居淡水县的新庄、中港厝，后裔还分居万华、基隆等地。

1949 年国民党政权从大陆败退台湾，大批刘姓家族也随之入台，从而形成了刘姓入台的第三个高潮。这批迁台的刘氏族人，大都对大陆故乡和亲人有深厚感情，近年来随着海峡两岸关系的解冻，这批刘姓成员在关注大陆经济建设的同时，还往往都热衷于续修家谱和回乡寻根问祖的事宜。

台湾刘姓支派寻根。

南雄刘氏。先从南雄第一大姓刘姓来看，刘氏先祖迁入南雄的先后有 60 多族。迁入时间除极少数在宋末外，其余多在明代至清初。他们来自客家大本营赣南的信丰、龙南、兴国、南安、上犹、安远以及闽西的武平，约有一半则是先从赣南、闽西迁至始兴而后再迁入南雄。这是客家人祖祖辈辈在辗转迁徙中形成的本能。刘族散居于24个镇179个村，而多聚居于盆地中心的湖口、珠玑、黎口、全安、黄坑等镇，湖口镇刘氏占该镇总人口的16%，黎口镇、珠玑镇都占10%以上。

五里山刘氏。这支刘氏的始迁祖刘弘于清顺治间自闽西建宁县迁来。

新竹刘氏。台湾新竹有一支开七公巨渊房清公支宗贵派刘氏。他们的族系是：1世刘开七→2世刘广传→3世刘巨渊→4世刘清→5世刘宗贵→6世刘文和→7世刘四八郎→8世刘百四郎→9世刘千五郎→10世刘英明→11世刘彦正→12世刘宗德→13世刘崇勋→14世刘元美→15世刘廷彰→16世刘观海→17世刘天爵→18世刘台弼→19世刘士禄→20世刘可异（来台祖）→21世刘传业→22世刘万照→23世刘世盛→24世刘守科→25世刘钱娘→26世刘兴典→27世刘德泉……这一支刘氏是在康熙年间自广东饶平迁徙渡台定居的。

来自台湾新竹的刘氏子孙刘星明，通过互联网请兴宁刘氏宗亲联谊会协助找寻目前在广东那些地方还有四八郎公这一脉的裔孙们，希望完成寻根访祖的心愿。

柳营刘氏。据柳营刘氏族谱记载，台湾柳营刘氏从大陆迁台时期在明清之际。来台开基始祖名叫刘茂燕，是刘姓开派始祖刘监明的第153代孙、福建和平派刘氏的第20代孙。刘茂燕生于明万历四十五年十二月二十四日（1618年），卒于清顺治十六年（1659年）。刘茂燕原籍漳州府平和县新安里上和社大坤乡，是郑成功手下的一名参军，当年在南京战役中阵亡。后来郑成功渡海来台时，对阵亡将士的孤儿寡妇非常怜恤，曾下令将大批阵亡将士家属同迁台湾。刘茂燕的独子刘球成，就是在这个时候奉命领他的母亲蔡氏一同随郑成功渡海迁来台湾的。因此，刘球成实为柳营刘氏来台湾的第1世祖。刘球成迁台后，最初与母亲蔡氏居住在台南南戏院。后移居麻豆打铁巷，到他的儿子刘汉、刘旭时，又定居于查亩营

（即今柳营），后裔繁衍发达，成为台湾刘氏中的名门望族，时人称之为柳营刘氏。

柳营刘氏迁台后，到今天已繁衍到刘茂燕的第12代，也即刘监明的第164代孙。其传递世系如下：

刘茂燕→刘球成→刘旭→刘福→刘日纯（刘全）→刘东坡（思銮）→刘价藩→刘焜煌→刘湘潭→刘清井→刘宽仁→刘建廷、刘建良

其中，第3代刘旭（1682－1758年），曾任宣威将军；第5代刘日纯官任奉政大夫，首创刘氏祭祀公业；第6代刘东坡饱读诗书，但不幸在渡海回大陆参加乡试时遇海难去世；第7代刘价藩的同辈兄弟有刘超群曾考取嘉庆举人；第10代刘清井，日本东京帝国大学医学博士、台湾台南医院院长。本世纪柳营刘氏从事医学事业者很多，大都颇有成就，如刘清井的同辈兄弟刘枫桥，也是日本京都帝国大学医学博士毕业。

柳营刘氏后来又发展到台湾各地，还有人迁居到日本、德国等国家。

文山刘氏。据台湾《中国姓氏源流统谱》记载，台湾文山开基始祖刘尧福，为刘姓大始祖刘监明的第156代孙。该支刘氏在台湾已传6代，今天已到第162代。这支刘氏来台世系如下：

刘尧福→刘桂→刘维神→刘金屋→刘阿添→刘松吉、刘松庆

嘉义刘氏。嘉义刘氏形成于明末清初，来自福建，以刘茂燕、刘球成父子为入台开基始祖。据台湾嘉义《刘氏族谱》记载，嘉义刘氏开基始祖刘茂燕，福建大埔乡（今福建省云霄县下河乡大埔村）人，是郑成功手下的一员将领。南明永历十三年（1659年），刘茂燕随郑成功北伐围攻南京，在战斗中阵亡。郑成功收复台湾后，抚恤阵亡将士，派人到刘茂燕家乡，将刘茂燕夫人蔡氏和儿子刘球成接入台湾。刘球成母子起初居住在东宁、后迁查亩营，后定居该地，建立家业。刘球成有3个儿子，分为查亩营刘氏三大房，后裔极为兴旺发达，传到今天已发展到1万多人。

仁武刘氏。据仁武刘氏族谱记载，台湾高雄仁武村刘氏的入台时间是明末清初，开基始祖刘成。刘成原籍江苏常州府无锡县二十

四都，这支家族的世传郡望是"彭城郡"，至今仍自称为彭城刘氏。渡海来台的原因大约是随郑成功的部队抗清入台。刘氏家族以种稻起家，后来家业兴旺，富甲一方，成为台湾高雄县仁武村的名门望族。随着家族的发展壮大，仁武刘氏有一支族人还播迁至台南县的永康，而且在那里同样基业雄厚，堪称望族。据记载，这支刘氏家族到今天已经繁衍为数千户人家，族人踪迹遍及台湾全省各地，但仍以仁武和永康两地为大本营，族人世代聚族而居。

仁武刘氏修撰自己的族谱，并在仁武村仁春巷建立了刘氏宗族祖庙——长春祠。这是一座规模宏伟的有江苏风格的传统建筑，有三正房，三落院，左四右五九间侧房，称为"三房九龙"。每年的正月二十三日，刘氏家族都要在"长春祠"举行一年一度的祭祖大典和宗族联欢活动。

新埔枋寮刘氏，又称瑞阁刘氏，或枋寮瑞阁刘氏。瑞阁刘氏形成于清中期，来自广东潮州，渡台时期是在清朝乾隆二十年（1755年），以刘延转入台开基始祖，以刘源明为受姓第1世大始祖。清朝乾隆二十年乙亥（1755年），入台开基始祖刘延转（字学悟）兄弟三人随母詹氏自潮州杨康乡渡海迁台湾，落籍台湾省淡水厅盐水港（今台湾新竹香山）。登陆台湾后，刘氏兄弟胼手胝足，披荆斩棘，开垦荒地。大约在公元1790年，刘延转又举家迁入新埔枋寮，后裔世代居于此，形成台湾刘氏的一个重要支派。据今人台湾刘天桢先生所编《瑞阁刘氏家乘》记载，瑞阁刘氏属于中山刘氏大宗中的客家刘氏一派。开基始祖刘延转，原籍广东省潮州府饶平县杨康乡，是开姓大始祖刘源明的第158代孙、客家刘氏入粤大始祖刘开七的第22代孙、广东潮州杨康始祖的第12代孙。据族谱记载，当年客家人入粤大始祖刘开七生子刘广传，刘广传生十四子，其中第四子刘巨渊因乱世从福建宁化县迁到福建上杭县苦竹村。刘巨渊生八子：刘滤、刘沄、刘清、刘潼、刘澄、刘淀、刘沧、刘深。刘清居广东大埔，他的儿子刘祥富，居广东大埔松柏坑，又生八子，分居江南各省。刘祥富生子刘承信。刘承信的第3个儿子刘四十九郎，原居海阳新安寨，后移居石井，生一子名叫刘建阳。刘建阳官至颍州通判，又从石井移居广东潮安溪口，成为溪口刘氏的开基始祖。刘建阳的曾孙刘信卿，又于明朝洪武十五年（1382年）由溪口迁到饶平杨康乡，后裔形成杨康刘氏。刘信卿的第12代孙就是入台始祖刘延转。枋寮刘氏到今日，已传到入台开基始祖刘延转的第20代，人口发展到三千余人。刘氏族人主要集中在新埔，广泛分布在全台湾各地，从事农、工、商、学、政各种行业。

辨姓联宗

辨姓联宗，就是分辨姓氏，联络宗亲，同姓未必同宗，异姓可能同宗。

现在中华大地上盛行寻根认祖的热潮，海外侨胞与港、澳、台同胞纷纷到大陆拜祖，为此，不少地方政府和社团为海内外炎黄子孙的寻根祭祖、宗亲联谊活动牵线搭桥。例如：2011年4月5日是中国人的清明节，上午在18声礼炮中，中国·洪洞二十一届大槐树寻根祭祖大典在山西洪洞大槐树寻根祭祖园举行，来自台湾、山东、河南等十八个省市的古槐后裔聚首古槐遗址，缅怀六百多年前大槐树百万大移民的沧桑历史，共话同根亲情。台湾亲民党主席宋楚瑜参加了大典，与来自海内外的万余炎黄子孙汇聚于此，虔诚祭祖。本届祭祖大典由正祭、民祭两个部分组成。正祭由宋楚瑜敬献花篮拉开帷幕。随后相关领导分别敬献花篮，洪洞县县长段新恭诵祭文。参加仪式的各界人士向大槐树移民先祖行三鞠躬礼。随后宋楚瑜上台致辞，公祭仪式简洁凝练、庄严肃穆。民祭是活动最能体现地方文化特色。在民祭主持人主持下，敬三牲，祈求天下太平、六畜兴旺。奉五谷，祈求国泰民安、五谷丰登。供肴馔，寓意古槐后裔聪明伶俐、生生不息、血脉相连、代代相传。由来自台湾的古槐后裔献百果，寓意后裔认祖归宗。还有敬香、奠酒，一个个环节虔诚凝重，把古槐后裔对先祖的感怀之情表现得淋漓尽致。365名合唱队员摆成"根"字造型，台湾歌手童安格一曲《把根留住》，将大槐树"根"的内涵、"根"的理念和古槐后裔"恋根"的情怀，阐述得淋漓尽致。最后，象征24个节气的24组彩烟缓缓升腾；象征12个月的12响彩炮一起鸣响，祈愿来年古槐后裔吉祥平安，中

华民族繁荣昌盛。

很显然，寻根认亲的热潮，推动了传统姓名文化的研究工作，因为寻根拜祖难免辨姓联宗，同一姓氏是否就是一个祖先的血脉，人们常说的"五百年前是一家"，未必如此。同姓而异源，当然就不是同一位祖先的后代了，详见本书姓氏篇里刘姓的不同起源。

在中华姓氏历史上，刘姓跟唐姓、杜姓、士姓存在异姓同宗的现象。据《左传·昭公二十九年》记载，刘姓的始祖可追溯到陶唐氏（即尧帝的氏族）尧帝的后裔刘累，刘累跟随豢龙氏董父学驯养龙的技术，并专门给夏王孔甲养龙，孔甲很喜欢他，按照"胙土命氏"的惯例，孔甲赐他氏叫御龙，即御龙氏，并把原属于豢龙氏的土地赐给他，因刘累为陶唐氏之后裔，故他的封地名叫唐国，刘氏之后亦因而被称为唐氏。周武王建国后，到周成王时，周成王灭了唐国，将唐国分封给其弟叔虞（又称唐叔虞），把唐氏之后代迁到了杜这个地方，因此，唐氏改称杜氏，或称唐杜氏。周宣王时，杜伯受周宣王一个宠妃陷害，被周宣王杀害，其族人纷纷出逃。杜伯的一个儿子逃到晋国，在晋国担任士师的官职，其后代就以"士"为氏，晋襄公时，士氏家族的士会为晋国大臣。晋襄公死后，由于太子夷皋尚幼，晋国的大臣赵盾想拥立襄公之弟雍为晋侯，由于雍当时在秦国，赵盾派士会去秦国迎雍回国继位。但太子夷皋之母闻知此事后，天天找赵盾哭闹，赵盾怕引来杀身之祸，不得已拥立夷皋，这就是晋灵公。由于这时公子雍已随士会离开秦国到达了晋国的边界，但一国不能有二君，于是赵盾只好又亲自领兵将护送公子雍的秦军击退，士会也只好随公子雍逃到秦国。士会到秦国后，一直帮助秦国出谋划策打击晋国，晋国只得于数年后设计把士会招回晋国。士会继续在晋国为官，而他的家人却留在秦国，他们不再用在晋国的氏号，而以其祖先的姓刘为氏，"刘"同时亦寓"留"秦之义。据说，汉高祖刘邦就是出自此支刘姓的。

刘姓不仅在汉代成为国姓，而且在后来的蜀汉、南朝宋、五代后汉三个朝代中都称孤道寡，刘姓统治中国前后共达500余年。由于刘姓皇帝统治时间长久，优越的政治、经济地位，保证了其子孙的广为繁衍，据《汉书·平帝纪》载："惟宗室子皆太祖高皇帝子孙及兄弟吴顷、楚元之后,汉之至今,十有余万人。"可见从汉高祖刘邦到汉平帝200多年的时间,皇族刘氏家族人口发展到十几万人,这些人都是同姓同源,他们是同一位祖先的后裔。

刘姓皇帝以其姓氏赏赐予功臣,如"鸿门宴"里面有一位项伯,他虽然是项羽的叔叔,实际上却悄悄帮助刘邦,刘邦建立汉朝,就赐项伯、娄敬等人姓刘,导致项姓、娄姓家族改姓刘氏,这就是同姓异源的史实,这种情况当然就不是同一位祖先的子孙了。

根据《宋书》记载,南朝宋有王族刘诞,本为文帝第六子,封广陵王,后因罪被杀,其后被贬为留氏。南宋留正公《清源留氏族谱旧序》云:"按世家录云,尧登高山观洪水,袁妃从焉,因见日累累而行,遂有娠而生子。七日,左手不开。帝曰:'朕之嫡子何尝有疾',遂以水巽之乃开,中有文曰:'戴卯玄系,重田居中'。帝曰:'戴卯在上,玄系在下,而重田居中,以文折之,则一田在卯,下为留字,一田在系上为累字。天降此子,蕃我苗裔,宜以留为姓,以累为名。我虽伊祁氏,可称此子为留累侯,都彭城之封邑曰丰县,此留姓所由来也。"晋江留氏族谱《留氏世家序录·赐姓源流》则记载:「昔帝尧登高山观洪水,一妃袁氏从焉,因见日累累而行,遂有孕而生子,子生七日而左手不开,帝取水噗之,其手乃开,中有八字云:"戴卯玄系,重田在中"。帝曰:"天降其子,蕃我苗裔,宜以留为姓,以累为名。"封为留累侯,都徐州彭城县之丰邑。」留姓源传说充满神奇的色彩,而且与刘氏得姓的传说相似。故又有留、刘同宗之说。

风 俗 篇

中国自古就有重视风俗的传统，风俗是特定社会文化区域内历代人们共同遵守的行为模式或规范。本篇主要介绍与姓氏有关的风俗，是我们定姓命名的依据，分以下几部分介绍：辈字入名、亲子连名、生肖星座、名魂相通和避讳国姓。旨在增强读者对姓氏风俗的宏观了解，引导读者进入微妙的姓名世界，使我们能够较清晰地认识在人物命名时需要注意的一些问题。

◆ 辈字入名

辈字，又称昭穆、派字、行派、派序、派语、班次（班列的次序），用来表明同宗家族世系血缘远近以及辈分关系。家谱中的辈字对于理顺整个家族或家庭的血缘关系，具有十分奇妙的无可替代的作用。按辈字入名，又叫谱名。宋以后，尤其明清，辈分字命名法最盛行。

辈分字命名源于何时？

辈分字命名法萌芽于汉朝末期，形成于南北朝，唐朝以后就逐渐盛行起来。汉末刘表有两个儿子，分别叫刘琦和刘琮，兄弟二人的名字都以"玉"字为偏旁，体现了两者的统一性。这是中国早期的带有辈分特征的名字。在南北朝，一些帝王家族普遍使用辈分字起名，如：宋武帝刘裕有七个儿子，名字分别是义符、义隆、义真、义康、义恭、义宣、义季，把"义"字作为共用字，表示辈分；梁武帝有八个儿子，名字分别是续、综、统、纲、绩、纶、绎、纪，都含有偏旁"纟"。到宋朝，制订辈分字习俗已成为制度，此时，辈分字不再是由父辈临时为儿辈确定，而是规范了家族辈分字，即由家族统一为后来的世世代代规定好辈分字，当家族的一代新生儿出世后，就对号入座按照规定的辈分字起名。如宋太祖赵匡胤为家族后人规定了十三代辈分字：德、惟、从、世、令、子、伯、师、希、与、孟、由、宜，也就是说，赵匡胤儿子辈的姓名中必须含有"德"字，孙子辈的姓名中必须含有"惟"字，依次类推。赵匡胤的用意是从他这一代人开始，以"匡"为辈，加上上面的13个辈分字，恰好是一幅字辈对联：

匡德惟从世令子

伯师希与孟由宜

可见，字辈谱并非随意编写的，它们或由一首诗组成，或是一句含义深刻的话，或是一副对仗工巧的对联，每个字代表一代人，表达了一个家族或家庭的理念，以寄托先祖对本家族的愿望。

字辈谱最完整、最有代表性的就是被历代帝王奉为"圣人"的孔子家族。孔子后代的字辈谱是中国历史上辈分延续时间最长、包罗内容最丰富的字谱，以一首五言诗表述如下：

希言公彦承，

宏闻贞尚衍。

兴毓传继广，

昭先庆繁祥。

令德雏垂佑，

钦绍念显扬。

建道敦安定，

懋修肇益常，

裕文焕景瑞，

永锡世绪昌。

宋太祖赵匡胤首先给孔子后代钦赐辈字："希言公彦承，宏闻贞尚衍"。明代万历神宗朱翊钧钦赐"兴毓传继广，昭先庆繁祥"这十代辈字。清朝咸丰皇帝钦赐"令德雏垂佑，钦绍念显扬"。1774年，乾隆皇帝非常尊敬孔子，又给孔子后裔重赐了从66代到

85代的三十字辈：希言公彦承，宏闻贞尚衍。兴毓传继广，昭先庆繁祥。令德维垂佑，钦绍念显扬。1920年，孔子的第76代人孔令贻又在这三十个字后续修了二十个辈字，并经北洋军阀政府内务部加盖印章批准遵照执行：建道敦安定，懋修肇益常，裕文焕景瑞，永锡世绪昌。

　　根据以上排列辈分，如果我们看到孔子的后裔的姓名中间的字，就可推算出其辈分。如全国政协委员中有孔祥祯、孔令明、孔德懋，看其族谱辈字就可以知道前二人是孔子的75、76代孙，后一人是孔子77代孙。

　　清王朝从康熙皇帝开始皇室成员采用辈谱字取名。清朝皇室成员姓氏都是"爱新觉罗"，在满语里，"爱新"是"金"的意思。满族人入主中原建立清朝后，他们的姓氏并没有改，但名字起的全是汉名。比如康熙皇帝的姓名：爱新觉罗·玄烨，玄烨就是他的名字，"玄烨"在汉语里是非常宏大光辉的意思。康熙皇帝开始按字辈命名，不仅规定了必用字，而且规定了第二字的偏旁，雍正皇帝是康熙的第四子，起名叫胤禛。雍正这辈兄弟的第一字皆用"胤"字，第二字必须是带"示"旁的字，如胤禛、胤祺、胤祯等。乾隆皇帝起名叫弘历，乾隆这辈兄弟的第一字皆用"弘"字，第二字必须用"日"旁的汉字。乾隆规定在"弘"辈以下选用"永、绵、奕、载"四字作为取名辈字。道光皇帝的名字为旻宁，道光又在"载"之后亲定"溥、毓、恒、启"四代辈字。咸丰皇帝又在"启"字辈下补充"焘、屹、增、祺"四字为辈字。因此清朝皇室从雍正辈起，取名用字的顺序是：胤、弘、永、绵、奕、载、溥、毓、恒、启、焘、屹、增、祺。到了末代皇帝溥仪的"溥"字辈，清王朝就被推翻了，爱新觉罗氏以后取名有的还使用这些辈字。

　　以辈字起名，有的家族把辈分字放在姓名中间，也有的把辈分字放在姓名的最后；还有的家族上代辈字在前，下代辈字在后，再下代人起名又把辈字放前。如某家族"万"字辈下是"民"字辈，万字辈的人起名：万明、万全、万方等；民字辈的人起名：维民、海民、兴民等。还有的一代双名，一代单名，单名以偏旁相连，循环反复，延续下去。

风俗篇

用表示排行的辈分字起名是中国历史上影响之大、范围之广、时间之久的民俗,上从皇室家族,下至黎民百姓,甚至和尚道士都有此讲究。宋以后,尤其明清,辈分字命名法最盛行。至今,从农村族谱中也可看出这一现象。

刘姓字辈汇编

江西省南昌市南昌县蒋巷流湍刘氏字辈派语:平世均汉孟,太宗朝尚国。启光从与懋,敬以宏天德。元士献廷言,达守承先则。纯懿显名扬,美盛兴贤伯。邦运应昌期,远代昭成烈。

江西省吉安市青原区新圩镇江头村刘氏字辈派语:大学文宗主,朝廷尚贤良,世德克承守,方显永昌邦。续辈字:汝以惟同本,怀恩在启承,君常崇友敬,修习应时兴。清同治五年修族谱时,其中大学文忠主不为字派,开始使用字辈为朝字辈,目前已到克字辈。堂号:用和堂。发源地为泰和珠林刘氏,源流世系:况公→嵩公→逊公→*(王+区)公→谅公→利宿公→宗回公→延景公→在中公→拂丁公→志宏公→宣公→如惠公→*元埜公→异可公→诗寿公→福鼎公→象震公→文忠公(岗头世系)→汝→景→仕→尧→浩→万→禹→從→文→兆→主→朝→延→尚→贤→良→世……。开基祖刘文忠于洪武八年由江西泰和万合湖头迁入吉安府庐陵县岗头村,即现江西省吉安市青原区新圩镇江头村。

江西省吉安市永新县刘氏字辈派语:在斯能开茂,志世可其昌,忠厚传家远,万事永流芳。

江西小宜春市丰城市"天禄堂"刘氏字辈派语:明士大贤,定国平康,敦厚培善,永乐家昌。

江西省吉安市青原区天玉镇流坊村刘氏字辈派语:庭日维新命,林和道吉祥,忠厚本家训,诗礼保世长,存心守仁义,立志学贤良。

江西省赣州市信丰县安西镇上堡长排村曹寨刘氏字辈派语:子得云显守,定仕应兴胜,上添长吉相,兰桂正馨成,庆积宗功懋,声华祖泽扬,淳良崇礼道,秀丽富文章,君启怡国宏,蔚起登朝廷。

151

辽宁省营口市大石桥市永安镇辉庄屯村刘氏字辈派语：绍乐延基，兴辰周业，佩振家声。

江苏省盐城市阜宁县吴滩乡两港村刘氏字辈派语：敬守成佳训，延坤广德功，名贤昌百世，以序显其宗。1990 年增续：天地万宝联，日月乃光源，君怀强国志，史书众人题。该支刘氏系出彭城，派分高桥，由元及明，嘉靖年间刘爱泉自海州高桥因岁荒迁居。海州高桥应为现今的江苏省连云港市东海县一带。明隆庆年间（1567—1573 年）由海州而来淮东庙湾村射湖东路家庄，今属江苏省阜宁县施庄乡董路村，历时二十余载，爱泉公仍回海州而居，临终命三子曰："吾走矣，不能往"而盍去。二亲化鹤之后，廷瑛、廷瓒、廷标昆仲三人承父之命，复迁路家庄作宅而居，三公寿皆耄耋，相继而终。三世公刘显吾，创业给粮，以为旧址。其后，显吾公八世孙刘士龙北迁十余里，地号施家洼，今属阜宁县吴滩乡两港村。刘氏自明代以来，支派繁衍，所在多有，而有高桥迁阜宁，只有爱泉公，故历年修谱，以爱泉公为可知之祖。

江苏省徐州市铜山县青藜堂刘氏字辈派语：卓，宝，兴，智，德，长，安，万，世，传，延。

江苏省徐州市沛县沛城镇刘氏字辈派语：大守道尊祖，兴隆昌盛爱，华承先忠孝，仁义礼智世。江苏沛县沛城镇刘氏，属于沛邳刘氏大宗，乃高祖刘邦之后裔，汉宣帝刘询之玄孙，楚孝王刘嚣之曾孙，孺子婴帝刘婴（西汉十二代帝王）之直裔也。先祖为避西汉末年纷争，由长安回迁丰邑中阳里金刘寨老家，后又迁至沛邑乡贤里定居。

江苏省徐州市邳州市议堂镇虎丘村刘氏字辈派语（刘开长子刘洪治系）：标进光明政，举公庆德昌，万家尊信守，福共继天长。江苏邳州刘氏，属于沛邳刘氏大宗，乃高祖刘邦之后裔，汉宣帝刘询之玄孙，楚孝王刘嚣之曾孙，孺子婴帝刘婴（西汉十二代帝王）之直裔也。先祖为避西汉末年纷争，由长安回迁丰邑中阳里金刘寨老家，后又迁至沛邑乡贤里定居。元至正年间，高祖五十五世孙刘开公、刘问公兄弟二人，为避河决之患，举家迁至邳州议堂虎丘。

江苏省徐州市邳州市官湖镇坊上村刘氏字辈派语（刘开三子刘

洪钧）：林照尧钦济，业为基铸汉，材耀奎钟永，树焕培鑫泉。江苏邳州刘氏，属于沛邳刘氏大宗，乃高祖刘邦之后裔。

江苏省徐州市邳州市艾山西村刘氏字辈派语（刘问次子刘洪谟）：学成广同登，怀运昌昭艾，明跃兰桂山，步良清里西。江苏邳州刘氏，属于沛邳刘氏大宗，乃高祖刘邦之后裔。

江苏省徐州市邳州市赵墩镇崮子村刘氏字辈派语：忠汉树薰培，锦洪相照敦，宗兴家普益，备永韶美文。江苏邳州刘氏，属于沛邳刘氏大宗，乃高祖刘邦之后裔。

江苏省盐城市建湖县刘氏字辈派语：卓彦家正颂，仁守纪良志，立恒在礼仪，启万远长泉。江苏邳州刘氏，属于沛邳刘氏大宗，乃高祖刘邦之后裔。

江苏省连云港市东海县刘氏字辈派语：简首大汶云，元宝恩秀空，敬韶耀光明。

江苏省徐州市睢宁县高作镇小河刘氏字辈派语：学成广同登，怀运昌昭艾，明跃兰桂山，步良清里西。睢宁县高作镇小河刘氏，属于沛邳刘氏大宗，派出邳州艾山西村刘氏（刘问次子刘洪谟系）。

四川省巴中市平昌县刘氏字辈派语：大德元品正，英仕远少之，金玉于榜用，真如永可依。

四川省广安市广安区广罗乡空石山刘氏字辈派语：文国登大时，开世三宗仕，朝廷天玉成，仲定昌泰思。2009年新修20字辈：修平齐圣贤，儒道作学传，德显生灵济，华宇功名延。先祖刘文公之三世孙登高祖在康熙四十年（1701年），从湖广来川，生三子，大子大荣分占台子沟，次子大华分占水竹沟，三子大富分占胡家湾，三房各分户册，七十余人。刘文生三子：国清，国秀，国相，大房国清后裔失考，二房国秀生登基、登成，三房国相生登高、登汉。

四川省宜宾市兴文县刘氏字辈派语：四玉农光国正春，敬主启家地元本。

贵州省贵阳市开阳县龙水乡刘氏字辈派语：凤应宗开仕，纯儒启汉英，福德长春茂，荣华永兴隆。

北京市通州区刘氏字辈派语：邦登龄万章殿振。据老人说，这支刘氏是山西大槐树人，搬到今天河北衡水大刘庄（东槐刘），后搬到北京通州。

湖南省衡阳市衡阳县金兰镇刘氏字辈派语：四永元是文，重庆君子才（音），德晋朝廷昌，国肥忠孝培。

山东省威海市文登市刘氏字辈派语：永恒泰元清，玉广吉长庆，福德万世荣。

山东省青岛市黄岛区刘氏字辈派语：殿德洪光振，金圣大业成（或者：金相泰焕壁）。

山东省济南市章丘市埠村街道刘氏字辈派语：福哲文克，祖培镇清。

山东省济南市济阳县刘氏字辈派语：长乃修厥德，春序仁宗佩。

山东省菏泽市牡丹区李村镇刘屯村刘氏字辈派语：嵩信学传彰，照明庆大祥，原本晋世泽，文华鲁恒昌。刘屯村刘氏自二十三世辈分如下：嵩……昌。二十三世之前辈分不详。据现家谱记载，刘屯村刘氏始祖于明初洪武八年由山西洪洞老鸹窝移民至山东曹州府西北45里刘庄（现南刘庄），由于原家谱在太平天国时期因火灾遗失，故祖名生卒年月不详。

山东省枣庄市滕州市古滕大刘庄刘氏派字：守真希书，近儒临端，崇正显徽，世毓庆观，广文体宪，德尚永光，兴盛运启，和善继昌。山东古滕大刘庄刘氏，始祖自明洪武二年由山西洪洞迁居大刘庄，家祠堂号"崇善堂"，现存明清时期建筑风格的家祠一座，已是山东省重点文物保护单位，祖茔内保存明万历七年祖碑一确，本族曾五修族谱，古滕刘氏从开基始祖刘元的第17世开始，使用如下统一的字派：守真希书，近儒临端，崇正显微，世毓庆观，广文体宪，德尚永光，兴盛运启，和善继昌。目前崇善堂刘氏已到23世。

山东省泰安市刘氏字辈派语：元守丙常，世传段方。

山东省济宁市微山县西平乡西平村刘氏字辈派语（20世－34世）：毓广希盛昭，逢天传万世（逢璧承万冠），善继保长鸿（汉存延长鸿）。

贵州省毕节地区威宁彝族回族苗族自治县得胜坡刘氏字辈派语：元尚金文，开品万向。贵州威宁得胜坡刘氏，由于时代变迁，家谱散失，据老辈人口传，属明洪武初年"调北征南"入黔，祖辈仅留约清康熙末年字辈：元、尚、金、文、开、品、万、向。

重庆市奉节县刘氏字辈派语：景荣万代兴，发光昌盛明，忠孝传遗致，吉祥礼义深，家有人立足，富贵永长春。

安徽省池州市青阳县"藜照堂"刘氏字辈派语：怀广思家大，朝荣庆有恒，道先来克首，绍世继其宗。

安徽省巢湖市"光裕堂·彭城"刘氏字辈派语：廷有宗曰大，邦多士必奇，希先名永锡，裕后德同居。

安徽省宿州市萧县刘氏字辈派语：金爱明汉玉，瑞光继世长，崇德兴文胜，广学振永昌，培吉忠宪立，肇晏庆华章。

四川省自贡市富顺县刘氏字辈派语：德在成开，正大光明，家传克绍，祖训惟敦，仁存久远，善积辉腾，慎思有道，述绪满盈，天书世守，永兆升平。

浙江省衢州市衢江区峡川镇桥头村刘氏字辈派语：宗永宪希兴，荣贤圣显存，元顺有志大，泰良忠国真，恭宽信敏惠，乾坤利亨贞，广训文华盛，伦昌世德崇。

四川省内江市隆昌县刘氏字辈派语：永远孝义，嗣惟运儒，思念宗祖，继吾從本，汉朝复兴，帝胤长延，安邦定国，明亮光显，敬成有德，四代渊源，若从正大，能知刻全。

湖北省黄冈市麻城市刘氏字辈派语：超正先修理，荣宗德永传，开基思定宇，世兆启文元。此派是汉高祖刘邦后裔，远祖迁居湖北省黄州府麻城县。

湖北省恩施土家族苗族自治州利川市南五堡刺竹槽刘氏字辈派语：正宗志大定，清朝庆天文，克应兰支玉，祈世必相臣。刘姓读者克根据此派语寻找湖北利川同宗。

湖北省直辖天门市刘氏字辈派语：中以立行，学可成名，先贤苊楚，燮理镜清。

湖北省鄂州市刘氏字辈派语：开源迀廷贵，玉庆端学，臣懋经常，万龄应祚，仁厚传家，会合源恒富，修培祖荫全，伦明恩信美，秩晋序同联，吉大占孚泰，和贞义式乾，乙辉长焕发，家学衍心传。从开字辈到传字共60个字。

辽宁省丹东市凤城市刘氏字辈派语：尚登文启英，国志享恒中，玉福成发财，永元聚宝丰。

辽宁省营口市盖州市旺兴仁乡刘堡村刘氏字辈派语：思英太永，洪世曰士，义廷同忠。民国年间从山东后续十代：福德恩善广，吉庆有余昌。该刘氏家族于清朝初年从山东省登州府文登县鸭儿湾始迁现辽宁省盖州市卧龙泉乡，至今已经历三百年。

湖北省襄樊市襄阳区东津大旺洲上洲刘氏字辈派语：而起定可，荣光耀发，作善治祥，有者必昌，安怀贤泰，福则宏长，明达迁移，礼道顺康，厦本远大，誓守易方。

湖北省荆门市刘氏字辈派语：欣光士祥，维汝继启，善守良奇。

湖北省荆门市东宝区子陵镇万家坪村刘氏字辈派语：刘于正全，士启永兴，开祚成守，传季延明，修志光宗，昌德厚本，家国尚才，儒学广生。

湖南省郴州市刘氏字辈派语：朝臣元尚良，尊先贤肇运，继启发昌明，敦本传家顺，诚心自守成。

湖南省岳阳市华容县刘氏字辈派语：天国祖邦钦鸿廷，永文昌德世忠贞，有时显著云龙际，扶保王朝寿宇清。

湖南省娄底市冷水江市中连乡中连村刘氏字辈派语：侍必共宗子，宜承万亿百，汝志添景有，思文朝代正，尚国世时昌，祖荣光祺庆，继述辉先绪，嘉谟启后人，传家惟孝友，雍睦一堂春。

安徽省宿州市刘氏字辈派语：启、光、明、正、朝、锡、志、体、道、从、言。

天津市静海县刘氏字辈派语：万应文仲志，永福廷世正，继国泰启邦，荣华显宗裔，先积泽丕振，祖贵克武纯，立之本代德，秉章焕经馨。这支刘氏祖籍天津静海，据老人讲，其祖先是从南方过来的。

云南省昭通市刘氏字辈派语：世代为帮正，纲纪守荣华，祖宗大法事，永远应朝廷。

云南省昭通市刘氏江西起脉派字：尧如尚光雨，文章华国泰，诗礼传家兴，天长世代盛。云南昭通刘氏族谱上记彭城郡，源自江西太原府太和县哦江大坝，始祖刘世初、刘命世，后移湖广宝庆府邵阳县西路洪城地名五都车塘铺飞山张公庙，又迁四川成都省直棣资州仁寿县东林乡新五甲大地名佘家坝小地名刘家沟，生四子：文胜、贤、通、彬，以后又迁雷波，云南昭通。

广西壮族自治区贺州市一支刘氏字辈派语：梅臣圣澄，顺才日耀，月光天佑。

广东省汕头市潮阳区谷饶仙波（新坡乡）刘氏字辈派语：昌英瑞奕茂，盛世启文明，诗书华国宝，礼义振家声。

河北省邢台市威县刘氏字辈派语：广华万世昌，安邦庆永祥，民心从大道，勤学自成章。

河南省信阳市光山县刘氏字辈派语：万世崇恩义，家兴汉道昌，永存文学志，定国庆元良。

河南省濮阳市华龙区南里商刘氏字辈派语：（原派）树人宗光显，培善传世长，格先子孝顺，继志自荣昌。（现派）树人宗世泽，格先子孝顺，继志自荣昌。

河南省信阳市光山县城关镇刘氏字辈派语：尚领承汉宗，功源德本大，单文世之发，孝义传家声，立定光先祖，诗书启后坤，明贤开业远，学仕建基深。

河南省信阳市新县新喻刘氏字辈派语：尚领承汉宗，功源德本大，单文世之发，孝义传家声，立定光先祖，诗书启后坤，明贤开业远，学仕建基深。

亲子连名

一个家族内不同代的人名中都含有一个共同的字，这就是亲子连名。

旧时对当朝皇帝及其祖先的名字都要避讳，既不能写，又不能叫，万不得已遇到它，都要用另字替代，或是读成别音，这就是"国讳"，比如：司马迁写《史记·宋微子世家》时，开头就这样记:"微子开者,殷帝乙之首子而帝纣之庶兄也。"微子的名本来叫启,司马迁把"启"写作"开"的原因,是避讳汉景帝刘启的名。再如中秋节时大家必会想起的美女嫦娥,其名本叫姮娥,因汉文帝名叫刘恒,便避讳成现在的叫法了。受此"国讳"影响,也出现了"家讳",晚辈不能用长辈的名字。但是"家讳"没有那么严格,古今都有子孙的名字含有爷爷或父亲的名字中的一个字,如周厉王名"胡",其后周僖王名"胡齐";周穆王名"满",到周襄王时,《国语·周语》和《通志·氏族略》记载周襄王的儿子、周顷王之孙的名也叫满,被称为王孙满;中国前任总理李鹏,其子李小鹏;毛泽东的外孙女孔东梅(其母亲是毛泽东长女李敏,父亲是孔从洲将军之子孔令华)和他一样下巴长了一颗痣。1972年毛泽东看到李敏刚生的孩子照片,给她取名"东梅","东"是他名字里的一个字,"梅"又是他平生最爱的植物。

  中国人取名字不讲避讳的例子也很多,东晋书法家王羲之家族就采用父子孙连名方式命名,儿孙们的名字中大都含有"之"字,如五个儿子分别叫王玄之、王凝之、王徽之、王操之、王献之;孙子中有王桢之、王静之,曾孙王翼之,直至王羲之的10世孙王熊之。进一步查证,琅琊(今山东临沂)王氏至少在十代内都有含"之"的人名,根本不讲避讳。不只如此,在魏晋南北朝时期,除了王氏几代共用"之"字入名,当时琅琊的颜氏、范阳的祖氏、东海的徐氏、山东的孔氏、河间的褚氏、陈留的阮氏、南阳的范氏等有名的家族,也都出现了父子名字共用"之"、祖孙名字同用"之"、兄弟名字同用"之"的现象。可见,"之"在名字中特别受青睐,地位高者,权力大者,特别是当时的显贵士人,名字里往往都带一个"之"字,似乎是当时精英人士的标志和荣耀。如为《三国志》作注的南朝宋人裴松之、东晋时著名将领刘牢之、北魏著名道士寇谦之,这些人的名字里都未离开"之"。晋代的皇族对"之"字也情有独钟,如晋宣帝的弟弟、安平献王叫司马孚之,儿子、汝南王叫司马亮之,后代还有司马景之、司马昙之等。

  喜欢在名字中用"之"字,成为魏晋时期人名的最大特色,此风气影响到了后世的起名,甚至在今天,效尤者亦多。

不但汉族有亲子连名的习俗，我国少数民族如蒙古族、苗族、彝族、高山族、彝族、哈尼族、景颇族、纳西族、佤族也流传着比较原始的"口传亲子连名"习俗，这种亲子连名制也能表示辈分，据张联芳主编《中国人的姓名》介绍，景颇族的父子连名就是在子辈的名字上冠以父名的末一个或两个字，如景颇族荣姓某家33代的姓名分别是：毛母伦→母伦贡→贡麻布→布阿昌→昌佐标→佐标得→得木荣→木荣飘→飘碧央→央伦勒→勒等遮→遮刚佑→刚佑九→九冲车→冲车约→约奥钉→钉洛峨→洛峨张→张鲍→鲍奴→奴佣→佣登→登陆→陆格→格程→程六→六仲→仲崩→崩昌→昌克→克姜→姜宗→宗烧。景颇族的连名制是把父名作为子名的首字放在前面，还有相反的情况，即把父名放在子名的后面，佤族即采用这种方式，如西盟马散艾拉特家人的连名谱系是：普依其司岗→良普依其→康良→希勒里连姆康→尼希勒→格罗姆尼→怪格罗姆→格洛怪→勒格洛→坎勒→孟坎→苦特孟→克勒苦特→炎克勒……维吾尔族也采用这种方式，如卡迪尔·艾山→吐尔逊·卡迪尔→马木提·吐尔逊……学术界称前一种方式为前连型亲子名，后一种方式为后连型亲子名。由于口传连名谱中的字数是有限的，因此，随着人口的增加，就不可避免地会出现重名现象。高山族的人们为解决这一问题，就根据重名者的一些显著特征给他们加上不同的外号，如"舒拉"（大地之意），加上外号就有了胖子舒拉、大个儿舒拉、黑舒拉等，这也给高山族的姓名增添了不少情趣。

◆ **生肖星座**

十二生肖，是由十一种源于自然界的动物即鼠、牛、虎、兔、龙、蛇、马、羊、猴、鸡、狗、猪以及传说中的龙所组成，用于记年，顺序排列为子鼠、丑牛、寅虎、卯兔、辰龙、巳蛇、午马、未羊、申猴、酉鸡、戌狗、亥猪。虽然十二生肖是中国传统的民俗，但在越南、印度、埃及、墨西哥、欧洲多个国家和民族也广泛使用十二生肖。中国有许多诗人写有描绘十二生肖的诗词。中国人往往以十二生肖中的动物来比喻人的性格、特征、习性等。

中国古代星座的成就要比西方早，中国人说三垣28宿，把天上星座分成三大块28类，而不是只有西方的12星座。本文介绍的是占星学中的12星座。十二星座即黄道十二宫，是占星学描述太阳在天球上经过黄道的十二个区域，包括白羊座、金牛座、双子座、巨蟹座、狮子座、处女座、天秤座、天蝎座、射手座、摩羯座、水瓶座、双鱼座，虽然蛇夫座也被黄道经过，但不属占星学所使用的黄道十二宫之列，在占星学的黄道十二宫定义只是指在黄道带上十二个均分的区域，不同于天文学上的黄道星座。而经国际天文学联合会在1928年规范星座边界后，黄道中共有13个星座。十二星座代表了12种基本性格原型，一个人出生时，各星体落入黄道上的位置，正是反映一个人的先天性格、天赋及行为的表现方式。

根据占星学说，各个星座与人的各方面有对应关系如下：

星座	人生阶段	人体部位	性格特征
白羊座	婴儿	头	勇气、斗志、好胜
金牛座	幼儿	颈 喉咙	谨慎、温和、务实
双子座	儿童	手 臂 肩 肺	机智、善变、好奇心旺盛
巨蟹座	少年	胸 胃	敏感、情绪化、外刚内柔
狮子座	青年	脊椎 心脏	慷慨、霸气、自尊心强
处女座	青年	肠 神经系统	镇静、善辩、完美主义
天秤座	成年	下背 臀 肾脏	自恋、追求公平
天蝎座	成年	生殖器官	神秘、爱恨分明、占有欲强
射手座	壮年	大腿	乐观、诚实、爱冒险
摩羯座	老年	骨头 关节 膝盖	意志坚强、专注力高、勇敢
水瓶座	重生	小腿	睿智、独立、叛逆
双鱼座	灵魂	足踝 脚掌	浪漫、富同情心、不切实际、优柔寡断

12星座的时间每年都有1~2天的差异，划分星座的关键是节气。比如，水瓶星座与双鱼星座的分界是雨水，只要使用精确的万年历，查到雨水的时刻就可以区分了。

占星学中的星座如下：

白羊座	3月21日—4月19日
金牛座	4月20日—5月20日
双子座	5月21日—6月21日
巨蟹座	6月22日—7月22日
狮子座	7月23日—8月22日
处女座	8月23日—9月22日
天秤座	9月23日—10月23日
天蝎座	10月24日—11月22日
射手座	11月23日—12月21日
摩羯座	12月22日—1月19日
水瓶座	1月20日—2月18日
双鱼座	2月19日—3月20日

生肖与星座组合反映的人生信息如下：

摩羯座（山羊座）：12月22日—1月19日出生的人

鼠：性格上显得犹豫不决，经常自我怀疑；感情丰富，思考能力很强，好幻想，事业上需要与一位十分亲近的人合作。

牛：本性纯良，易与人相处。对演艺音乐兴趣浓厚，可出成就。请注意把握方向，人生若无目标，便是浪迹天涯。

虎：性格敏感，情绪不稳，刚愎自用，是一个自我主义者。对家庭尽心尽职，在工作上聪明又勤奋，勇于面对各种困难。

兔：生性活泼，充满精力又相当时髦。喜欢缠绵的爱并极富爱心，在事业上颇具野心，适合从事文学、律师、经济等职业。

龙：性情漂浮不定，对于可能发生的失败及错误过分忧虑，在交际方面极舍得花钱。应注意自觉地多训练自己的戒备之心。

蛇：本性宽容对人，人缘极佳，是个利他主义者。在生活和工作上做事较啰唆，害怕孤独，任何情况下总喜欢找个伴儿。

马：具有克服困难的超然能力，将使其取得一般人不敢想象的成就，具有改造世界的强烈欲望，说话尖刻很难与他人相处。

羊：虽缺少领导才能，但是一个极棒的合作伙伴或下属，做事需要得到周围人的经常激励，否则会突然松懈下来而功败垂成。

猴：个性风趣、幽默，模仿能力强，常在生活中孤芳自赏，难以承受失败的打击。特别适合从事演员、作家或老师的工作。

鸡：并非最可信，却是最可爱的人。为人慷慨大方，善于恭维别人，尤其是其倾慕的异性，很会掩饰，要求别人绝对的坦诚。

狗：表面冷淡而高傲，善于掩饰内心的痛苦，交际广泛并一表人才，易招致他人妒忌，能言善道，适合从政、做律师。人生追求自由独立，喜欢旅游。

猪：善于安排生活，精于享受，社交活跃。有时固执己见，竞争感强，十分自信，在事业方面会有伟大的成就。

水瓶座：1月21日—2月19日出生的人

鼠：个性敏感、活力无穷，对困难的承受能力强。为人稍显粗暴，不易与朋友相处，对爱情喜欢坦诚相待，有时表现得热情大方，有时却冷若冰霜。

牛：耐性较差，活泼好动。常因控制不住自己的购买欲望而欠债甚多，为人慷慨且乐于助人。

虎：助人、开导是其最大的优点，懂得为自己选择一条正确的人生道路，喜欢思考，做事有条不紊，能给他人以绝对安全感。

兔：生性乐天无忧，好自我炫耀。寻求稳定的婚姻。喜欢结交新的朋友，但在交往时又较保守。为了乐趣而积聚众多的知识。

龙：个性柔顺、唠叨，处理事情有极高的技巧。男性会用毕生的精力去争取社会地位，女性则可能把时间都花在交际上。

蛇：喜欢恶语伤人，时常与人对立，人缘较差。做事追求利益，否则会半途而废。婚姻上大多数较晚。渴望在法律上有所成就。

马：人生以事业第一，但较为缺乏耐性，不太善于以言辞来表达自己的想法，看待事情十分固执，在受到太大压力时易退缩。

羊：志向远大，直觉强，有灵感，能够预测未来。在事业上靠汲取别人的经验和运气取得成功。

猴：行动敏捷，有哲学家的思想，善于享受，大多数不喜欢勤劳的工作。性情比较反复无常，做事有计划且精于理财。

鸡：积极致力于事业，如能自律，则会获益无穷，能吸取教训，适合外交、演说及文字工作等职业。注意保持自己情绪稳定。

狗：做事谨慎而稳健，行动积极，但太过于苛求别人，为人讲信誉，身边有许多患难与共的知心朋友。

猪：性格孤僻，文人气浓厚，任性且又反复无常，依赖心较重，对困难的承受能力弱，虽有无比的潜力，但不知怎样去发挥。

双鱼座：2月20日—3月20日出生的人

鼠：性格聪慧、谨慎并且有良好的口才喜欢物质享受，对人情义理比较看重，爱情观比较自私、任性，工作上依赖性强，是个好的合作者。

牛：有勇气，想象丰富并且善良。好冲动而使远大计划招致破坏；在情感上颇为执著，在艺术方面有相当成就。

虎：生性善良、敏感，富有冒险精神，善于解决矛盾。追求炽热、刺激的爱，对爱情充满好奇心。工作上注意不要恃才自傲而导致失败。

兔：生性谨慎、沉默、内向。追求理智与秩序，不善社交，远离时尚与流行。在爱情上是天生的浪漫者，要求伴侣太过于完美，以致结婚较晚。

龙：性格敏感，为人亲切、活泼，做事勤奋。在爱情上很易被他人的温柔所感动，以至全心投入。工作上因拥有很高的天赋，会有较大成就。

蛇：性格善良、敏感、有礼貌，爱情上缺乏实际行动，往往错过许多机会而遗憾不止。在工作上是个机会主义者。

马：有一颗善良的心，有着天性仅存的纯真。在爱情上是个完美主义者，奢求永恒不变的爱情。在工作上虽具才华，但因行动不力而无大成。

羊：性格内向、善良并多愁善感。在感情上表现出神秘感，不愿受到情感的约束。工作思想不稳定，如能得到长辈的辅助，则可能有一定的成就。

猴：对人友善、有礼，颇具创造力，适应能力非常强，常常能败中求胜。爱情观比较独立，喜欢被人依赖，对家庭绝对认真负责。

鸡：诚恳、友善，富有冒险精神。在工作上极有自信心。对爱情不太主动，往往因此失去时机，不过对每段感情都极其真诚。

狗：温柔有礼，乐于助人，值得依赖，对恋人体贴、细致而宽容。工作时认真严谨，娱乐时则十分尽情。

猪：为人友善，好奇心重，喜欢受到外界的关怀。在爱情上因为不主动出击，而痛失良机，但在工作上会敏捷地抓住机会，取得辉煌的成果。

白羊座（牧羊座）：3月21日—4月20日出生的人

鼠：性格倔强、固执，乐于助人，对事业、爱情十分执著。但自满使其事业进展迟缓，行动不力会使其在爱情上错失机会。

牛：性格积极、聪敏及观察力强，表现沉默、内向，但亦不失机灵幽默，极为异性所吸引。搞好人际关系，能帮助其事业有成。

虎：心性善良，乃性情中人。对爱异常的投入，亦非常的真诚。在工作上极有才华及勇气，对事情如能冷静处理则事业有成。

兔：性格优雅，充满智慧，一生中追求优雅美丽与文化气息浓厚的事物，在感情中并非绝对诚实，从不愿卷入情感纠纷之中。

龙：性格善良，为人敏感并颇具勇气，在生活中如能改掉脾气暴躁的缺点，人缘就会好转。爱情上可谓好事多磨，工作上勇于克服困难。

蛇：具有双重性格，行为颇令人费解。一方面追求此生不渝的爱，另一方面又害怕被婚姻的枷锁管束，让恋人无所适从。工作上如能与同事处理好关系，就会在商界中创造出一番事业。

马：性格较为暴躁，对爱情太过投入会使结果适得其反。虽具有领导者的才华，但请注意自己形象的树立，否则会功亏一篑。

羊：性格善良、礼貌、柔顺、文雅。因不善于表达情感而使恋人觉得其太平淡乏味，因拿不定主意易出现三角恋。工作上倒是十分地沉着、冷静。

猴：性格坚强、有勇气，是个善用心计、城府较深的人。因善解人意而使恋爱历程总是一帆风顺。工作上只要做到谦虚为好，成就往往是很大的。

鸡：机智、敏捷、伶俐、口才极佳。喜爱忙碌、自由的生活，渴望受到重视与信任，结婚比较晚。

狗：处事冷静，能在逆境中保持不败之身，爱情上懂得适当的给予和接受，故颇得恋人的倾心。

猪：性格固执、善良，喜欢冒险，虽才华横溢，但处事好武断。在爱情上因极要脸面而痛失良机。在艺术上有非凡的成就。

金牛座（牧牛座）：4月21日—5月21日出生的人

鼠：性格和善有礼，善于投机取巧，能言善辩，人缘极好，心理承受能力强，助人为乐，是个十分懂得享受的人。

牛：性格冲动、任性，但具热情。在爱情上是个强者，工作上很适合与他人合作。

虎：性格敏捷、诚实、固执，对恋情非常执著，对恋人关怀备至，在工作上权欲极大，如注意多采纳他人意见，则成就不小。

兔：天生具有想象力，喜爱享受舒适的生活。在爱情上喜爱单纯的感情关系。在工作上沉着冷静，在艺术上有非凡的成就。

龙：任性、固执、喜好孤独，人缘较差，偏爱至死不渝的情感。工作上才能非常惊人，只要能找到好的合作者，成就亦是非常惊人的。

蛇：生性谨慎、暴躁，善于掩饰自己的情绪。在爱情上处事犹豫，不善于表露自己的情感而使恋情不顺，但婚后对家庭责任心强，具有艺术家的天分。

马：本性纯洁，毫不自私。对爱情认真投入，对工作有高度的热忱，但应多训练如何加强自己的决心与勇气，是个值得依赖的人。

羊：性格善良、勤奋、诚实。对爱情缺乏勇气，但是个工作狂，无论有多大困难，其总会想方设法去解决，心理承受能力极强。

猴：性格冷静，乐观而又幽默，在爱情上颇得恋人的倾心，在工作上要注意收敛自己的锋芒，以免他人嫉妒。

鸡：聪明、谨慎并富有同情心。既渴望爱情的到来，又害怕受到伤害，结婚较晚，工作能力很强，人缘颇佳。

狗：性格坚定、勇敢、敏感。对感情相当投入，但一旦察觉恋人不忠，便会马上施以报复。对工作有坚强的毅力，并且天分较高。

猪：性格固执，心地纯洁，不善言辞，极有内才，爱情方面言行不力。健康方面切勿暴食。在艺术、设计及文字工作等方面有特别才能。

双子座：5月22日—6月21日出生的人

鼠：性格机灵、活泼、友善并且固执，常有怀才不遇的感叹，忽视对知识的追求。天生易变的性格使他令别人无所适从。

牛：性格稳重、友善、冷静及能言善辩，社交广泛使其朋友众多。在情场上无往而不利，在商场上亦能逢凶化吉。

虎：性格多变、懒散、聪明又善良。在爱情上从不喜受约束。工作上若能更加努力勤奋，事业必能有成。

兔：自我意识感与自我表现欲十分强烈。有着传统性格，注重隐私并心地善良，厌恶商界中的狡猾与欺瞒。

龙：性格友善、机敏。在爱情上不大专情，只喜欢短暂的恋情。在工作上宜收敛锋芒，在生活很爱护、关心比其弱小的人。

蛇：性格积极、机智、和善。善于化解困难，爱情观稳定、专一。因思维敏捷，极适合从事外交、写作等职业。

马：性格优柔寡断，聪明友善。对爱情的目的性不强，不喜欢受束缚。工作上才华横溢，在艺术方面往往有较大的成就。

羊：性格反复无常，好幻想而导致对现实抱怨多，由于活泼而幽默，故人缘较好。在工作和爱情上变化多而快，多数成就很小。

猴：性格飘忽不定、任性，讨厌在爱情上受到管束，极易见异思迁，工作上往往能标新立异，博得上司及同事的惊奇与侧目。

鸡：性格复杂善变。在爱情及生活中易失去伴侣或朋友，人虽聪明但耐性不足。比较适合外交或演艺行业。

狗：性格善变、友善并富于同情心！恋爱方式较稳定，是个多情的人，对工作上的失败和错误过于担忧，以致难成大业。

猪：具有出众的口才，挺拔的外表，对恋人能倾其情感。天赋的才智使其在工作上成就颇佳，化解矛盾的能力特别强。

巨蟹座：6月22日—7月23日出生的人

鼠：善于社交，想象力丰富，讲原则，有爱心，家庭观念重。工作上善于把握时机，尤其适合在贸易或艺术方面发展。

牛：为人正直，对工作锲而不舍。对感情十分敏感，如得知恋人有私情，会决然与对方分手。

虎：爱好宁静、安详的家庭生活，对家庭负有很强的责任感。对伴侣体贴入微但拙于言辞。生活及工作上最需别人的劝告。

兔：生性诚实可靠，善于款待朋友，他们是热情温柔的情人，追求美好的生活享受，是典型的爱家之人。

龙：好助人为乐，对感情不存幻想，选择伴侣时十分客观、实际，善于持家。稳重、慎重的性格使其工作颇有成绩。

蛇：十分重视家庭生活，不论婚前婚后对爱人都温柔体贴。善于从失败中汲取教训，乐于助人，经常留心情绪及精神压力带来的影响。

马：性格沉静、敏感。对恋人体贴细致，对家庭责任感很强。在工作上虽热衷权力，但正直不伪，尝试接纳他人的意见只有百利而无一害。

羊：性格较沉静、内向，感情较脆弱。在工作上极具领导才能。朋友很少但大多数都能倾心而交。

猴：本性善良、乐于助人并富于同情心，对爱情倾其真心，痛恨虚情假意。工作上易受外界影响而分散精力。

鸡：性格沉稳、含蓄。工作能力不错，但要学会借助外力来提高自己，在爱情上有点拖拉和过分小心，是个值得信任的人。

狗：情感丰富、敏感。在爱情上可称为"大情圣"，对家庭极其负责。在工作上如能面对困难并解决它，事业必有成就。

猪：本性善良、敏感、乐于助人。爱情方面过度犹豫保守。工作上要注意人际关系的处理。呼吸系统方面的保健要多加留意。

狮子座：7月24日—8月23日出生的人

鼠：具有非常旺盛的精力，权力欲较强，为达到目的而不择手段，喜好专制，具有优良的表达能力，是一个成功的领导者。

牛：任性、放纵、对人快意恩仇。天生具有领导才能，但自视过高，应常以"骄兵必败"来警戒自己。

虎：生性热情、急躁，主观意识特浓，在爱情、工作上如不能注意好好接受亲戚朋友、长辈、同事的善言及劝告，则会一事无成。

兔：生性灵活机智，庄严而独立，文雅高尚加上为人慷慨，使其具有成就伟业的必要条件。

龙：有充沛的活力，具有领导人物的条件，善将情感藏于内心，给人以面冷心慈的感觉。人生中事业高于一切：勇于克服困难，成就非凡。

蛇：性格内向、固执，自尊心强，人缘较劣，不太受别人的尊重，生活和工作上有诸多磨难，是有后福之人。

马：对爱情执著，但缺乏趣味，是一个自我主义者，在遭受挫败后能很快地恢复自信，但不要因一时的坏脾气而自毁前程。

羊：性格沉着、冷静、对人和善友好，耐性强，人缘颇佳，具有领导者的气质。

猴：乐观，充满活力，处事不够严谨，喜爱并精于享受。为人具有强烈的反抗意志，是个天生的强者，个性谦逊，极少自夸。

鸡：极具魅力，性格开朗、乐观，不易被困难、挫折所击倒，是个天生的强者。爱情上极投入并有情趣，对家庭绝对负责。在生活中极爱结交朋友，为人慷慨，重情理，讲原则。

狗：善于关怀别人，强烈的主权意识使其在人生中要么升官晋级，要么导致忠言逆耳，反对别人，怀疑别人，造成不良后果。

猪：性格开朗、热情，富有进取心，才能极佳，自我意识强烈，应经常反省，不要太狂妄自大。

处女座：8月24日—9月23日出生的人

鼠：积极追求事业的成功，富有信心，敢于尝试新事物，但处理事情能力较弱，在生活中如受到别人的恭维，就会不顾一切地帮别人。

牛：生性心直口快，观察能力强，但请谨防小人之言行。耐寂寞，独立生活能力强，但千万记住家仍是其最佳慰藉。

虎：性格温婉动人，对朋友非常慷慨，以至自己常常经济拮据。对爱情及生活非常讲究优雅的情调，是个懂得享受的人。

兔：生性谨慎，极少抱怨，喜欢孤独，外人很难与其沟通；寻求稳定的家庭生活，并相当负责任。生活中对人宽容。

龙：性格稳重，善解人意，对恋人来说是个好伴侣，对家庭来说是个好家长，有购物癖。

蛇：独立能力强，对侵犯其利益的人具有强烈的报复心理，但又碍于本性善良，故常使自己陷于矛盾之中。对人生的伴侣不惜花费毕生精力去追寻。

马：个性自私，缺乏幽默感，害怕面对现实和失败。工作上头脑清醒，效率高，颇得上司的垂青，但要注意虚心好学。

羊：性格沉着、安静、内向，做事我行我素，不啰唆，不挑剔，是个极随和的人，但有时过分的殷勤与慷慨易使人产生疑虑。

猴：喜爱浪漫的情调，亦是一个浪漫的情人。具有过分的自信心，极少产生自卑心理，所以在生活中是一个非常乐观的人。

鸡：情绪变化多端，自我解决矛盾的能力非常强，喜欢受到外界的重视与鼓励，喜爱逛商场，有购物癖。

狗：天生警觉多疑，尤其是女性，使人感觉有老人般的固执，但只要得到真心的关怀与鼓励，他们则会愉快地与人相处。

猪：极富艺术气质，凡事自作主张，有时显得武断，令人难以与之相处，应尝试接受忠告，以弥补自己的粗心，必能在艺术上有相当成绩。

天秤座：9月24日—10月23日出生的人

鼠：与人交往时带有极强的激情，追求戏剧性的浪漫，在生活及工作上颇有敢做敢当的魄力。

牛：情绪不太稳定，不善言辞，好幻想，易走极端，对文学艺术兴趣浓厚，可有极大成就。

虎：在生活中遇到困境时，表现出急躁不安的性格。善于交际，喜好锦衣美食，天生是一个享乐主义者。

兔：生性多疑，有洁癖，带点神经质，拒绝任何人或事做草率的决定，但亦因此失去许多机会。喜爱娱乐，但又害怕刺激。

龙：具有丰富的想象力，为人敏捷，善良而好客。在商业与艺术方面可能有极大的成就。善于持家理财，是一个享受主义者，谨记克制自己的波动情绪。

蛇：生性活泼、好强、挑剔，常自己使自己不快乐。审美眼光高，是个唯美主义者，选择恋人时亦注重对方的长相和外表。喜欢舒适的环境，但自己不好整理家居。

马：富有纯真的本性与善心，但过于挑剔使其很难与他人相处。喜欢高雅的服饰及舒适的生活，注意不要太沉迷于幻想。

羊：善于表达，可成为一名优秀的教师，碰到困难时反复找人诉说，以调解自己的矛盾，但过于啰唆。

猴：思想敏锐，脾气乖戾，对任何事均喜欢寻根究底。善于动用丰富的想象力使其对人或事情具有很强的预见力。

鸡：富于理想与智慧，但缺少一点机智，心胸广阔，善于及喜欢表现自己。生性固执，是墨守成规的典型。

狗：具有敏锐的观察力，对生活细节不太注意，在其心目中永远是事业第一、家庭第二，在爱情上对别人付出的情感回报太少。

猪：男性多情、持久、有魅力，但较好色；女性则较自信，忠贞而坚毅，乐于助人。他们与人交往时特别讲究真情。

天蝎座：10月24日—11月22日出生的人

鼠：具有内才但不善言辞，如能从小好好引导，将来成就一定非凡。在从事重大决策时犹豫不决，夹而痛失良机。生活不善自理。

牛：目光敏锐，看待世事比较冷漠；在自己的生活圈中性情开朗幽默。

虎：个性强，在受到他人鼓励时做事有极大的魄力，富有审美眼光，思想敏锐，心细如发，但有时对人生易产生悲观的念头。

兔：生性谨慎，口才颇佳，具有幽默感。会在稳定的婚姻中来点越轨行为，但无伤大雅；适合做心理医生。

龙：善于谋略，是一个在安舒中有力量，在平和中有阴谋的人。崇尚理想主义，中年之后可望有成就。爱情上因太过于幻想而常常失败。

蛇：生性平和，为人正直，工作勤奋，有时给人以固执、专横的感觉，行事较冒进，应注意在挫折中坚定信心。

马：生性乐观多疑。与人交往只作表面上的接触。不会深交，故知心朋友较少，为人诚实，反对欺骗行为。

羊：性格沉默、内向、善良。在工作上精力充沛，主观意识强，做事不容别人侵犯自己的权益。

猴：个性倔强，勇气颇佳，心胸宽广，在工作上能够成为一位非常好的合作者，乐于给他人以无私的帮助。

鸡：极善言辞，是个讲故事的天才。天生乐观的性格使其颇具社交能力。对待工作正直、充满权力欲并有锲而不舍的精神。

狗：是天生的领导人物，善于抓住机会，但容易自我膨胀。对给予别人的帮助讲究回报，致使人缘较差。

猪：人生中挫折较多，感情丰富，过于敏感，崇尚人道的施予，情感自我压抑，非常注重自己和别人隐私的保密。

射手座（人马座）：11月23日—12月21日出生的人

鼠：自我意识很强，冲力不可阻挡，无论在权势或财产方面都渴望获得成功，但应多结交朋友，使自己胸襟更为广阔。

牛：生性沉默寡言，喜欢待在家中，害怕困难。不喜接受别人忠告，对权势过分追求，却高估自身能力，以致结果不佳。

虎：自我意识太强，有抗拒别人的心理障碍；非凡的辨析能力，高格调的品位，使其在工作上无往而不利，但不要狂妄自大。

兔：性格飘忽不定，似乎能在创伤、遗落与伤痛中获得进步的力量、常出入于层出不穷的情感关系中。

龙：心思缜密，创造力强，善于引导别人，不喜受到束缚，却善于讽刺及伤害他人。过于封闭于自我构想的世界之中，虽有助于从事文学创作，但亦使其陷于现实的泥塘之中不能自拔。

蛇：具有很大的野心及对环境的适应能力，特别热衷于社会改革运动，敢于冒险，但缺乏自信心。

马：重视手足之情，却又是一个拜金主义者。在三十岁之前可望事业顺利，但应注意克制自我的冒险精神，以免酿成大错。

羊：天生精力充沛，不畏艰辛，在艺术上颇有成就，内心世界极其丰富，乐于助人使其人缘较好。

　　猴：天生灵敏，善于保护自己。迷恋家庭，但有时会去疯狂地购物以求心理平衡，行为有时不够磊落。

　　鸡：个性较稳重，城府较深，一生中能自强不息，属大器晚成之辈，但必须谨记做事的诀窍：耐心。

　　狗：生性沉着，富于进取心。作为以自我为中心的典型，颇知耐心与韧性的重要性，自视颇高，使其外表冷傲，较难与人相处。

　　猪：性格冲动、不羁，应在幼时就接受良好教育，磨炼性格，将来才能成就一番事业。对待婚姻小心谨慎。

旧时避讳国姓

　　"国姓"是中国封建社会的一种"特产"，当了皇帝的人以国为家，号称"家天下"，于是皇帝本人的姓氏就成为"国姓"了。所谓"国姓"，顾名思义，就是王朝皇室的姓氏，夏朝的姒姓、商朝的子姓、周朝的姬姓、汉朝的刘姓、宋朝的赵姓等都是。在唐朝，李姓不仅是国姓，更是被唐太宗钦定为天下第一等姓。从秦始皇统一中国算起，中国历史上大大小小的封建王朝有五六十个，省略异朝同姓（如唐朝与五代十国的后唐、南唐都是李姓人建立的帝国）不计，约有36个"国姓"。既然是"国姓"，其地位自然非同一般了，"国姓"比一般姓氏更加尊贵荣耀，且由此带来许多政治、经济上的实惠。如西汉时，"刘"是汉朝的"国姓"，汉朝政府明文规定，凡刘姓人家可以免除连许多下级官员也逃避不了的徭役，用不着为官府去出公差，也用不着缴纳军粮。往后，随着人口的快速增长，这种特惠不可能再普及四海了，但是凡与皇家牵丝攀藤打通血脉的"国姓"人家，仍旧是一种身份特殊的户口类别，享有各种特权。王莽当新朝皇帝时，"王"是那时的"国姓"，王莽下令免除天下王姓人家的赋税。

　　在封建社会里，因"国姓"的尊贵，还惹出许多匪夷所思的禁忌。唐朝以"李"为"国姓"，当时的法律居然明文规定不准吃与"李"同音的鲤鱼，食"鲤"就等于食"李"，自然在避讳之列。因

为鲤鱼的"鲤"与皇帝的姓"李"同音,所以鲤鱼成为鱼中之贵,从皇帝、官吏、贵族到平民百姓,都崇尚鲤鱼。不仅如此,唐人说鲤鱼时还不直接称其名,要说"赤X(鱼+军)公",晚唐著名的小说家和诗人段成式的著作《酉阳杂俎》记载:唐朝法律规定,鲤鱼不能叫鲤鱼,不许吃,捕获后必须放回水中;出售鲤鱼者要挨六十板子。以此表示对李姓的尊敬。再如明武宗朱厚照曾发出过一个不许养猪和杀猪的布告,因为"猪"与"朱"同音。当然,这种不许吃鲤鱼和不许杀猪、养猪的规定不可能真正得到长期实行。晋恭帝司马德文做藩王时,常命令下属用箭射马取乐,后来有人说"马是国姓,您却用箭射杀,太不吉利了",吓得他寝食不安,再也不敢以此为乐了。

文 化 篇

本篇主要介绍，姓氏文化常识以及刘姓的郡望、宗祠楹联和家训等。使读者对姓氏常识有初步的了解，使得刘姓子孙对自己姓氏的望族、楹联及家训有深入的认识。加冠命字主要介绍"冠礼"的习俗和"字"的命成方法；贵姓郡望主要介绍了刘姓的贵族、望族曾居住的主要郡地：弘农郡、天水郡等；贵姓堂号，是刘姓祠堂名称的列举，著名的有"四知堂"、"关西堂"等等；贵姓楹联乃是各地刘姓的专用于祠堂、大门、神龛、祖宗坟墓左右两侧的对联；贵姓家训部分是非常值得大家阅读和学习的，它是我们祖先对后辈们的勉励与告诫，有着很重要的教育意义。

◆ 姓氏图腾

先人认为某种动植物或自然物能够象征血缘相同的群体，或者认为自己的祖先与某种动物、植物、自然天象发生过亲密关系，于是用其做本族群的记号或标志，这就是图腾。刘姓图腾暗示一位长者手持一把刀刻画春季天气到达地球的运行规律，简作"留"。"留"由"卯"和"田"组成，后来演变为"劉"（"刘"的繁体字）。"留"的本义是春分点停在某一个位置，留存这里。"卯"为春天的天门，简称春门，"田"为立主表天竿的天象台

刘姓图腾

——"叀"（huì）。"刀"是刻划太阳周天运行历度的工具，古代称作"卜"、"占"、"卦"或"则"。

由刘姓图腾可知，刘姓的祖先精通天象。据《左传》记载，陶唐氏帝尧的后裔刘累为夏王孔甲的养龙师，这是见于文字史籍的第一位刘姓人物，所以刘姓人奉刘累为始祖。

◆ 加冠命字

很久以前，古人对于各个重要的人生阶段，举行不同的仪式，就称谓来讲，人出生三月后举行"命名礼"，二十岁则举行成年"加冠礼"即"成人礼"，在"加冠礼"仪式上请人取"表字"，即"命字"，也就是命取成年后的另一个称呼，"表字"作为加冠礼中宣告的一项重要信息，表明个人不再是小孩子，而是成年人了啦，可以参与社会活动及家族事务了。

举行冠礼仪式既有特别的讲究又很慎重。据《仪礼·士冠礼》上所载，贵族男子到了20岁，由父亲或兄长在宗庙里主持冠礼。行加冠礼首先要挑选吉日，选定加冠的来宾，并准备祭祀天地、祖先的供品，然后由父兄引领进太庙，祭告天地、祖先。冠礼进行时，将头发盘起来，由来宾依次加冠，即依次戴上三顶礼帽。首先加用黑色布或帛做的缁布冠，表示从此有参政的资格，能担负起社会责任；接着再加用白鹿皮做的皮弁，就是军帽，表示从此要服兵役以保卫社稷疆土；最后加上红中带黑的素冠，是古代通行的礼帽，表示从此可以参加祭祀大典。戴上礼帽即素冠，然后再由父亲或其他长辈、宾客给取一个"表字"（通常事先就取好表字，当庭取字仅是形式，便于宣布使用），代表今后自己在社会上有其尊严。古人认为成年后，只有长辈才可称其"名"，一般人或平辈只可称其"字"，因此，取"字"的作用还便于别人称呼。三次加冠完毕后，主人必须设酒宴招待宾讃等人（讃是宾的助手），叫"礼宾"。受冠的人接着再依次拜见兄弟，拜见讃者，并入室拜见姑姊。之后，受冠者脱下最后一次加冠时所戴的帽子和衣服，穿上玄色的礼帽、礼服，带着礼品，去拜见君、卿大夫（在乡有官位者）和乡先

生（退休乡居的官员）。根据周公旦的《周礼》，女子的成年冠礼叫"加笄礼"，也是把头发盘结起来，加上一根簪子，周代女子"加笄礼"一般在15岁时举行，所以人们常用"及笄之年"代指女孩从14岁到16岁这个年龄阶段；而用"弱冠之年"代指男子20岁左右。《礼记·曲礼上》载有："二十曰弱冠。"又唐代经学家孔颖达《五经正义》："二十成人，初加冠，体犹未壮，故曰弱也。"是说古代时二十岁的贵族男子，要举行加冠礼以示成年，但身体还未发育强壮，所以称弱，而弱是年少之意。

这种冠礼的仪式，从周朝开始持续到清朝，直到新中国成立前期，由于西风东渐，冠礼也就逐渐没落消失了。

在先秦礼义纲常初建时期，冠礼有着积极的文化建设意义。秦至汉魏时期，冠礼存在于社会生活之中，人们遵循先冠后婚的礼义原则，但冠礼的文化地位并不突出。隋唐时代，由于南朝开始的文化大变动，以倡导礼义为宗旨的儒家文化处于中衰局面，古代礼制也处在恢复之中，因此除了朝廷礼典中有冠礼的礼仪外，一般社会生活中未见冠礼踪影。冠礼的失落与隋唐统治者的民族文化成分与礼学修养有一定的关系，当然根本的原因是当时处在旧的社会结构被打破而新的社会结构尚未形成的特殊历史时期，这一时期社会价值观多样，文化多元发展，人们更重视世俗生活情趣，重视在外的建功立业，对于礼制社会所要求的传统人格的心性修养没有特别的需求。因此，重在"养人"的冠礼，受到社会的漠视。宋明时期庶族社会逐渐成为社会主体，为了确定新的社会秩序，重建文化权威，他们将中唐开始的儒学复古运动推进到新的阶段，南宋时期还形成了儒学的新形态——理学。理学的核心是建立一套自然社会合一的伦理道德秩序。强调修身养性齐家治国。因此，作为"礼义之始"的冠礼受到朝野上下的广泛推崇，冠礼重新回到家族社会生活当中，并激活了民间固有的成人仪式。明代社会生活中冠礼有相当的影响，当然这时的冠礼与先秦相比无论是程式还是服务性质已有明显的差异。清代受满族政治文化的影响，冠礼明显衰落，民间将冠礼与婚礼结合，冠礼成为婚礼的前奏，并且一般只有"命字"这一项内容，"命字"成为冠礼的代称。清末民国时期冠礼有复兴的趋势，但最终没有大的影响。

当今，现代成人礼逐渐受到人们的重视，成人仪式是教育青年，塑造社会新人的绝妙时机。新时期的成年礼是适应社会新需求的人生仪式，当代社会人们已经或正在走出传统的家族文化的局限，人们的社会联系广泛增强，社会责任与义务明显扩大，社会需要有一大批具有公众责任感的社会成员，青年的养成与塑造是人类社会健康延续的重要工作之一。传统的成年仪式在通过内容与形式的更新之后，有重新服务社会的文化功能，如果我们对传统的成人仪式进行深入研究并进行合理继承发展的话，我们就会得到一个充分有效的文化资源，为我们新社会的良性运行提供源头活水。

1929年春天，中国国内出现"蒋桂战争"，冯玉祥帮蒋介石打李宗仁，冯玉祥的部将韩复榘用兵神速，直接打到武汉。捷报传出，蒋介石和宋美龄亲自接见，左一声"向方兄战绩卓著"，右一声"常胜将军劳苦功高"，而且蒋介石赠送给韩复榘二十万军饷，还送了好多礼物。此后蒋介石手下的特使刘光见了韩复榘也说："感谢向方兄鼎力相助，小弟回去后定会将向方兄的深情厚谊及时禀报委座！"事后，韩复榘常把蒋介石对他的称呼跟直接上司冯玉祥做比较：老蒋从不直呼我的名，可冯将军见了我，连名带姓呼叫我，从没有叫过"向方"！就这样一个称呼上的差别，居然促使韩复榘叛冯投蒋。

"向方"，是韩复榘的表字。对于人的称谓而言，"表字"，简称"字"，亦即一个人的另一称谓。在中国传统姓名文化里，名与字是一个人的两个称谓，"名以正体，字以表德"（《颜氏家训·风操》），师长、前辈、上司称呼学生、后辈、属下的表字时，都是一种特别看得起的表示，倘若皇帝称臣下表字，更算优礼。如刘邦当皇帝后，自言"运筹帷幄之中，决胜千里之外，吾不如子房"，这就是对张良的极其尊重了。因此，称人用字是表示尊重的意思，而直接呼其名则表示轻慢，难怪韩复榘听到蒋介石以"向方"称他，便有些受宠若惊了。抗日战争期间，韩复榘因不战而放弃山东，被蒋诱捕处决。

以前一个人幼年时由父亲或长辈起名，等到成年（男20岁、女15岁)时则取字,人的"字"是为了便于他人称谓,对平辈或长辈称"字"出于礼貌和尊敬。如屈平的"字"叫原,司马迁的"字"叫子长,陶渊明的"字"叫元亮,李白的"字"叫太白,杜甫的"字"叫子美,韩愈的"字"叫退之,柳宗元的"字"叫子厚,欧阳修的"字"叫永叔,司马光的"字"叫君实,苏轼的"字"叫子瞻,苏辙的"字"叫子由,沈德鸿的"字"叫雁冰,鲁迅的"字"叫育才等。直称姓名,大致有三种情况:(1)自称用名,表示谦虚。如"五步之内,相如请得以颈血溅大王矣","庐陵文天祥自序其诗"。(2)用于介绍或作传。如"遂与鲁肃俱诣孙权","柳敬亭者,扬之泰州人"。(3)称所厌恶、轻视的人。如"不幸吕师孟构恶于前,贾余庆献谄于后"。

"字"和"名"有意义上或语句上的联系。"字"之所以加"表"而叫"表字",因其与本名互相表里的意思,所以东汉班固的《白虎通·姓名》言:"闻名即知其字,闻字即知其名。"如屈原,名平字原,《尔雅》释"地":"广平曰原",平与原是同义。"唐宋八大家"之一的曾巩,字子固,巩与固同义。周瑜,字公瑾;诸葛瑾,字子瑜,瑾和瑜都是美玉,是近义字。韩愈,字退之,愈有胜、越之意,所以要"退之",以求适度。白居易,字乐天,因为乐天知命,才能居之容易。朱熹,字元晦,熹明晦暗,含义正相反。赵云,字子龙,出自《易经》"云从龙"。《新唐书》中有人姓元,名亨,字利贞,出自《周易》"元亨利贞"。

历史上,以表字著称于世而本名反鲜为人知的情况很普遍。比如屈原,知道他名叫"平"的人不多;又如蔡文姬,知道她本名称"琰"者更少;大诗人陶潜的本名,也远不及其表字"渊明"更广为人知。近代称谓风气,一些人行事干脆以其"字"代"名",如创办张裕葡萄酒公司的张弼士,本名叫振勋;语言学家刘半农,本名"复";金融家钱新之,本名叫永铭,等等。今天许多人读人物传记时,常常对"某某,原名某,字某,以字行"的文句有困惑,所谓"以字行",是指某某人以其字代替原名著称于世,他的行事风格用字不用名。"冠而字之,敬其名也",容纳了人们用表字互称的全部涵义。

字与名除了称法上有区别外，落实到具体写法上，也有讲究。字与名写法上的讲究，有一个先字后名到先名后字的过程。先秦写法习惯大概是字在名前，如春秋时期秦国三将孟明视、西乞术、白乙丙，"孟明"、"西乞"、和"白乙"都是表字，"视"、"术"和"丙"才是本名，又如孔父嘉，"嘉"是名，"孔父"是表字。汉以后，改为名在字前，如曹丕《典论·论文》写到"建安七子"，称："今之文人，鲁国孔融文举，广陵陈琳孔璋，山阳王粲仲宣，北海徐幹伟长，陈留阮瑀元瑜，汝南应场德琏，东平刘桢公幹"，都先写名后写字。但到了近代，又有变化，如1925年2月北京国民政府公布《善后会议会员录》，即依"孙中山先生·文；黎宋卿先生·元洪；张雨亭先生·作霖；卢子嘉先生·永祥……"式排列；此外，姓氏带官职再连表字的称法，也是一种书写格式，如西安事变后《张、杨致阎锡山、傅作义及绥远抗日将士电》，起头写到"太原阎副委员长百公赐鉴、归绥傅主席宜生兄赐鉴"，其中将阎锡山表字"百川"省称为"百"而加"公"字，又是一种书写他人表字的格式，表示特别尊敬的意思。傅作义，字宜生，山西荣河（今山西省临猗）人，是一位抗日名将、追求进步的国民党员。1949年1月，他响应中国共产党提出的"停止内战，和平统一"的主张，毅然率部举行北平和平起义，使古老的文化故都完好地归回人民，200万市民的生命财产免遭兵燹。这一义举对中国人民革命事业的胜利，作出了重大贡献。

贵姓郡望

"郡望"一词，是"郡"与"望"的合称。"郡"本来是中国最早的行政区划单位，"望"是名门望族，亦即在郡里某地居住的社会地位很高、名望很大的一个大家族，不仅族众繁衍昌盛，而且先后出现了众多为时人所景仰、被后人所推崇的杰出人物。郡望是指郡里的望族，表示某一地域范围内的名门家族，后来指某一姓氏家族的开基地或发祥地。反过来讲，在姓氏古籍中，某姓氏望族的显耀地或发祥地常用郡名表示，如南北朝到隋唐时代，中国北方地区有四大郡望：范阳卢氏、清河崔氏、太原王氏、荥阳郑氏，其中太原王氏是太原郡的大姓望族。

秦汉以后，随着家族的繁衍迁徙，姓氏原有的以血缘论亲疏的文化内涵逐渐淡化，而以郡望明贵贱的内涵成了姓氏文化最为突出的特点。由于郡望总是与某个姓氏联系在一起，所以它往往成为人们追寻祖根、联族认亲的重要线索，某个郡所对应的当今地名，也就成为该姓氏后世子孙仰望和缅怀先祖的地方。

刘姓是中华民族重要的姓氏群体，刘姓子孙撒播在华夏大地的各个角落。因此，中国古代有"刘天下，李半边"的说法，而在中国北方则有"张王李赵遍地刘"的说法。据有关史料记载，刘姓郡望达27个，其中有名的有18个。

彭城郡：西汉的时候设立，当时将楚国改为彭城郡，后又改为彭城国，行政中心所在地在彭城。此支刘氏是汉高祖的后代。

沛郡：西汉时置郡，行政办公地在相县，相当于今安徽、河南等地。

弘农郡：中国汉朝至唐朝时设置的弘农郡。该郡始建于汉武帝元鼎四年（公元前113年），行政办公地设在函谷关边的弘农县，故址在今天河南省灵宝市东北部。郡境包括黄河以南、宜阳以西一带。在历史上，弘农郡因避讳皇帝的姓名几度改名恒农郡，隋朝时又恢复了弘农郡，但郡所移到今河南省灵宝市中心，失去了黄河沿岸的辖地。唐朝时，弘农郡名不再使用，设陕州、虢州。陕州治地是现在的桃林县；虢州仍治弘农县（今灵宝市）。北宋后，弘农县改名为常农，后以州名改为虢略。从此弘农不再作为地名使用。此支刘姓开基始祖为汉时刘贾。

河间郡：又名河间国。"河间"一名在战国赵国时即见于记载。秦代其地为巨鹿郡所领。西汉初年属异姓王张耳即赵景王的赵国。汉高祖刘邦将赵国所辖的东北部设置为河间郡，仍为赵国支郡。高祖十二年（公元前193年）分河间郡西北部数县属涿郡。文帝二年（公元前178年），封赵王刘遂的弟弟刘辟疆为河间王，分赵国之河间郡置河间国。文帝十五年（公元前165年），河间王刘辟疆薨，无嗣，河间国改为河间郡。同时，分河间郡南部置广川郡、分其东部置勃海郡。此时河间郡领地不足初置时的三分之一。景帝二年（公元前 155 年），封皇子刘德为河间王，复置河间国。成帝建始元年（公元前 32 年）河间国定都在乐成县（在今河北献县东）。东汉建武七年（31 年），封西汉末河间王刘邵为河间王。和帝永元二年（90 年），封刘开为河间王，分乐成国、勃海郡、涿郡复置河间国，领十二县。桓帝延熹元年（158 年），分河间国之蠡吾县、高阳县与中山国、安平国数县置博陵郡。献帝建安中，曹操分河间国、勃海郡置章武郡。西晋置河间国，改乐成县为乐城县。北魏置河间郡，后改为国，郡治在武垣县，属瀛州。隋开皇初郡废，置瀛州。大业三年（607 年）废瀛州，复置河间郡，行政办公地在河间县（今河北省河间市）。唐武德四年（621 年）平窦建德，废河间郡，置深州。此支刘姓开基始祖为西汉河间王刘辟疆。

中山郡：汉时置郡，在今河北省定州市、正定县一带。此支刘姓多出自汉景帝第九子中山靖王刘胜。

梁郡：汉高帝时置郡。东晋义熙九年（413 年），南梁郡改名梁郡（治寿阳，今安徽寿县城区），属豫州。元熙二年（420 年）六月，刘宋代晋 梁郡属南豫州刘宋泰始二年（466 年），改属西豫州。泰豫元年（472 年），还属南豫州。升明三年（479 年）四月，萧齐代刘宋，梁郡（治睢阳，今安徽寿县城关镇）领梁县（改治今安徽寿县城关镇）、蒙县（安徽寿县南彭乡一带）、城父、崇义 4 个侨县。属豫州。此后，梁、陈；东魏，北齐均设梁郡（治睢阳，今安徽寿县城关镇）。北周建德七年（578 年），废梁郡。此支刘姓为汉文帝之子刘文所开基。

顿丘郡：西汉、西晋两次置郡。此支刘氏多出自匈奴刘氏。

南阳郡：战国时置郡，治所在宛县。此支刘姓开基始祖为西汉长沙定王刘发。

东平郡：汉晋置郡，治所在无盐。南朝宋改称东平郡。此支刘氏，其开基始祖为汉宣帝第四子东平王刘宇。

高密国：西汉置国，治所在高密。此支刘氏为广陵王刘胥的儿子刘弘所开基。

竟陵郡：秦置郡，治所在今湖北潜江西北，西晋时封江夏郡置，治所在石城。南朝宋时相当于今湖北钟祥、天门、京山、潜江、沔阳等地。此支刘氏为后汉刘焉所开基。

河南郡：秦朝时期名为三川郡。西汉高帝二年（公元前205年）改为河南郡，治所在雒阳（今河南洛阳），其时辖地在今河南黄河南部洛水、伊水下游，双洎河、贾鲁河上游地区及黄河北部原阳县一带地区，辖二十二县，大致相当于今河南省孟津、偃师、巩义、荥阳、原阳、中牟、郑州、新郑、新密、临汝、汝阳、伊川、洛阳等县市。东汉时期既都洛阳，为提高河南郡的地位，东汉光武帝十五年改为河南尹。隋朝初年被废，后又复为豫州河南郡。唐朝时期为洛州河南府，其辖境都远小于汉朝时期的河南郡。元朝时期为河南路，明、清两朝时期均为河南府。此支刘氏出自匈奴族刘氏。

尉氏县：春秋时郑国尉氏邑，秦时置县。此支刘姓开基始祖为东汉章帝十一世孙刘通。

广平郡：汉置郡，治所在广平。此支刘氏出自西汉景帝之孙刘苍之后。

丹阳郡：武帝建元二年（公元前141年），更秦鄣郡为丹阳郡，郡以境内丹阳县而名。郡政府办公地在宛陵（今安徽宣城市宣州区），三国初郡治移至今南京市。汉辖今江苏南京市，常州市，无锡市，浙江杭州市、湖州市、安徽宣城市、池州市、黄山市的全部或部分地区。东汉建安后，辖境慢慢减少。丹阳郡是当时中国重要的政治、经济和文化中心。不仅孕育了长江的文明，也催生了南京这座伟大的城市。此支刘氏为临怀刘氏分支，开山始祖为东汉光武帝刘秀七世孙刘会。

广陵郡：西汉设置。西汉武帝元狩三年（公元前120年）改江都国为广陵国，领广陵、江都、高邮、平安（今宝应县部分）4县。治所广陵县（今扬州市区）。元封五年（公元前106年）广陵国属徐州部。王莽始建国元年（9年），广陵国改江平郡，郡治广陵县改安定县。东汉建武（公元25—56年）初改江平郡为广陵郡，安定县复广陵县，属徐州；永平元年（公元58年）改郡为广陵国，十年，国废复为广陵郡。十四年，又封刘元寿为广陵侯，食故国6

县。国都在广陵县（今扬州市区）。顺帝永和三年（138年），广陵郡领广陵、江都、高邮、平安、凌（今宿迁县东南）、东阳（今盱眙县境）、射阳（今淮安市东南）、盐渎（今盐城市西北）、舆（今仪征市东北）、堂邑（今六合县北）、海西11县。此支刘姓开基始祖为广陵王刘胥。

长沙郡：长沙郡，最先设于秦朝，为直属朝廷管辖的三十六郡（一级行政区划）之一。其最高行政长官为郡守，并设有郡尉管军事，监御史掌监察。郡下设县，行政长官为县令（万户以下的县称县长），又设有县尉掌军事和治安，县远掌司法和税务。县以下设乡、亭、里等社会基层行政单位，有三老、亭长、里正等职，以秉承郡县的命令实施对社会的统治。秦代的长沙郡，以今长沙地区为中心，涵盖了今湖南大部分地区，北起洞庭，南逾五岭，东邻鄱阳湖西岸和罗霄山脉，西接沅水流域。据明朝崇祯年间编《长沙府志》沿革记载，秦代长沙郡下设湘、罗、益阳、阴山、零陵、衡山、宋、桂阳等9县，这是古代湖南或长沙最早的一批县级行政区域，其范围包括了今岳阳、长沙、湘潭、株洲、益阳、衡阳、邵阳、娄底、郴州、零陵等部分或全部，以及鄂南、赣西北和广东的连县、广西的全州等地，面积几乎相当于今天整个的湖南省。其治所湘县即大致为今长沙市辖区。汉代改为长沙国，晋于郡置湘州，南朝宋为长沙国，复置湘州，齐以后为长沙郡，隋平陈废郡，改州曰潭州，复改州为长沙郡，后为萧铣所据，唐复口潭州，又曰长沙郡，复曰潭州，五代时马殷建楚国，改潭州为长沙府，周广顺初地入南唐，既而周行逢据其地，宋仍曰潭州长沙郡，元立潭州路，改天临路，明初改潭州府，又改长沙府，即今湖南长沙市。此支刘姓开基始祖为长沙定王刘发。

临淮郡：汉武帝时置郡，汉武帝元狩六年（公元前117）置临淮郡，郡治徐县（今苏北泗洪县南），下辖徐县、赘其县、高山县、盐渎县、取虑县、犹县、开阳县、射阳县、淮浦县、东阳县、僮县、海陵县、淮阴县、淮陵县、下相县、富陵县、播旌县、西平县、睢陵县、盱眙县、舆县、堂邑县等29个县。新朝始建国元年（9年）改名淮平郡。东汉初，并入东海郡。东汉建武十五年四月丁巳，刘秀封其子刘衡为临淮公，改临淮国。此支刘姓，其开基始祖为东汉光武帝刘秀六世孙晋永城令刘建。

◆ 贵姓堂号

祠堂又称家庙，是某姓家族供放自己祖宗的牌位、祭祀祖先神灵的厅堂，其目的是维护宗族团结、便于同一姓氏寻根认祖。

中国人的家族观念很强，祭祀祖先成为中国传统社会的民间信仰。祠堂反映着我国人民对先祖的崇敬与怀念。

早在周朝，中国的宗族制度就已经很完善，按照那时的祭祀规定，只有士大夫以上的人才能建庙祭祖，庶人是没有这个权力的。能建庙祭祖的这些特权阶层，也根据他们的身份划分成五个等级：周代天子、诸侯、大夫、士、庶人，分别对应不同的祭祖礼制。这一时期被称为宗庙制。

隋唐时期，官员祭祖的家庙祭祀制度盛行，官员按照官职大小划分祭祀享用的级别，规定："凡文武官二品以上，祠四庙；五品以上，祠三庙；六品以下达于庶人祭祖祢于寝。"从这句话我们可以看出，下层官员和庶人祭祖只能在"寝"祭祀祖先，也就是生活的房子里进行祭祀活动，而无权建庙祭祖，依然充斥着严格的等级制度。

宋代以后，官方不再垄断建祠祭祖的权利，民间立祠成风，凡聚族而居的同姓家族，都设立祠堂作为家族的象征和中心。如果成员太多，则建立数所祠堂，故祠堂又有总祠、支祠之分。总祠是全族人祭祀同一个祖先的场所，支祠是供分支分房祭祀本支祖宗用的。

由于统治阶级的提倡，建立宗祠祭祀祖先的风气在清朝康、雍、乾三朝达到了顶峰，成为一种普遍的现象，祭祀由专门的家庙制度转变成庶人祭祖的宗祠制度。

凡是祠堂都有"××堂"的称号，这便是"堂号"。堂号是一个同姓家族或家族中某一支派祠堂的名号，是某一同姓家族祭祀祖宗共用家庙的称号，也是寻根认祖的重要依据，又是寻根问祖的文化符号。

祠堂一般分为家祠和宗祠。家祠是家人祭祀近代祖先的场所，一般不出五服（指高祖父、曾祖父、祖父、父亲、自身五代）。而宗祠则是族人祭祀先祖的地方。

堂号可分为两大类：地域性堂号和非地域性堂号。地域性堂号又分两类：一类与姓氏的地望有关，或以其姓氏的发祥祖地，或以其声名显赫的郡望所在，作为堂号，也称"郡号"或总堂号；一类与姓氏的郡望无关，是姓氏支系以所居地或祖先所居地的地名作为堂号。非地域性堂号又可分为两种：一种为具有姓氏特征的堂号，这种堂号是家族的"身份证"，一种证明自己家族归属的身份证明，通常以各姓先人之德望、功业、科第、文字或祥瑞、典故等命名；另一种是没有姓氏特征，主要起教化作用的堂号。

"堂号"是家族门户的代称，是家族文化重要的组成部分。它的宗旨大致有三：一是彰显祖先的功业道德，二是表明家族宗亲的特点，三是训诫子弟继承发扬先祖之余烈。由于历史文化习俗的影响，人们在谈到和自己同姓氏的历史名人时，往往流露出一种尊崇、自豪之情。

从功能上说，祠堂的基本功能是祭祀祖先，延伸功能主要是奖惩、教化族人，族人聚会、议事，藏谱等。

同姓的堂号虽然多，但也不是随便取名，根据堂号取名依据和其用意不同，堂号的取名大致有以下几类：

（1）根据血缘关系命名堂号。中国的姓氏文化，首先表现出来的社会心态就是对血缘关系的高度重视，不仅同一姓氏使用相同的一个（或若干）堂号，而且有血缘关系的不同姓氏，也会使用同一堂号。如著名的"六桂堂"，是福建、台湾等地的洪、江、汪、龚、翁、方六个姓氏共用的一个堂号。据文献记载，这六个南方家族，虽然姓氏不同，但却是一个先祖同一家族，追本溯源都是翁姓的后裔。据史志和台湾《翁氏族谱》记载，在五代后晋高祖天福年间（公元936年）福建兴化府莆田县有翁乾度福建泉州人翁乾度（公元898—951年），在闽国担任补阙郎中官职，他娶妻陈氏，生六子，为避闽国国乱，携眷归隐莆田竹啸庄，并将六子依次改为洪、江、翁、方、龚、汪六姓。至北宋王朝建立，长子处厚，字伯起，宋太祖建隆元年进士，特授承议郎，兼殿中丞上柱国（丞相）赐绯鱼袋。次子处恭，字伯虔，宋太宗雍熙二年灏榜进士，官拜泉州法曹。三子处易，字伯简，宋太宗建隆元年，与长兄同榜进士，官至剑南少尉。四子处朴，字伯谆，宋太祖开宝六年进士，官拜泉州法曹。五子处廉，字伯约，宋太祖开宝六年考中进士，官大理司直，监察御史。六子处休，字伯容，宋太宗雍熙二年，与二兄同榜进士，官拜朝散郎，韶州通判。按我国科举取士时代、读书登科、美称为"折桂"。自唐代以来，凡父子或兄弟叔侄联登科甲的家族，有的称"双桂"、有的称"五桂"不少，六兄弟皆登进士第，号称"六桂"，可谓是中国历史上罕见的美事。当时六子齐荣，被人誉为"满朝翁六桂联芳"。在五代乱世时期，翁氏家族在朝中当大官，处在改朝换代关键时刻，为了防止断子绝孙，把自己或子女分为异姓寄养作为掩护，待国家统一、政局稳定之后，各子女被接回，恢复原来身份姓翁，或许有个别子女长年失踪或迁移在台湾、新加坡、马来西亚等地，未能恢复原姓翁，繁衍生息，形成了六姓原一宗的传闻，并共用一个堂号——六桂堂。除此之外，坊间亦存在另一有关"六桂联芳"的说法。话说唐朝叔公生子殷符，殷符三子廷范衍生六子，分别为仁逸、仁岳、仁瑞、仁逊、仁载、仁远，兄弟六人均中进士，时称"六桂联芳"，因而该支方氏的不少外迁支派亦以"六桂堂"为堂号，如福清方氏、东莞方氏等。

再如，溯源堂，这是因为雷、方、邝三姓同出一源，三姓宗族祠堂名叫"溯源堂"。最早于清道光二十六年（1846年）在广东开平市水中镇兴建的溯源家塾，门联曰：源同一派，衍以三宗。该联肯定了雷、方、邝三姓根同枝分、同源分流的关系。相传炎帝神农氏八世孙帝榆罔的公长子雷公，因协助轩辕氏伐蚩尤有功，并拥轩辕氏为黄帝，官拜左相，赐封于禹州方山，其子孙分别以封地"方"与雷公名字"雷"为姓氏，自此世代相传。花开两朵，各表一枝。话说方氏一支，计有夏朝相公，周朝淑公，秦朝覆公，世居河南固始县；汉朝宏公，遭王莽之乱，举家迁徙至江南；至唐朝叔公，公元854年中举甲戌进士，任都督府长史，官拜二品，因官入闽，后居莆田，乃福建莆田方氏始祖。至第九世宗元公因官由闽入粤，为南海、番禺、中山、开平、新会等县方氏始祖。至于殷符五子廷英所生之长子以平，则改取邝姓，宋高宗年间（1129年）迁居广东南海大镇乡，乃广东邝氏始祖。

（2）根据本宗姓氏或本族姓氏的发祥地取名。如福建、台湾等地的庄姓堂号多用"凤田堂"。因为凤田是该族的发祥地。

（3）根据本宗祖先的嘉言懿行命名。例如：范氏"麦舟堂"是来自北宋名臣范仲淹济危扶困的典故。有一次范仲淹遣子纯仁，至姑苏运麦，舟至丹阳，遇石曼卿无资葬亲，纯仁即以麦船相赠。纯仁回家后告知其父，深得范仲淹嘉许。故后世以此为典，以"麦舟堂"为堂号。

（4）根据祖先的官称、爵号或别号等取名。如陶姓有"五柳堂"，因先祖陶渊明号"五柳先生"。白姓有"香山堂"，因先祖白居易号"香山居士"。

（5）根据祖先的德育故事命名。孟姓的堂号"三迁堂"，取材于孟母三迁的故事。孟子年幼时，他的母亲很重视周围环境对人的影响，为让孟子从小能受到好的环境熏陶，就多次搬家，择邻而居。"昔孟母，择邻处"，作为一则著名的育子故事，自古至今，一直代代相传。

（6）根据祖先的功业勋绩命名堂号。在中华民族五千年的历史长河中，各个姓氏在不同历史时期，都涌现出一批功勋卓著，名垂青史的历史人物，后人往往以此作为堂号。如东汉名将马援，战功卓著，名闻遐迩，"马革裹尸"便是脍炙人口的历史典故。后因功封"伏波将军"，马氏后人中有一支便以"伏波堂"为堂号。楚大夫屈原曾任三闾大夫，屈氏后人就以"三闾堂"为堂号。

（7）根据传统伦理规范和美德命名堂号。例如：吴姓的祖先是周朝时吴国始祖太伯，太伯有让位给兄弟的美德，故吴姓堂号叫"让德堂"。唐代郓州寿张人张公芝，九世同居，麟德年间唐高宗祭祀泰山，路过郓州，至其家，问何以能九世同居，安然相处。张公芝于纸上连书百余"忍"字，道出其中诀窍，全在于百事忍让。故堂号名之为"百忍堂"。还有李氏"敦伦堂"、朱氏"格言堂"、任氏"五知堂"、刘氏"百忍堂"、朱氏"格言堂"、刘氏"重德堂"、

187

郑氏"务本堂"、周氏"忠信堂"、蔡氏"克慎堂"、许氏"居廉堂"等，都体现了传统的伦理道德观念。

（8）以垂戒训勉后人的格言礼教为堂号。此类堂号在各姓氏自立堂号中较为普遍。如"承志堂"、"务本堂"、"孝思堂"、"孝义堂"、"世耕堂"、"笃信堂"、"敦伦堂"、"克勤堂"等。

（9）以良好祝愿命名家族堂号。此类堂号也较为常见。如"安乐堂"、"安庆堂"、"绍先堂"、"垂裕堂"、"启后堂"等。

下面介绍刘姓的堂号。

彭城堂：位于今江苏徐州，这是刘氏使用最普遍的堂号，是汉高祖刘邦之弟刘交的后裔。因为彭城刘氏其源出西汉皇族，时间较早，人口、支脉较多，影响较大，因此刘氏彭城堂的名气很大。

御龙堂：夏代的刘累善于养龙，被夏王孔甲封为御龙氏，御龙堂因此而来。

藜照堂：西汉经学家、目录学家、文学家刘向在元帝的时候校书天禄阁，有一天，一个老翁穿着黄衣，拿着藜杖，吹着拐杖上的火焰，拿出天文、地理的书给刘向。刘向问："你是谁？"他回答说是太乙之精，听说他好学，特来看他。刘向一生著述很多，见了老翁后，才思更加敏捷了。

崇仁堂：又名刘氏宗祠，位于福建省永安市下吉山中心，这里是抗战时期省教育厅所在地、古祠堂，市级文物保护点。刘氏崇仁堂坐北向南，建于清乾隆年间，建筑面积595平方米。每年农历九月初一，吉山村刘姓后代在此祭祀开基吉山的第一代始祖刘贵三（于明嘉靖十五年（1536年）从渔沄迁吉山）。因是刘氏大宗祠，所以常作大修膳，是所有抗战遗址中保存得最完好的一处。

刘氏宗祠系歇山顶穿梁式木结构，为三进三开间抬梁式构架，梁上雕刻十分雅致，祠内整个布局建筑在中轴线上，左右对称地排列厅堂，中间天井水放午方，两旁是迴廊，现已开辟成芳名榜和崇仁堂。

刘氏宗祠院门坐戌山辰向兼辛乙，丙戌丙辰分金，坐娄宿三度，向角宿十一度，水放辰方。宗祠大门坐癸山丁向兼丑未，庚子庚午分金，坐女宿一度，向柳宿四度，水放辰方。面对案山一重，朝山未峰（狮子山峰高大圆秀），左前方丙午二峰高大尖秀，右前方申峰高大叠樟，酉峰重峦高大。祠立癸山丁向透地龙乙丑辛未大利。丑是兑卦少女，未是震卦长房，长男配少女得宜。亥卯未年丁财昌盛，生人寿高。加之丙、午、酉三峰（火生土为生砂）高照，主家得科甲、金榜题名，名利双收，富贵双全，癸丁二峰（土与土比和为旺砂）拱照，主家先富后贵，人丁家运兴旺；申峰（土克水为财砂）主得财利，人丁兴旺。

进入刘氏祠院，迎面看见大门镌刻着一副对联；上联"丰沛传千古"；下联"彭城大一家"，横幅"名播中华"。两扇内门上书写着四个大字"国盛族兴"。左柱联"脉从南剑分支钟祥济美"；右柱联"源兴东平合派乐善贻芳"，上方横匾写着"簪缨继世"四个大字。进入崇仁堂春亭，上方悬挂的是 1942 年，第二任省主席刘建绪给吉山刘氏宗祠所题的"绳其祖武"四字牌匾，这是"崇仁堂"内官职最高的一位书写的牌匾。左侧上方悬挂省教育厅长郑贞文所题的"明德惟馨"。大厅内有 4 根木柱对称而立，柱上有题刻楹联，厅左右墙上写有"忠""孝""第""信"四个黑字。大厅上方高悬着"贡元"、"进士"、"文魁"、"武魁"等牌匾，其中大部分为刘氏光宗耀祖的文武状元。有清朝的贡生刘友敬、进士刘元晖、三代登科举人刘山、刘廷魁、刘朝榜，有今人硕士研究生刘小明，还有清华大学生刘通浩。在刘氏祠堂文化内涵包含着整个刘氏家族重兴教的渊流与省政府主张教育抗日思想的融合，充分体现教育与家庭与民族间的关联。

崇仁堂院墙前空地上原竖有一对石旌表，现只剩下埋入地下的石座，据说抗战时，为防日机轰炸，才将它放倒（夹板和石旌杆被郑贞文改制成石条桌使用），是为永安在清代出的第一个进士刘元晖所立的。石旌表的站立不仅显示着刘氏一族昔时的荣耀；而放倒的石旌表却印证着日机轰炸吉山的罪证。

◆ 贵姓楹联

楹联是古人为某一姓氏宗族书写的对联，专用于祠堂、支祠、家庙、大门、神龛、祖先牌位、祖宗坟墓左右两侧。在郯子庙大殿前精雕石柱上的楹联："居郯子故墉纵千载犹沾帝德,近圣人倾盖虽万年如座春风",至今仍为人们咏颂。

祠堂门口两边贴着或悬挂着的对联或家中神龛上祖宗牌位两侧的对联,叫祠联,又称堂联,祠联内容多和姓氏的起源发展、兴旺变迁等有关。但堂联又不完全是祠联,而是祠联中的一类。

祠联有通用祠联与专用祠联之分。通用祠联是各姓祠堂都可以通用的楹联。通用的性质决定其内容不会和某个具体姓氏的特征产生关联,而是从一种普遍意义上的、对各姓都适用的内容上着手,比如对祖先的崇拜及承继祖风、光耀门楣等都可以入联。"祖德流芳思木本,宗功浩大想水源"、"树发千枝根共本,江水源同流万派"、"祖德振千秋大业,宗功启百代文明"都是比较典型的姓氏通用楹联。与通用祠联不同,专用祠联只能用于某个姓氏家族的祠堂,其内容和该姓氏的历史渊源、姓氏名人等紧密相关,打上了该姓氏强烈的姓氏特征,它具有"专一性",比如:"道德犹龙,名起柱下;文章倚马,系出陇西",上联谈的是老子李耳,下联指的是李白。我们一看就知道这是李氏专用对联,不可以挪作其他姓氏的楹联,否则就会产生张冠李戴的效果,贻笑大方。根据祠联可以寻根,有的"寻根联"会一直追踪到上古的始祖甚至中华民族的共同祖先炎黄二帝。如王姓堂联:"迁史前槽杆笑由来遵远祖,明图可按姬王自昔证同宗"。

刘姓宗祠门楣题词

门楣题词,俗称"门榜",具有标识使用者姓氏的作用,其规制略同匾额,横书在住宅大门或厅堂的门楣上。由于"门榜"内容常常与使用者所属祠堂的堂匾相一致,因此也有人把"门榜"称作堂匾或姓匾。

刘氏门楣题词曰:

禄阁流光
彭城世德

"禄阁流光"是出自刘向的故事。刘向,西汉人,字子政,初为谏议大夫，宣帝招名儒俊材。元帝时为中垒校尉，博学通经。据无名氏《三辅黄图·阁部》载："刘向于成帝之末，校书天禄阁，专精覃思。夜有老人著黄衣，植青黎杖，叩阁而进见。向暗中独坐诵书，老父乃吹杖端烟燃，因以见向"，"与说开辟前事，出天文地理书授之。问名，曰：太乙之精，闻卯金之子好学，下观焉。"刘向著述有《洪范五行传》、《列女传》、《列仙传》、《新序》、《说苑》等。"彭城世德"出自西汉皇族的典故。彭城是汉高祖刘邦之弟刘交的发祥地，成为刘氏郡望。

刘姓宗祠四言通用联

姓启刘国；
望出彭城。

——佚名撰刘姓宗祠通用联。全联指出了刘姓的源流和郡望。

彭城世泽；
汉室家声。

——佚名撰刘姓宗祠通用联。上联指刘姓的望族居彭城，在今江苏徐州市，汉高祖刘邦的老家。下联"汉室"，典指西汉、东汉两朝，都是刘家王朝的天下。

术通象纬；
药采天台。

——佚名撰刘姓宗祠通用联。上联指明初著名大臣刘基，字伯温，浙江省青田人。元末进士，曾官江西高安县丞、江浙儒学副提举、处州总管府判，后弃官隐居，著《郁离子》，揭露元末暴政。至正年间到应天，劝说朱元璋脱离韩林儿，独树一帜，并为他筹划用兵，参与机要。明初任御史中丞兼太史令，封号"诚意伯"。博通经史，善写文章，尤其精象纬（象数谶纬）之术。著作有《诚意伯文集》等。下联指东汉剡溪人刘晨，相传永平年间和阮肇同入山采药，迷路遇两个仙女，邀他们到家中，吃胡麻饭，睡前行夫妇之礼。半年后回家，子孙已经七代了。

术通乾象，
喜入天台。

——佚名撰刘姓宗祠通用联。全联都是说的元末明初军事家、政治家及诗人刘伯温即刘基。刘基（1311—1375年）字伯温，谥曰文成，汉族，青田县南田乡（今属浙江省文成县）人，故时人称他刘青田，明洪武三年（1370年）封诚意伯，人们又称他刘诚意。武宗正德九年被追赠太师，谥文成，后人又称他刘文成、文成公。刘基通经史、晓天文、精兵法、会风水、懂八卦。他以辅佐朱元璋完成帝业、开创明朝并尽力保持国家的安定，因而驰名天下，被后人比作为诸葛武侯。朱元璋多次称刘基为："吾之子房也。"在文学史上，刘基与宋濂、高启并称"明初诗文三大家"。刘基好学敏求，聪慧过人，由父亲启蒙识字，十分好学。阅读速度极快，据说"读书能一目十行"。12岁考中秀才，乡间父老皆称其为"神童"。泰定元年（1324年），十四岁的刘基入郡庠（即府学）读书。他从师习春秋经。这是一部隐晦奥涩、言简义深的儒家经典，很难读懂，尤其初学童生一般只是捧书诵读，不解其意。刘基却不同，他不仅默读两遍便能背诵如流，而且还能根据文义，发微阐幽，言前人所未言。老师见此大为惊讶，以为他曾经读过，便又试了其他几段文字，刘基都能过目而识其要。老师十分佩服，暗中称道"真是奇才，将来一定不是个平常之辈！"一部春秋经，刘基没花多少工夫就学完了。泰定四年（1327年），刘基十七岁，他离开府学，师从处州名士郑复初学周（敦颐）程（程颢、程颐）理学，接受儒家通经致用的教育。郑复初在一次拜访中对刘基的父亲赞扬说："您的祖先积德深厚，庇阴了后代子孙；这个孩子如此出众，将来一定能光大你家的门楣。"刘基博览群书，诸子百家无一不窥，尤其对天文地理、兵法数学，更有特殊爱好，潜心钻研揣摩，十分精通。有一次，他在一家书屋看到一本天文书，便爱不释手，一口气读完了此书。第二天竟能从头至尾背诵如流。店主人知后十分惊奇，要把这部天文书送给他，刘基说："这部书已装在我胸中，书对我已经没有用了。"刘基的虚心好学和出众才智，不仅使他学就和掌握了丰富的知识，而且使他年轻时就在家乡出了名，大家都说他有魏征（唐）、诸葛孔明（三国·蜀）之才。元统元年（1333年）二十三岁的刘基赴元朝京城大都（今北京）参加会试，一举考中进士，从此他便步入坎坷曲折、跌宕起伏的仕途生涯。

　　雕龙名著；
　　殿虎英风。

　　——佚名撰刘姓宗祠通用联。上联指南朝梁文学理论家、批评家刘勰，字彦和，莒县人，世代居京口，早年立志好学，家贫不娶妻，跟从沙门僧佑钻研佛教理论。梁武帝时，历官奉朝请、东宫通舍人等，深为昭明太子萧统倚重。晚年出家为僧，法名慧地。南齐末年，写成《文心雕龙》五十篇，论述各体作品的特征和历史演变，探讨创作、批评的原则和方法，以及文学和时代的关系等，系统完整，成为我国文学批评史上的杰出著作。下联指北宋大名人刘安世，字器之，学者称元城先生，熙宁进士，不做官，从学于司马光。司马光任宰相时，推荐他为秘书省正字，官至谏议大夫。刚毅直率，使贪官畏慑，被视为"殿上虎"。著有《尽言集》等。

　　唐朝正字；
　　汉室传经。

　　——佚名撰刘姓宗祠通用联。上联指出唐代刘晏的才华，引《三字经》："唐刘晏，方七岁，举神童，作正字。"下联典指西汉经学家、目录学家、文学家刘向受帝命于天禄阁校正《五经》同异，其子刘歆继承父业，整理六艺群书，成《七略》。

　　阮嵇作友；
　　丰沛发祥。

　　——佚名撰刘姓宗祠通用联。上联典指晋·刘伶与阮籍、嵇康为友。下联典指沛人刘邦建立汉朝。

　　业承西汉；
　　派衍南塘。

　　——佚名撰刘姓宗祠通用联。此联为湖南省宁乡县南塘镇刘氏宗祠联。此宗祠联比较简短，全联典指南塘的刘氏，是西汉皇族的后裔。

　　彭城世泽；
　　铁汉家声。

　　——佚名撰刘姓宗祠通用联。此联为刘氏宗祠"彭城堂"通用堂联。

　　　　　　　彭城世德；
　　　　　　　禄阁家声。

——佚名撰刘姓宗祠通用联。此联为刘氏宗祠"彭城堂"通用堂联。

刘姓宗祠五言通用联

　　　　　　　藜阁家声远；
　　　　　　　彭城世泽长。

——佚名撰刘姓宗祠"藜照堂"通用堂联。

　　　　　　　谈笑有鸿儒；
　　　　　　　往来无白丁。

——唐·刘锡禹撰刘姓宗祠通用联。此联出自唐代著名文学家、哲学家、诗人刘禹锡《陋室铭》诗句。

　　　　　　　一门五都督；
　　　　　　　三科两状元。

——佚名撰江苏省姜堰市旧城刘氏宗祠联。全联典指姜堰乡下的刘氏家族，在明清两个朝代先后出过五名都督和一对兄弟状元。历史记载着刘氏家族的兴旺。刘状元故里位于姜堰市桥头镇雁子墩东边的孙家庄。府宅东、北、西三面临水，相传这里风水好，为《水龙经》中的"二重龙水型"，解曰：二水二重龙，如带复如弓，为官家富足，清职显门风。刘状元府建于乾隆五十一年，府门朝南，门前有石雕门墩，活动式铜门槛。屋子古意深深，木质门窗上的油漆早已褪尽，变得黑不溜秋。院子里凹凸不平的青砖石板上长出许多青苔，透过灰尘依稀可见府门两边的朱漆金字楹联（见下《刘姓宗祠七言通用联·桥头镇雁子墩孙家庄刘状元府联》）。

刘姓宗祠六言通用联

　　　　　　　海隅文藻振世；
　　　　　　　顺昌旗帜惊人。

——佚名撰刘姓宗祠通用联。上联典指魏代"建安七子"刘桢，有文名。下联典指宋代刘锜镇守安徽顺昌，破金兀术数十万兵。

刘姓宗祠七言通用联

三章早沛秦川雨；
五夜长明书室灯。

——佚名撰刘姓宗祠通用联。上联指出秦末农民起义领袖、西汉开国皇帝刘邦（公元前256—前195年），字季，沛县人。刘邦曾任泗水亭长。秦末陈胜起义时，他起兵响应，称沛公。初属项梁，后与项羽领导的起义军同为反秦主力。公元前206年，率军攻入秦都咸阳，推翻秦朝的统治。废除秦的严刑苛法，约法三章："杀人者死，伤人及盗抵罪"，废除秦代苛政，深得民心，得到秦人的拥护。项羽入关，他被封为汉王。随即与项羽展开长达五年的楚汉战争，最终战胜项羽，建立汉朝。加强中央集权，控制六国旧贵族，发展农业生产，制定了《汉律》。下联说的是西汉经学家、目录学家刘向，字子政，沛县人。曾官谏议大夫、中正，屡次上书劾奏宦官、外戚专权。成帝时，任光禄大夫、中垒校尉。曾在天禄阁校阅群书，撰成《别录》，为我国目录学之祖。又著有《洪范五行传》、《说苑》、《新序》、《列女传》、《五经通义》等。

刘娘申哀真命薄；
徐女泣告果心贞。

——李文郑撰刘姓宗祠通用联。上联典指南朝梁文学家刘孝绰的三妹刘三娘，文章清新挺拔，嫁给东海人徐悱。徐悱死，刘三娘为他写祭文，言词凄怆，令人读之落泪。徐悱的父亲徐勉，想写哀辞，读了三娘的文章，便不再写了。下联典指宋代龙游人刘愚，字必明，历任江陵府教授、安乡县知县，颇有惠政。后辞官，在城南筑草庐著书。其妻徐氏，娘家原打算将她嫁给富人家，她泣告母亲：不愿做富人家的妻子。于是嫁给了刘愚。一次，刘愚带金子回家，她发怒道："我以为你是贤人，怎么拿别人金子回来？马上给人家送回去！"刘愚忙拿出书本给她看，说是教书的报酬，这才罢休。

先代蒲鞭昭德泽；

后人藜阁继书香。

——佚名撰刘姓宗祠通用联。

贵姓家训

　　一般家谱、族谱上都有"族规、家训或者祖训"。家训作为家族文化的一个组成部分被保存至今。由于历史的原因和社会的变化，我们必须辩证地来认识家训，贯彻"古为今用"，做到正确扬弃、合理使用。家训里"重男轻女"、"家规代替国法"等内容必须坚决摒除。中国各姓氏的家训大都是要求后代继承家族优良传统，发扬先祖艰苦奋斗的精神，振我家业，兴我中华，顾大局、识大体。比如南北朝时期记述个人经历、思想、学识以告诫子孙的《颜氏家训》中就有"一粥一饭，当思来之不易；半丝半缕，恒念物力维艰"的话，至今读来还是有教育意义；另外，备受王安石推崇的《钱氏家训》中有一条为："子孙虽愚，诗书须读。"因此，钱氏后裔英才辈出，光近现代文化名人便数不胜数，如钱基博、钱穆、钱临照、钱钟书、钱伟长、钱鸣商、钱树根、钱绍武等。值得一提的还有曾国藩的《曾文正公家书》、朱柏庐的《治家格言》（世称《朱子家训》），这些都已经成为中华民族传统的家教经典。

　　家训是家庭成员修身持家、自省自励的家规，综观家规，训者为多，教者不足。今翻阅《五牧刘氏宗谱》，训者不多，而教者为数不少。《五牧刘氏宗谱》中有两篇训规。一是《屏山先生遗训》讲治学；另一是《漫塘先生家训》讲治家；刘氏祠中所悬《朱文公家训》讲修身。屏山先生即刘子翚，朱熹之师。漫塘先生即刘宰，敷文殿学士。刘宰（1167—1240年）字平国，号漫塘病叟，镇江金坛（今属江苏）人。绍熙元年（1190年）举进士。历任州县，有能声。寻告归。理宗立，以为籍田令。迁太常丞，知宁国府，皆辞不就。隐居三十年，于书无所不读。既卒，朝廷嘉其节，谥文清。宰为文淳古质直，著有《漫塘文集》三十六卷，《四库总目》又作有《语录》，并传于世。刘宰方正刚直，明智敏锐，仁慈宽忍，对父老乡亲施以恩惠，他所做的功业事迹实在是很多。设置了义仓,创建了义役,几次三番地煮粥给饥饿的人充饥,从冬天到夏日,每天要供应一万多人的柴米、衣物、药物、棺椁寿衣之类,不请求就不会获取。有人无田可耕,有人无屋可居,有人子女成年而没能婚嫁,他都心情急切,积极主动地去办理,就像做自己的事一样尽责。(遇到)桥梁损坏,道路不畅,即使工程量很大,他也必定率先捐出资财,倡导修缮,并督察工程进展。刘宰对自己家的生计安排一向淡泊,但是见到和义之事一定去做,即竭尽全力。他还定下折缴麦税的钱额数量,把县里的斗、斛都改为国家规定的标准(注:以前县府里收税粮常是大斗进小斗出),凡是可以告于官府、有利于父老乡亲的事,他没有不做的。朱文公即朱熹(1130—1200年),朱熹的"字"叫元晦,后改为仲晦,别号紫阳,又号晦庵,祖籍婺源(今属江西),是南宋时期著名的思想家、教育家、宋代聚理学大成者,也是宋以后一位重要的哲学家、影响最深远的教育思想家。

屏山先生遗训

吾闻之:"糟粕捐,淳精聚;诚意毕,刍狗除。"此言虽小,可以谕大。孰为学问之粹,而益于吾身哉?

木稚而曲,其老不舒;人稚勿攻,其成必愚。故善学者必谨其初。凡日用间,业业乾乾,散秩必恭,执事必处中,惟不自轻。

虽奴隶亦尊,睡地如污,其畏自是,寝则易安,食则知味。类面奏圉,脱襟屣履,每每存之,斯无过矣,自朝至昏,以一条贯焉,勿谓未也,本实由之。

毋悦于新,毋骇于奇。骤得必夸,久而寒微。习而察焉,岂曰无徵。

出诣于西,底止必秦,其次也。顷刻之功,初若不是外务夺之,或断、或续及其至焉,皆其所积。

故君子许其进,而惰夫疑其自绝。原有生之初,愚如混混,学如蜕焉,其质乃变。变非他,知实,有昔见。有之则诚、体之则仁。孰明此哉。

圣心之纯性本浑全,或误于未闻。知误勿报。冥之则真,斯言不守，何多求焉。

栋宇虽克，不如掩编。如人有车，身必自足。弗轴、弗足，何以行？凡初有闻，果然自足。

蒐岸咨睢，自离于曲；可食之实，出于凡木。

人或有言，志善忘恶。彼真不贤，可助余之为余师。勖其贤可信，信之不疑，勿窥其小疵谓不足以我信，乃自益我疑，则自堕师乎。

师乎，惟己之为，温故知新吾，昔闻与今闻合，岂不欢欣，如膏炽薪，心源益明。

古人得善，惟恐勿居，如救火捕亡，其敢缓诸。苟曰：此日如己，聊以优游，则知终身，无复好修，惟是中局。

泯泯棼棼，以敬直之，如风扫蚊，一道通明，振古如兹。曰：予衰矣！尚识前言，予其循之，学必有闻。

漫塘先生家训

孝以事亲，敬以事兄，兄友弟恭，勿容间言。

内外必严，出入必谨，庶身之修，在家亦□（用方框表示缺少一字）。

谦尊而光，傲实凶德，有心必治，临事毋刻。

岁计在春，日计在晨，若士若民，罔没不勤。

内不自强，晏起安坐，一朝时过，宁受饥饿。

进篑山成，涓流川竭，若富若贫，皆须俭节。

内不自量，惟务美观，一朝力尽，徒成笑端。

勿恃有理，易兴牒讼，勿恃有援，迟完税赋。

一有追絜，辱及门户，乡里贵和，细故宜忍。

交友必择，邪謟勿近，一或反是，必生悔吝。

朱文公家训

君子所贵者，仁也。臣子所贵者，忠也。父之所贵者，慈也。子之所贵者，孝也。兄之所贵者，友也。弟之所贵者，恭也。夫之所贵者，和也。妇之所贵者，柔也。事师长贵乎礼也；交朋友贵乎信也。见老者，敬之；见幼者，爱之。有德者，年虽下于我，我必尊之；不肖者，年虽该于我，我必远之。慎勿谈人之短，切莫矜己之长。仇者以义解之，怨者以直报之，随遇而安之。人有小过，含容而忍之；人有大过，以理而谕之。勿以善小而不为，勿以恶小而为之。人有恶，则掩之；人有善，则扬之。处世无私仇，治家无私法。勿损人而利己，勿妒贤嫉能。勿称忿而报横逆，勿非礼而害物命。见不义之财勿取，遇合理之事则从。诗书不可不读，礼义不可不知。子孙不可不教，僮仆不可不恤。斯文不可不敬，患难不可不扶。守我之分者，礼也；听我之命者，天也。人能如是，天必相之，此乃日用常行之道，若衣服之于身体，饮食之于口腹，不可一日无也，可不慎哉！

朱文公即朱熹所写的《家训》虽然成书于八百多年前，但其内容所放射的理性光芒，向世人展示了中华民族的优秀道德文明和深厚的文化底蕴。

"三帝遗训"。西汉高帝遗训、东汉光武帝遗训、蜀汉昭烈帝遗训被称为"三帝遗训"，也叫"三祖遗训"。"三帝遗训"在国内外广大刘氏族姓中广泛流传，已成为整个刘姓宗族的共同族训。刘邦故乡的汉里堂刘氏族谱《汉祖流源史》、湖南湘中地区刘姓族谱《刘氏文史》、马来西亚柔佛州刘氏公会1999年编印的《第一届世界刘氏宗亲联谊总会纪念特刊》上，都刊载了"三帝遗训"。近年来，随着海内外炎黄子孙联系的加强和刘氏宗族的深入开展，"三帝遗训"更越来越赢得广大刘姓宗族的认同，成为刘姓宗族教育、激励族人的重要内容。

西汉高帝遗训：夫运筹帷幄之中，决胜于千里之外，吾不如子房；镇国家，抚百姓，给饷馈，而不绝于粮道，吾不如萧何；连百万之众，战必胜，攻必克，吾不如韩信；三者皆人杰，吾能用之，此吾所以取天下者也。

这是汉高祖刘邦当年和大臣们在一起讨论、分析自己战胜项羽、夺取天下江山的原因时所说的一番话。原文见载于《史记》和《汉书》。此句话也已成为中国人的名言之一。

东汉光武帝遗训：柔能制刚，弱能制强，舍近谋远者劳而无功，舍远谋近者逸而有终。故曰：务广地者荒，务广德者强；有其

有者安，贪人有者残。

这句话所表达的是一种务实的生活哲学，反对好高骛远，提倡知足常乐的人生观。

蜀汉昭烈帝遗训：勉之，勉之，勿以恶小而为之，勿以善小而不为，惟贤惟德，可以服人。

"勿以恶小而为之，勿以善小而不为"已成千古名言，这句名言不只是刘姓家族，而是整个中华民族传统价值观念、是非善恶取舍和个人行为的标准。

新时代刘氏家训

敦孝弟：孝弟为百行之首，凡为人子弟者不可忍灭天性，兹我族子孙，宜敦孝弟于一家。

睦亲族：宗族为万年所同，虽分房系支派，实源同一脉。

和乡邻：乡邻同井而居，出入相友，守望相助，不可相残相斗，视异姓同骨肉之亲。

明礼让：礼让为处世之道，应提倡谦逊之风。

务本业：士农工贾，各有其业，业精于勤，荒于嬉，凡务其业者，宜自食其力，切勿闲游于度。

端士品：士为名之首，为官者要明礼义，隆其名，贵有其实，若荡检逾闲，不求上进，后悔莫及。

隆师道：师道为教化之源，尊师重道，正以崇其教也，宜尊之崇之。

修坟墓：坟墓为藏祖先魂骸，要常整修、祭扫。

戒犯讳：子孙择名时，不得择父兄叔伯之名。

戒争讼：争讼非立身保家之道，争必有失，祸从口出，宜忍让，勿导致亡身及倾家荡产之悔。

戒赌博：赌非人生正业，一入赌场，百业俱废，人格亦轻，宜守本分，切勿贪财，害累终身。

戒淫恶：淫是万恶之源，宜捡身防过，免损名节。

戒犯上：不得以卑凌尊，以下犯上，宜尊长敬老。

戒轻谱：家谱是一家一族之宝，应爱惜珍藏，以传后世，详悉源流，查考世系。

刘氏族训诗

骏马骑行各出疆，　　任从随地立纲常。
年深处境皆吾境，　　日久他乡即故乡。
早晚勿忘亲舍语，　　晨昏须奉祖炉香。
苍天佑我卯金氏，　　二七男儿共炽昌。

刘氏格言十则

立身其正其言，　　待人以厚以宽，
教子唯忠唯孝，　　治家克勤克俭，
存心能忍能耐，　　做事不偏不倚，
接物勿欺勿怠，　　处事曰谨曰廉，
尊长毕恭毕敬，　　交友与德与贤。

刘氏戒律十条

赌博　酗酒　淫乱　斗殴　行骗
蛮横　偷盗　争讼　懒惰　吸毒

称号大观

中国人除了姓、名、字外，还有"号"。"号"分为自号、别号；封号、谥（shi）号；古代封建帝王有庙号、年号、尊号、国号。

《史记·五帝本纪》记载："自黄帝至舜、禹，皆同姓而异其国号，以章明德。故黄帝为有熊、帝颛顼为高阳、帝喾为高辛、帝尧为陶唐、帝舜为有虞、帝禹为夏后而别氏。"可见，"号"的起源可以推到五帝时期，黄帝号有熊，帝尧号陶唐，帝舜号有虞，帝禹号夏后这是最早的号。号除了指部族或部族联盟的标记以外，还可以用来表示部族联盟首领的个人标记。《白虎通·号》云："帝王者何？号也。号者，功之表也，所以表功明德号令臣下也。"可见部族首领的"号"具有表明仁德的作用。早期的"号"是在人名前冠以"后"字，如后羿；或在官职前冠以"后"字，如后稷；或者在人名前冠以"帝"字,《史记》保存了这样的个人称号,如:帝喾、帝挚、帝尧、帝舜、帝禹、帝武丁、帝祖庚、帝甲、帝纣。比较特殊的是黄帝。《史记·五帝本纪》认为"有土德之瑞,故号黄帝"。

别号。由别人给自己取的号叫别号。别号实际上是别人对你的又一称呼。别号的来源可分为:

①以地望当别号

地望一般指原籍,这里还包括居住和做官的地方。后人对唐代以后的人用此法称呼的比较多。西汉贾谊曾为长沙王太傅,故后人为其起别号叫贾长沙,唐朝柳宗元(山西河东人)的别号叫柳河东、唐代韦应物因曾任苏州刺史故得别号叫韦苏州、宋朝王安石(江西临川人)的别号叫王临川、明朝严嵩(江西分宜人)的别号叫严分宜、清朝顾炎武(江苏昆山亭林镇人)的别号叫顾亭林等。

②以官职当别号

以官职当称号,如王右军(东晋王羲之,曾任右军将军)、王右丞(唐代王维,曾任尚书右丞)、杜工部、杜拾遗(唐代杜甫,曾任左拾遗和工部员外郎)等。

③以排行当别号

中国人以排行起别号,即以序数当称号。唐朝人有此风气,如白居易有一篇著名的文章《与元九书》,元九即元稹,九是他的排行;又有一首小诗《问刘十九》:"绿蚁新醅酒,红泥小火炉。晚来天欲雪,能饮一杯无?"刘十九即刘禹锡,十九是他的排行。其他如白居易称白二十二舍人,韩愈称韩十八侍御,张籍称张二十八员外等。

④以人的典型特点当别号(即外号)

外号起源很早,据记载,夏朝末代君主桀的外号是"推移大牺"(因其力大可推得动牛),可以说外号已有三千多年的历史,但外号的真正流行是在唐,特别是宋以后。刘备因长着两个很显眼的大耳朵,于是得外号"大耳朵"。

早期的外号大多是用来赞美当事人的,文人学士用跟诗文有关的外号来称呼对方,是一种风雅,如张先和宋祁分别被称为"云破月来花弄影郎中"和"红杏枝头春意闹尚书",张先因其词作中有二三句带"影"字的名句又被称为"张三影",温庭筠因思路敏捷、八叉手而成诗,得了很雅的外号"温八叉"。而下层百姓也用外号来赞美同行和朋友。研究中国的外号不可不读《水浒》,在《水浒》里,多数外号都是赞美性的,如"呼保义"、"玉麒麟"、"智多星"、"入云龙"、"浪里白条"、"圣手书生"、"轰天雷"等,有的听起来不啻就是"尊号";还有的干脆就像官职或爵号,如"双枪将"、"百胜将"、"天目将"、"神机军师"、"神火将军"、"圣水将"等。

但现今的外号绝大多数是由人的外貌、性格、特长、嗜好、生理特征、行为活动等特点而起的。当今真正让人感觉有意思的称呼就是别号。但现在使用的含有褒义的外号,称为"雅号",例如:王医生手术高超,被人称为"王一刀",这就是人们对他医术的赞美。

自号。自己给自己取的号叫自号。

自号是古代知识分子名称的一个重要组成部分,也是中国文化的一个重要特色。魏晋南北朝时期是中国文学史上"自觉的时代",文人们发现了自我,因此,自号始于晋。第一个以自号著称的名人是不为五斗米折腰的陶渊明,他家门前有五棵柳树,因此,自号"五柳先生"。唐代以后,取自号就成了风气,贺知章自号"四明狂客",李白自号"青莲居士",杜甫自号"少陵野老",白居易自号"香山居士",欧阳修自号"醉翁"、"六一居士",黄庭坚自号"山谷道人",苏轼自号"东坡居士",李清照自号"易安居士",姜夔自号"白石道人",朱耷自号"八大山人",秋瑾自号"鉴湖女侠",梁启超自号"引冰室主人"等,都是著名的例子。连皇帝也为自己取自号,如乾隆晚年自号"十全老人"、"古稀天子"等。

自号往往由两个部分组成,前部分起识别作用,后部分是常用的通用名,如"居士"、"山人"、"道人"、"老人"、"翁"、"散人"等,居士多见于唐、宋,与佛教有关;道人多见于元、清,与道教有关。

封号。旧时皇帝对凡活着的曾祖父母、祖父母、父母、妻妾、儿女以及功臣加号者为"封号"。如果皇帝的儿子没有封地,则在"王"前冠以美称。例如汉明帝三儿子刘恭、五儿子刘党最初的封号分别是灵寿王、重熹王。李贤注《后汉书》云"取其美名也"，并指出因为他们"未有国邑也"。后来，刘恭、刘党有了封地，他们的封号便改为钜鹿王、乐成王。皇帝女儿的封号一般称为"××公主"，在"公主"前都冠以所居之地名。例如唐太宗有21个女儿，如：襄城公主、汝南公主、南平公主、新城公主等。

古代统治者对一些在世有功的大臣加封号"××侯"、"××公"。例如：张良的封号叫留侯、诸葛亮的封号叫武乡侯、王莽未称帝前的封号叫安汉公。

谥号。古代王侯将相、高级官吏、著名文士等死后被追加的称号叫谥号。所谓谥号，就是根据死者的生前事迹，选用一个或几个字加以总结概括，作为死者的称号。《白虎通·谥》云："谥者何也？谥之为言引也，引列行之迹也，所以进劝成德，使上务节也。"可见谥号的作用就是总结死者，勉励生者。如称陶渊明的谥号为靖节征士，欧阳修的谥号为欧阳文忠公，王安石的谥号为王文公，范仲淹的谥号为范文正公，王翱的谥号为王忠肃公，左光斗的谥号为左忠毅公，史可法的谥号为史忠烈公，林则徐的谥号为林文忠公。

古代帝王生前有号，死后也有谥号。谥号产生于周代，秦代废除谥法，汉代又恢复了谥法，并一直沿用至清末。

周代的谥号有专用字，这些字一般是事先规定并加以定义的。例如西周王朝开国者姬发的谥号"武王"，史称"周武王"，其中"周"是国号，"王"是生前的号，"武"是谥号，谥法规定：威强睿德曰武。

《左传》以鲁国国君的号来纪年，总计有以下12个国君：

鲁隐公	鲁桓公	鲁庄公
鲁闵公	鲁僖公	鲁文公
鲁宣公	鲁成公	鲁襄公
鲁昭公	鲁定公	鲁哀公

其中"鲁"是氏，也是封地的名称；"公"则是对诸侯的尊号；中间带点的字是谥号。

从战国时期开始，又盛行双字的谥号。例如：秦孝文王、楚考烈王、赵武灵王等。

庙号。这是帝王的特权。中国古代朝廷设立太庙祭祀死亡的帝王，为供奉在太庙里的帝王所起之号，称为庙号。庙号通常以"××祖""××宗"相称。大凡一个朝代开国的一二代帝王称"××祖"，如：唐高祖（李渊）、宋太祖（赵匡胤）、元世祖（忽必烈）、明太祖（朱元璋）、清太祖（努尔哈赤），以后的皇帝则称"××宗"（太宗、世宗、高宗）。例如：唐太宗（李世民）、宋仁宗（赵祯）、明神宗（朱翊钧）、清高宗（爱新觉罗·弘历）等。也有特殊情况，如爱新觉罗·福临称世祖，爱新觉罗·玄烨称圣祖，这是因为福临是入关定都的皇帝，玄烨有拓疆定域之功，故采用变通的办法。

帝王的庙号和谥号合在一起叫庙谥，庙号在前，谥号在后。如汉高祖刘邦的全号是太祖高皇帝，（太祖是庙号，"高"是谥号）；汉武帝刘彻的全号是世宗孝武皇帝，唐太宗李世民的全号是太宗文武大圣大广孝帝，宋太祖赵匡胤的全号是太祖启运立极英武睿文神德圣功至明大孝帝，等等。

这样，一个皇帝死后，他的全称就得由国号、庙号、尊号、谥号、号等几部分组成了。现在以清代几个皇帝为例分析如下：

努尔哈赤——（清）太祖承天广运圣德神功肇纪立及仁孝睿武端毅钦安弘文定业高〈皇帝〉

皇太极——（清）太宗应天兴国弘德彰武宽温仁圣睿孝敬敏昭顶隆道显功文〈皇帝〉

福临——（清）世祖体天隆运定统建极英睿钦文显武大德弘功至仁纯孝章〈皇帝〉

玄烨——（清）圣祖合天弘运文武睿哲恭俭宽裕孝敬诚信功德大成仁〈皇帝〉

上文中的（ ）表示国号、........表示庙号、～～表示尊号、＿＿表示谥号、〈 〉表示号，其中努尔哈赤、福临、玄烨没有尊号，因此，他们的全称就少了一个内容。这样长的称呼，根本无法使用，人们只能使用简称。

年号。年号是封建帝王即位后为纪年而设置的称号，如公元1736年弘历继位当皇帝，定年号为"乾隆"，人们称之乾隆皇帝。

205

由于有的皇帝在位期间多次更改年号，如：汉武帝就用过11个年号：建元、元光、元朔、元狩、元鼎、元封、太初、天汉、太始、征和、后元。唐高宗用过14个年号。北宋的太祖和南宋的理宗分别用了3个（建隆、乾德、开宝）和8个年号。所以，史书上对唐代到元末的帝王多以庙号称呼他们，如"唐太宗"、"唐玄宗"等。自明代开始，实行一个皇帝只用一个年号，故而史书上多用年号称呼他们，如"嘉靖皇帝"、"乾隆皇帝"、"光绪皇帝"。事实上，对明清两代的皇帝，我们习惯上既不称他的谥号（如称隋以前的皇帝），也不称他的庙号（庙号用于称唐、宋、元的皇帝），而是称他的年号，如洪武、嘉靖、康熙、乾隆、道光、光绪等，成了个颇有特色的称法。

尊号。尊号是帝王生前被朝廷大臣们尊奉的称号。尊号始于唐朝唐中宗和武则天，唐中宗尊号为"应天神龙"皇帝，武则天尊号为"圣神"皇帝。尊号由于是生前被奉上的，因此，难免成为虚假的光环，如害死岳飞的罪魁祸首宋高宗居然被尊为"光尧寿圣宽天体道性仁诚德经武纬文绍业兴统明谟盛烈太上皇帝"。给皇帝起尊号是小人们阿谀奉承和吹牛拍马的最佳工具，如慈禧太后的尊号起初只有"慈禧"二字，到最后变成"慈禧端佑康颐昭穆庄诚寿恭钦献崇熙皇太后"，堆砌了十六个最漂亮的字眼！

尊号一般是在皇帝生前臣下向他奉上的，也有皇帝敕封给特定人物的，如老子。唐宋时期有不少皇帝信奉道教，因此，给老子追赐了尊号。唐玄宗给他的尊号是"大圣祖高上大道金阙玄元天皇大帝"，宋真宗追封他是"太上老君混元上德皇帝"。

尊号分有官尊和私尊。私尊主要是门人对老师的尊称，当然也是生前的称呼，南宋以后比较流行。如南宋理学家吕祖谦，人称"东莱先生"；著名词人陈亮，人称"龙川先生"；明代文学家归有光，人称"震川先生"；清初思想家黄宗羲，人称"梨洲先生"，等等。

人 物 篇

> 本篇将主要介绍古往今来的刘姓名人，旨在使读者既能够参详古今名人事迹，又能够客观掌握姓名对人物命运的导向作用。希望读者能够根据实例和前文所提起名规则认真审视姓名与人生的潜在关联。

在中国 13 亿人口中，刘姓人口总数排居全国第四位。在历史上刘姓王朝也是最多的，根据史书统计：自汉朝以来，刘姓人曾建立过十多个政权，其中西汉（由汉高祖刘邦建立，历任皇帝共 15 人）、东汉（由汉光武帝刘秀建立，历任皇帝共 14 人）为大一统的全国性政权。史书公认但未大一统的政权还有玄汉政权（中国两汉之际由刘玄建立年号更始的政权。刘玄原本是西汉皇族，他率领农民起义军即绿林军推翻王莽新朝政权，历任皇帝仅刘玄 1 人）、刘宋（由宋武帝刘裕建立，历任皇帝共 9 人）、蜀汉（由刘备建立，历任皇帝共 2 人）、后汉（由西突厥族刘知远建立，历任皇帝共 2 人），其他地方割据政权称帝者有前赵（十六国之一，前赵，亦称汉赵。这是西晋时期由少数民族匈奴贵族刘渊建立的地方性政权。国号初期为"汉"，后刘曜改为"赵"，建都平阳，后迁长安，立国 26 年称帝 5 人）、胡夏（又称夏国，或大夏，或赫连夏，它是东晋·十六国时由匈奴铁弗部首领赫连勃勃所建立的政权。其实赫连勃勃本不姓赫连，他姓刘，共 3 人称帝）、南汉（是五代十国时期的地方政权之一，917 年由汉朝刘氏后裔刘龑建立，971 年为北宋所灭，历 5 主，共 67 年）、北汉（951—979 年，是五代十国之一，由突厥族刘崇建立。历经29年4主）等。据史书记载，还有19人（刘信、刘盆子、刘望、刘永、刘子舆、刘文伯、刘尼、刘芒荡、刘显、刘黎、刘义宣、刘子勋、刘蠡升、刘没铎、刘苗王、刘元进、刘武周、刘静躬、刘守光）自立为天子。

根据《史记》侯表第六—第九，仅刘氏被封侯的人物有276人，如东茅敬侯刘钊、平皋恭侯刘远、合阳侯刘仲、沛侯刘濞、桃安侯刘襄、平都侯刘成、昌平侯刘太、阳信侯刘中意、皋虞侯刘处、祝兹侯刘延等。

因此，中国自古就有"刘天下，李半边"的说法，而在中国北方则有"张王李赵遍地刘"的说法，可见刘姓人是一个多么庞大的群体。

中国人民解放军刘姓开国将帅集纳

刘伯承元帅（1892—1986年）：中华人民共和国元帅，中国人民解放军创建人和领导人，现代军事家。原名刘明昭。1912年入重庆军政府将校学堂，1913年参加了护国、护法战争。1926年加入中国共产党后，组织过泸顺起义、南昌起义，先后任过中央红军总参谋长、八路军一二九师师长、第二野战军司令员、军事学院院长、中央军委副主席等职。他在长期的战争环境中不懈地学习和研究马克思主义军事理论，运用于中国战争的实践之中。其作战谋略和指挥艺术是毛泽东军事思想的重要组成部分。1950年底，他领导组建人民解放军军事学院，任院长（后兼政委）。1955年被授予中华人民共和国元帅军衔。荣获一级八一勋章、一级独立自由勋章、一级解放勋章。1986年10月7日在北京逝世，终年94岁。

刘亚楼上将（1910—1965年）：原名刘振东。福建省武平县人。1929年加入中国共产党，同年参加中国工农红军。中华人民共和国成立后，任中国人民解放军空军司令员，国防部副部长兼国防部第五研究院院长、国防科委副主任。是第一、二、三届国防委员会委员，第一届全国人民代表大会代表，中国共产党第八届中央委员。1955年被授予上将军衔。荣获一级八一勋章、一级独立自由勋章、一级解放勋章。译著有《斯大林论克劳塞维茨》等。1965年5月7日因病在上海逝世，终年54岁。

刘震上将（1915—1992年）：湖北省孝感人。1931年参加中国工农红军。1932年加入中国共产党。土地革命战争时期，中华人民共和国成立后，任中南军区空军司令员，东北军区空军司令员，中国人民志愿军空军司令员，中国人民解放军空军副司令员兼空军学院院长、政治委员，沈阳军区副司令员，新疆军区司令员，军事学院副院长。是中国共产党第八届候补中央委员，第十一、十二届中央委员。1985年在中国共产党全国代表会议上被增选为中央顾问委员会委员。1955年被授予上将军衔。荣获一级八一勋章、一级独立自由勋章、一级解放勋章。1992年8月20日在北京逝世，享年78岁。

刘华清上将（1916—2011年）：湖北省大悟县人。1929年加入中国共产主义青年团。1931年参加中国工农红军。1935年加入中国共产党。1955年被授予少将军衔。荣获二级八一勋章、二级独立自由勋章、一级解放勋章。1988年被授予上将军衔。同年7月被中央军委授予中国人民解放军一级红星功勋荣誉章。曾任中国人民解放军海军司令员，中共中央政治局常委，中央军委副主席等职。

刘振华上将（1921年—）：山东省泰安县人。1938年参加八路军。同年加入中国共产党。1955年被授予大校军衔，1964年晋升为少将军衔。荣获二级独立自由勋章、二级解放勋章。1988年9月被授予上将军衔。

刘少文中将（1905—1987年）：原名刘国章。河南省信阳县人。1925年加入中国共产主义青年团，同年转入中国共产党并赴苏联中山大学学习。1927年回国，任苏联共产党代表团翻译。1955年被授予中将军衔。荣获一级八一勋章、二级独立自由勋章、一级解放勋章。1987年4月10日因病在北京逝世，终年82岁。

刘飞中将（1906—1984年）：原名刘松清。湖北省黄安（今红安）县人。1927年参加黄麻起义。1930年加入中国共产党。1955年被授予中将军衔。荣获二级八一勋章、一级独立自由勋章、一级解放勋章。1984年10月24日在南京逝世，终年78岁。

刘忠中将（1906—2002年）：福建省上杭县人。1929年参加中国工农红军，同年加入中国共产党。1955年被授予中将军衔。荣获二级八一勋章、一级独立自由勋章、一级解放勋章，1988年荣获中国人民解放军一级红星功勋荣誉章。2002年8月7日因病在北京逝世，享年96岁。

刘兴元中将（1908—1990年）：山东省莒县人。1931年参加中国工农红军，同年加入中国共产主义青年团并转入中国共产党。1955年被授予中将军衔。荣获二级八一勋章、一级独立自由勋章、一级解放勋章。1990年8月14日因病在北京逝世，终年82岁。

刘金轩中将（1908—1999年）：湖南省祁阳县人。1930年参加中国工农红军。1932年加入中国共产党。1955年被授予中将军衔。荣获二级八一勋章、一级独立自由勋章、一级解放勋章。1988年荣获中国人民解放军一级红星功勋荣誉章。1999年11月1日因病在广州逝世，享年91岁。

刘先胜中将（1910—1977年）：湖南省湘潭县人。1922年参加安源路矿工人大罢工，被选为工人代表。1924年加入中国共产党。1927年参加湘赣边界秋收起义。1955年被授予中将军衔。荣获二级八一勋章、一级独立自由勋章、一级解放勋章。1977年10月12日因病逝世，终年67岁。

刘志坚中将（1912—2006年）：湖南省平江县长寿镇人。1928年参加平江起义。1930年加入中国共产主义青年团，1931年转入中国共产党。1955年被授予中将军衔。荣获一级八一勋章、二级独立自由勋章、一级解放勋章。1988年7月荣获中国人民解放军一级红星功勋荣誉章。2006年3月11日因病在北京逝世，享年94岁。

刘转连中将（1912—1992年）：湖南省茶陵县人。1930年加入中国共产主义青年团，同年参加中国工农红军并转入中国共产党。1955年被授予中将军衔。荣获一级八一勋章、一级独立自由勋章、一级解放勋章。1992年10月28日因病在广州逝世，终年80岁。

刘浩天中将（1912—1984年）：原名刘奕生，又名刘昆，江西省宁都县人。1928年加入中国共产主义青年团，1931年转入中国共产党。1933年参加中国工农红军。中华人民共和国成立后，任中国人民志愿军第九兵团军政治委员，中国人民解放军总高级步兵学校政治部主任、政治委员，中国人民解放军军事学院院长，海军东海舰队政治委员、司令员。是中国共产党第九届候补中央委员。1955年被授予中将军衔。荣获二级八一勋章、二级独立自由勋章、一级解放勋章。1984年1月9日因病逝世，终年72岁。

刘培善中将（1912—1968年）：湖南省茶陵县人。1929年参加中国工农红军，同年加入中国共产党。中华人民共和国成立后，任中国人民解放军第十兵团副政治委员，福建军区副政治委员、第二政治委员，福州军区副政治委员、第二政治委员。第三届国防委员会委员，第二、三届全国人民代表大会代表，中国共产党第七、八次全国代表大会代表。1955年被授予中将军衔。荣获一级八一勋章、一级自由独立勋章、一级解放勋章。"文化大革命"中受到诬陷和迫害，1968年5月8日不幸在北京逝世，享年56岁。中共第十一届三中全会后，得到平反昭雪，恢复了名誉。

刘道生中将（1915—1995年）：湖南省茶陵县人。1930年加入中国共产主义青年团，同年转入中国共产党并参加中国工农红军。1955年被授予中将军衔。荣获一级八一勋章、一级独立自由勋章、一级解放勋章。1988年7月被中央军委授予中国人民解放军一级红星功勋荣誉章。1995年5月16日因病在北京逝世，终年80岁。

刘西元中将（1917—2003年）：江西省吉安县人。1931年参加中国工农红军，同年加入中国共产主义青年团，1932年转入中国共产党。1955年被授予中将军衔。荣获二级八一勋章、二级独立自由勋章、一级解放勋章。荣获朝鲜民主主义人民共和国二级国旗勋章。2003年7月14日因病在南京逝世，享年86岁。

刘子奇少将（1900—1976年）：湖南省浏阳县人。1928年参加中国工农红军，同年加入中国共产党。中华人民共和国成立后，任湖南军区郴州军分区司令员，湖南军区参谋长，广东省军区副司令员。1955年被授予少将军衔。荣获一级八一勋章、一级独立自由勋章、一级解放勋章。1976年10月2日因病逝世，终年76岁。

刘显宜少将（1903—1976年）：湖南省耒阳县人。1928年参加

中国工农红军，同年加入中国共产党。中华人民共和国成立后，任中国人民解放军总后勤部运输部副部长，总后勤部车管部副部长。是中国人民政治协商会议第二、三、四届全国委员会委员，中国共产党第七次全国代表大会候补代表。1955年被授予少将军衔。荣获三级八一勋章、二级独立自由勋章、一级解放勋章。1976年9月30日逝世，终年73岁。

刘永生少将（1904—1984年）：福建省上杭县人。1927年参加农民运动。1928年6月加入中国共产党，并参加永定农民起义。中华人民共和国成立后，任第10兵团兼福建军区副司令员，福州军区副司令员兼福建省军区司令员，中共福建省委常委，省监察委员会主任，副省长、省人大常委会副主任。是第一、二、三、四、五届全国人民代表大会代表。1955年被授予少将军衔，荣获二级八一勋章、二级独立自由勋章、一级解放勋章。1984年1月7日因病逝世，终年80岁。

刘华春少将（1905—1993年）：江西省庐陵（今吉安）县人。1930年参加中国工农红军。1931年加入中国共产党。中华人民共和国成立后，任西南军区后勤部军需部副部长、部长，中国人民解放军总后勤部重庆办事处副主任，成都军区后勤部顾问。1955年被授予大校军衔，1964年晋升为少将军衔。荣获二级八一勋章、二级独立自由勋章、二级解放勋章。1988年7月被中央军委授予中国人民解放军一级红星功勋荣誉章。1993年11月26日因病在成都逝世，终年88岁。

刘大煜少将（1906—1982年）：江西省赣县人。1928年参加赣县赤卫军。1932年参加中国工农红军，同年加入中国共产党。中华人民共和国成立后，任中国人民解放军军干部部副部长，后勤学院干部部部长，后勤学院指挥系政治委员、后勤学院政治部副主任。1955年被授予大校军衔，1961年晋升为少将军衔。荣获三级八一勋章、二级独立自由勋章、二级解放勋章。1982年10月1日因病逝世，终年76岁。

刘德海少将（1907—2000年）：河南省商城县人。1929年参加农民暴动，1930年4月加入中国共产党。1955年被授予少将军衔。

荣获二级八一勋章、二级自由独立勋章、一级解放勋章。2000年11月14日因病在北京逝世,享年93岁。

刘毓标少将(1908—1997年):原名刘有和,江西省横峰县人,1927年4月参加革命,1930年8月加入中国共产党。中华人民共和国成立后,任军副政治委员兼政治部主任、军政治委员,华东军区装甲兵政治委员,参加了抗美援朝战争。20世纪50年代后期,因历史审查的错误结论受到错误处理,转业到地方工作,任江苏省政法办公室副主任兼省民政厅党组书记、副厅长,1977年后,任江苏省民政厅厅长、省政协副主席。1980年经江苏省委复查,并报中央批准,纠正了过去对他错误的历史审查结论,使他长期蒙受的不白之冤得以彻底平反。1995年8月,经党中央批准,被定为省长级待遇。1955年被授予少将军衔。荣获一级独立自由勋章、一级解放勋章。1997年4月25日因病在南京逝世,终年89岁。

刘义少将(1909年—)。江西省永新县人。1931年加入中国共产主义青年团,1932年转入中国共产党。1934年参加中国工农红军。中华人民共和国成立后,任海军造船部部长,后勤部政治委员。1956年毕业于解放军政治学院。任海军后勤部政治委员,海军第三研究院副政治委员,海军航空兵部顾问。1955年被授予少将军衔。荣获二级八一勋章、二级独立自由勋章、一级解放勋章。1988年7月被中央军委授予中国人民解放军一级红星功勋荣誉章。

刘放少将(1909—1985年):河南省荥阳县人。1928年参加国民革命军第二方面军,任司药、军医。1931年参加宁都起义。1932年加入中国共产主义青年团,1933年转入中国共产党。1955年被授予少将军衔。荣获二级八一勋章、二级独立自由勋章、一级解放勋章。1985年逝世,终年76岁。

刘健挺少将(1909—1983年):原名刘守斋,安徽省霍山县下符桥镇人。1931年加入中国共产党。1932年参加中国工农红军。中华人民共和国成立后,任皖北军区政治部副主任,安徽军区政治部主任,南京军区司令部动员处处长,安徽省军区副政治委员,福建省军区第二政治委员、顾问。是中国共产党第九、十次全国代表大会代表。1955年被授予少将军衔。荣获二级八一勋章、二级独立自由勋章、一级解放勋章。1983年11月15日逝世，终年74岁。

刘辉山少将（1909—1983年）：江西省永丰县人。1927年参加当地农民协会，同年参加本地游击队。1930年编入中国工农红军。1931年加入中国共产党。中华人民共和国成立后，任中央公安警备师师长，北京卫戍区副司令员。1955年被授予少将军衔。1983年5月23日逝世，终年74岁。

刘文学少将（1909—1994年）：湖南省醴陵县人，1930年参加中国工农红军，同年加入中国共产主义青年团，1931年转为中国共产党党员。1955年被授予少将军衔。荣获一级八一勋章、二级独立自由勋章、一级解放勋章。1988年7月被中央军委授予中国人民解放军一级红星功勋荣誉章。1994年11月30日因病在上海逝世，享年85岁。

刘何少将（1911—1969年）：原名刘登瀛，湖北省大悟县人。1930年参加中国工农红军。同年加入中国共产主义青年团并转入中国共产党。1955年9月被授予少将军衔。荣获二级八一勋章、二级独立自由勋章、一级解放勋章。荣获朝鲜一级自由独立勋章。1969年4月逝世，终年58岁。

刘少卿少将（1911—2003年）：湖北省黄冈县人，参加过北伐战争和农民革命运动。1927年参加广州起义。1930年参加中国工农红军，同年加入中国共产党。新中国成立后，先后担任上海市铁路公安局局长，中共华东局副秘书长兼保卫处长，中国人民解放军训练总监部陆军训练部副部长，总参谋部军训部副部长、顾问等职，为推进军队现代化、正规化建设做出了贡献。1955年被授予少将军衔。荣获二级八一勋章、一级独立自由勋章、一级解放勋章。1988年7月被中央军委授予中国人民解放军一级红星功勋荣誉章。2003年3月13日因病在北京逝世，享年92岁。

刘振球少将（1911—1997年）：福建省上杭县人。1929年参加中国工农红军。1930年加入中国共产党。中华人民共和国成立后，任江西军区袁州（今新余）军分区副政治委员，江西军区参谋长、副司令员，福州军区公安军司令员，福建军区第一副司令员。1955年被授予少将军衔。荣获二级八一勋章、二级独立自由勋章、二级解放勋章。1988年7月被中央军委授予中国人民解放军一级红星功勋荣誉章。1997年6月5日因病在福州逝世,终年86岁。

刘彬少将（1912—1989年）：福建省上杭县人。1928年参加农民暴动队,后改编为赤卫队,1929年编入闽西红军,同年加入中国共产主义青年团,1931年转入中国共产党。1955年被授予少将军衔。荣获二级八一勋章,二级独立自由勋章,一级解放勋章。1988年7月被中央军委授予中国人民解放军一级红星功勋荣誉章。1989年逝世,终年77岁。

刘绍文少将（1912—1981年）：江西省吉安县人。1930年参加中国工农红军。1932年加入中国共产党。中华人民共和国成立后,任中国人民解放军总干部部处长、三部副部长,山西省军区副政治委员,北京卫戍区副政治委员、第二政治委员、第三政治委员兼中共北京市委书记。1955年被授予少将军衔。荣获二级八一勋章、二级独立自由勋章、一级解放勋章。1981年6月9日逝世,终年69岁。

刘鹏少将（1912—1986年）：湖南省湘潭县人。1926年参加国民革命军,参加过北伐战争。1930年参加红军,同年加入中国共产党。中华人民共和国成立后,任华北军区防空部队副参谋长,1953年入朝作战,任志愿军安东防空司令部副参谋长。回国后,1957年毕业于高级防空学校。任中国人民解放军空军第一军副军长、福州军区空军副司令员兼高炮指挥部司令员。是中国人民政治协商会议第五届全国委员会委员。1955年被授予少将军衔。荣获二级八一勋章,二级独立自由勋章、二级解放勋章。1986年逝世,终年74岁。

刘国柱少将（1912—1985年）：山东省荣成县人。1932年参加反帝大同盟。1937年加入中国共产党。同年参加山东人民抗日救国第三军。中华人民共和国成立后,任华东军区公安部队副参谋长,华东军区司令部办公厅副主任,空军军参谋长、副军长。1958年毕业于军事学院空军系,后历任空军学院高级系主任,空军副军长,沈阳军区空军副司令员,沈阳军区空军顾问。1955年被授予大校军衔,1961年晋升为少将军衔。荣获二级独立自由勋章、一

级解放勋章。1985年5月17日逝世，终年73岁。

刘昌少将（1913—1992年）：福建省长汀县人。1930年参加中国工农红军。1932年加入中国共产主义青年团，1934年转入中国共产党。中华人民共和国成立后，任内蒙古军区政治部副主任、主任，内蒙古军区副政治委员、政治委员。1979年当选为内蒙古自治区第五届人民代表大会常务委员会副主任。1955年被授予少将军衔。荣获二级八一勋章，二级独立自由勋章，二级解放勋章。1988年7月被中央军委授予中国人民解放军一级红星功勋荣誉章。1992年逝世，终年79岁。

刘永源少将（1913—1998年）：河北省文安县人。1932年参加中国工农红军，同年加入中国共产党。1955年被授予少将军衔。荣获二级八一勋章、二级独立自由勋章、一级解放勋章。1988年7月被中央军委授予中国人民解放军一级红星功勋荣誉章。1998年10月1日因病逝世，终年85岁。

刘玉堂少将（1913—1980年）：原名刘金启，江西省兴国县长冈乡人。1930年参加中国工农红军，同年加入中国共产党。中华人民共和国成立后，任中南军区后勤部运输部部长，中国人民志愿军后勤部运输部部长，中南军区后勤部车管部部长，武汉军区后勤部部长。是中国共产党第七次全国代表大会候补代表。1955年被授予少将军衔。荣获一级八一勋章、二级独立自由勋章、一级解放勋章。1980年1月3日因病在武汉逝世，终年67岁。

刘华香少将（1913年—）：江西省吉安县人。1929年参加中国工农红军，同年加入中国共产党。中华人民共和国成立后，任绥远军区萨县军分区司令员，蒙绥军区第二副司令员，内蒙古军区副司令员。是第二、三届全国人民代表大会代表。1955年被授予少将军衔。荣获二级八一勋章、二级独立自由勋章、一级解放勋章。1988年7月被中央军委授予中国人民解放军一级红星功勋荣誉章。

刘亨云少将（1913—1992年）：江西省贵溪县人。1929年参加中国工农红军，同年加入中国共产主义青年团。1935年转入中国共产党。中华人民共和国成立后，历任华东军区海军后勤司令部副司令员兼参谋长，东北军区公安部队副司令员兼参谋长，石家庄高级步兵学校副校长，浙江军区副司令员，浙江生产建设兵团副司令员，浙江省军区副司令员、顾问。1955年被授予少将军衔。荣获三级八一勋章、二级独立自由勋章、一级解放勋章。1988年7月被中央军委授予中国人民解放军一级红星功勋荣誉章。1992年4月2日逝世，终年79岁。

刘福少将（1913—1987年）：江西省永新县人。1930年参加红军。1931年加入中国共产党。中华人民共和国成立后，任北京市公安总队政治委员，北京市公安局副局长兼人民警察总队政治委员。1966年到1976年，他担任北京卫戍区第四政治委员、顾问。1955年被授予大校军衔，1962年被授予少将军衔。荣获三级八一勋章、二级独立自由勋章、二级解放勋章。1987年10月逝世，终年74岁。

刘苏少将（1913—1992年）：原名刘仲义，山西省应县人。1937年参加八路军，同年加入中国共产党党员。1955年被授予大校军衔，1964年晋升为少将军衔。荣获二级独立自由勋章、一级解放勋章。1988年被中央军委授予中国人民解放军独立功勋荣誉章。1992年逝世，终年79岁。

刘世洪少将（1913—1986年）：江西省兴国县鼎龙乡人。1928年加入中国共产主义青年团，1931年参加中国工农红军，1934年转入中国共产党。中华人民共和国成立后，任平原省军区卫生部政治委员，平原省军区干部部部长，山西省军区干部部部长、政治部副主任、主任、副政治委员，湖南省军区政治委员，省人大常委会副主任。1955年被授予大校军衔，1964年晋升为少将军衔。荣获三级八一勋章、二级独立自由勋章、二级解放勋章。1986年4月23日因病逝世，终年73岁。

刘世相少将（1913—1993年）：江西省吉安县人。1929年加入中国共产主义青年团，1930年参加红军，1933年转入中国共产党。中华人民共和国成立后，任海军吴淞要塞区参谋长，西营基地司令员，榆林基地副司令员，南海舰队顾问。1955年被授予大校军衔，1964年晋升为少将军衔。荣获三级八一勋章、二级独立自由勋章、二级解放勋章。1988年7月被中央军委授予中国人民解放军一级红

星功勋荣誉章。1993年2月17日因病逝世，终年80岁。

刘涌少将（1914—1972年）：江西省兴国县五里亭乡人。1930年参加中国工农红军。1931年加入中国共产主义青年团，1932年转入中国共产党。中华人民共和国成立后，任中国人民解放军军长，华东军区装甲兵司令员，济南军区副司令员。是中国共产党第八、九次全国代表大会代表。1955年被授予少将军衔。荣获二级八一勋章、二级独立自由勋章、一级解放勋章。1972年逝世，终年58岁。

刘有光少将（1914—2001年）：河北省景县人。1933年在北平加入互济会。1935年加入中国共产主义青年团，参加了"一二·九"运动。1936年转为中国共产党党员。1955年被授予少将军衔。荣获二级独立自由勋章、一级解放勋章。1988年7月被中央军委授予中国人民解放军一级红星功勋荣誉章。2001年7月4日因病在北京逝世，享年87岁。

刘贤权少将（1914—1992年）：江西省吉安县（现青原区）富田乡人。1929年加入中国共产党，1930年参加中国工农红军。1955年被授予少将军衔。荣获二级八一勋章、一级独立自由勋章、一级解放勋章。荣获朝鲜民主主义人民共和国一级、二级自由独立勋章。1988年7月被中央军委授予中国人民解放军二级红星功勋荣誉章。1992年6月15日因病在济南逝世，终年78岁。

刘清明少将（1914—1998年）：湖北省汉川县人。1933年参加中国工农红军，同年加入中国共产党。1955年被授予少将军衔。获二级八一勋章、二级独立自由勋章、一级解放勋章。1988年7月被中央军委授予中国人民解放军一级红星功勋荣誉章。1998年12月3日因病在北京逝世，享年85岁。

刘禄长少将（1914—1980年）：福建省上杭县人。1929年加入中国共产主义青年团。1930参加中国工农红军。1932年转为中国共产党党员。中华人民共和国成立后，任中国人民解放军炮兵第21师政治委员，东北军区炮兵干部部部长。参加了抗美援朝战争，任中国人民志愿军炮兵干部部部长。1955年进入解放军军事学院炮兵系学习。毕业后任沈阳军区炮兵第一副司令员，福州军区炮兵司令员、军委炮兵副司令员、顾问。1955年被授予少将军衔。获二级八一勋章、二级独立自由勋章、一级解放勋章。荣获朝鲜民主主义人民共和国二级国旗勋章、二级自由独立勋章。1980年2月27日逝世，终年66岁。

刘福胜少将（1914—1994年）：湖北省黄安（今红安）县人。1929年加入中国共产主义青年团。1931年参加中国工农红军。1933年转入中国共产党。中华人民共和国成立后，任中国人民解放军空军师长，中南军区空军后勤部政治委员，武汉军区后勤部副政治委员。1955年被授予少将军衔。荣获二级八一勋章、二级独立自由勋章、一级解放勋章。1988年7月被中央军委授予中国人民解放军一级红星功勋荣誉章。1994年12月20日因病在红安逝世，终年80岁。

刘鹤孔少将（1914年—）：江西省永新县人。1930年加入中国共产主义青年团，同年参加中国工农红军，并由团转入中国共产党。中华人民共和国成立后，任华东军政大学政治部、组织部部长，华东空军干部部部长，南京军区空军干部部部长，军副政治委员，第一机械工业部政治部主任，第一机械工业部副部长。在中国共产党第十二次全国代表大会上被选为中央纪律检查委员会委员。1955年被授予少将军衔。荣获二级八一勋章、二级独立自由勋章、二级解放勋章。

刘子云少将（1914—1992年）：江西省永新县人。1929年加入中国共产主义青年团。1930年参加中国工农红军。1933年转入中国共产党。1955年被授予少将军衔。荣获三级八一勋章、二级独立自由勋章、一级解放勋章。1988年7月被中央军委授予中国人民解放军一级红星功勋荣誉章。1992年4月9日因病逝世，终年78岁。

刘镇少将（1914—2001年）：江西省莲花县人，1930年参加中国工农红军，同年加入中国共产党。1955年被授予大校军衔，1961年晋升为空军少将军衔。获二级八一勋章、二级独立自由勋章、一级解放勋章。1988年7月被中央军委授予中国人民解放军一级红星功勋荣誉章。2001年5月26日因病在西安逝世，享年

87岁。

刘国辅少将（1914—1981年）：又名刘金佐，陕西省米脂县人。1935年参加中国工农红军。同年加入中国共产党。中华人民共和国成立后，任中国人民解放军师副政治委员，1951年后任第一战车编练基地政治委员，1957年毕业于南京军事学院。历任装甲兵学院干部部部长，第一坦克学校副政治委员、第二坦克学校政治委员，为我军装甲兵培养了大批优秀人才。1955年被授予大校军衔，1964年晋升为少将军衔。荣获三级八一勋章、二级独立自由勋章、二级解放勋章。1981年5月5日逝世，终年67岁。

刘丰少将（1915年—）：河南省渑池县人。1932年参加中国工农红军，同年加入中国共产主义青年团，曾于1934年转入中国共产党。中华人民共和国成立后，曾任空军师长、军长，武汉军区空军副司令员，武汉军区政治委员。曾是中国共产党第九届中央委员。1955年被授予少将军衔。

刘秉彦少将（1915年—1998年）：河北省蠡县人。1932年加入中国左翼作家联盟。1937年加入中国共产党，同年入伍。中华人民共和国成立后，任华北军区防空军司令部参谋长、代司令员，军委防空军参谋长，国防部五院副院长，第三机械工业部副部长，中共河北省委书记，河北省代省长。是第一、五、六届全国人民代表大会代表，中国共产党第十二次全国代表大会代表。1955年被授予少将军衔。荣获二级独立自由勋章、一级解放勋章。1998年7月21日因病在石家庄逝世，享年83岁。

刘克少将（1915—2000年）：原名刘相尧，湖南省攸县上坪镇市坪村湖背人。1936年毕业于武汉大学土木工程系。（一说毕业于上海交通大学）。1938年入延安抗大学习。同年加入中国共产党。1955年被授予大校军衔，1961年晋升为少将军衔。荣获二级独立自由勋章、二级解放勋章。荣获朝鲜民主主义人民共和国二级国旗勋章。1988年被中央军委授予中国人民解放军独立功勋荣誉章。2000年11月3日因病在北京逝世，享年85岁。

刘善福少将（1915—1973年）：安徽省六安县人。1929年1月参加中国工农红军。1930年加入中国共产主义青年团，1934年转

为中国共产党党员。1955年被授予大校军衔。1961年晋升为少将军衔。荣获三级八一勋章、二级独立自由勋章、二级解放勋章。1973年10月20日因病逝世,终年58岁。

刘善本少将（1915—1968年）：山东省昌乐县人。1932年考入平大附中高中。1935年考入国民党空军中央航空学校,1938年毕业。是国民党军第一个驾机起义,参加革命队伍的飞行员,为人民空军的创建做出了重要贡献。中华人民共和国成立后,任中国人民解放军第一航空学校校长,空军副旅长、师长,中国人民解放军空军军训部副部长,空军学院领航系主任,空军学院副教育长。是第一、二、三届国防委员会委员,中国人民政治协商会议第一届全体会议代表、第二、三届全国委员会委员,第一、二、三届全国人民代表大会代表。1955年被授予大校军衔,1964年晋升为少将军衔。荣获一级解放勋章。1968年3月10日在北京逝世,终年53岁。

刘瑞方少将（1915—1996年）：原名刘济光,回族,天津市人。1935年在商职学校读书,积极参加天津学生联合会的活动,1936年参加中华民族解放先锋队。同年加入中国共产党。1938年参加新四军。中华人民共和国成立后,任中国人民解放军师政治部主任,西北军区政治部文化部部长、宣传部部长,第二政治干部学校训练部部长,兰州军区政治部副主任、中国人民解放军政治学院副教育长兼政治经济学教研室主任,训练部副部长兼政治经济教研室主任,政治学院特邀研究员。1955年被授予大校军衔,1964年晋升为少将军衔。荣获二级独立自由勋章、二级解放勋章。1996年7月3日因病在北京逝世,终年81岁。

刘忍少将（1915—1978年）：山西省应县人。1936年入山西军政干部训练班学习。1937年参加山西牺牲救国同盟会,同年加入中国共产党。中华人民共和国成立后,任西康省军区后勤部部长,中国人民解放军空军后勤部营房机场管理处处长,营房机场管理部部长,中国人民解放军空军后勤部副部长。1961年毕业于高等军事学院。后任空军后勤部部长。1955年被授予大校军衔,1964年晋升为少将军衔。荣获二级独立自由勋章、二级解放勋章。1978年逝世,终年63岁。

刘自双少将（1915年—）：四川省巴中县人。1933年参加中国工农红军。1934年加入中国共产党。1955年被授予大校军衔，1964年晋升为少将军衔。荣获三级八一勋章，三级独立自由勋章、二级解放勋章。1988年7月被中央军委授予中国人民解放军一级红星功勋荣誉章。

刘昂少将（1916—2002年）：江西省吉安县人，1930年参加中国工农红军，同年加入中国共产主义青年团，1931年转入中国共产党。1955年被授予少将军衔。荣获二级八一勋章、二级独立自由勋章、二级解放勋章。1988年7月被中央军委授予中国人民解放军一级红星功勋荣誉章。2002年1月17日因病在南京逝世，享年86岁。

刘新权少将（1916—1994年）：四川省达县人。1933年参加中国工农红军。1934年加入中国共产主义青年团，1936年转入中国共产党。中华人民共和国成立后，任中南军区政治部、组织部副部长、部长，华南军区政治部干部部部长，中国人民解放军军副政治委员，外交部部长助理兼干部司司长，外交部副部长兼政治部主任、部长，1970出任驻苏维埃社会主义共和国特命全权大使，1976年出任驻阿尔巴尼亚社会主义共和国特命全权大使，中共中央对外联络部副部长、顾问。是中国共产党第十一、十二次全国代表大会代表，中共中央纪律检查委员会委员。1955年被授予少将军衔。1994年2月25日逝世，终年78岁。

刘其人少将（1916—1974年）：原名刘德贤，山东省荣成县人。1934年加入中国共产党。1937年5月参加中国工农红军。中华人民共和国成立后，任中南军政大学副政治委员，第四高级步兵学校政治委员，第一高级步兵学校政治委员，中国人民解放军总政治部副秘书长，总政治部组织部部长。是中国共产党第八届中央委员会监察委员会候补委员。1955年被授予少将军衔。荣获一级独立自由勋章、一级解放勋章。1974年1月16日逝世，终年58岁。

刘懋功少将（1916年—）：甘肃省庆阳县人。1934年参加中国工农红军，同年加入中国共产主义青年团，1935年转入中国共产党。中华人民共和国成立后，任中国人民解放军空军第四航空学校政治委员,第十航空学校校长,空军军长,昆明军区空军指挥所主任,南京军区空军司令员,兰州军区空军司令员。是中国共产党第九、十、十一次全国代表大会代表。1955年被授予少将军衔。荣获二级八一勋章、二级独立自由勋章、一级解放勋章。1988年7月被中央军委授予中国人民解放军一级红星功勋荣誉章。

刘林少将(1916年—):原名刘秋香,湖北省沔阳(今仙桃)县人。1930年参加中国工农红军。同年加入中国共产主义青年团。1934年转入中国共产党。中华人民共和国成立后,任中国人民解放军师长,苏南军区副参谋长、参谋长,江苏军区副参谋长,江苏省军区参谋长。1963年毕业于高等军事学院。后任江苏省军区副司令员、顾问。1955年被授予大校军衔,1961年晋升为少将军衔。荣获二级八一勋章、二级独立自由勋章、二级解放勋章。1988年7月被中央军委授予中国人民解放军一级红星功勋荣誉章。

刘发秀少将(1916—2003年):江西省永新县人。1931年加入中国共产主义青年团。次年参加中国工农红军。1934年转入中国共产党。1955年被授予大校军衔,1961年晋升为少将军衔。荣获三级八一勋章、二级独立自由勋章、二级解放勋章。1988年7月被中央军委授予中国人民解放军一级红星功勋荣誉章。2003年4月11日因病在乌鲁木齐逝世,享年87岁。

刘静海少将(1916—2002年):山西省寿阳县人,1936年参加山西牺牲同盟会从事革命活动,1937年参加八路军,1938年加入中国共产党。1955年被授予大校军衔,1961年晋升为少将军衔。荣获二级独立自由勋章、二级解放勋章。荣获朝鲜民主主义人民共和国二级自由独立勋章。1988年7月被中央军委授予中国人民解放军独立功勋荣誉章。2002年3月19日因病在北京逝世,享年86岁。

刘西尧少将(1916年—),原名刘锡尧,湖南省长沙市人。1936年参加革命,1937年武汉大学肄业。早期参加和领导学生运动。1937年加入中国共产党。中华人民共和国成立后,任中共湖北省委副秘书长、秘书长、省委副书记,第二汽车制造厂筹备处主任兼一汽副厂长。1957年后,历任国家科学技术委员会副主任,

国家科委副主任，国防科学技术委员会副主任兼国务院国防工业办公室副主任，中华人民共和国第二机械工业部副部长、部长，中共四川省委书记处书记、常委，四川省副省长。1977年1月至1979年2月任教育部部长、党组书记。是中共第九至第十一届中央候补委员，第六、七届全国政协常委。1955年被授予大校军衔，1963年5月27日晋升为少将军衔。

刘汉少将（1916年—）：山东省文登县人。1924年考入山东省济南师范，由于有出口成章的能力，有"文登才子"之称。1936年参加中华民族解放先锋队。1938年参加八路军。同年加入中国共产党。1964年晋升为少将军衔。获二级独立自由勋章、二级解放勋章。1988年7月被中央军委授予中国人民解放军一级红星功勋荣誉章。刘汉思维敏捷，胸有成竹时，向来不打草稿。闲暇时借诗自遣，作咏史诗十八首，从孔子、老子、历代帝王以及名人、名将，一直写到孙中山。著有《刘汉诗词选》。

刘光裕少将（1916—2003年）：河北省安新县人，1932年参加反帝大同盟。1937年参加八路军并加入中国共产党。1955年被授予大校军衔，1964年晋升为少将军衔。荣获二级独立自由勋章、二级解放勋章。1988年被中央军委授予中国人民解放军二级红星功勋荣誉章。2003年6月10日因病在北京逝世，享年87岁。

刘中华少将（1917年—）：山东省文登县人。1932年加入中国共产党，1937年入伍。中华人民共和国成立后，曾任华东海军第六舰队副政治委员、司令员兼政治委员。1955年入苏联伏罗希洛夫海军学院学习，回国后任海军高级专科学校校长。1955年被授予少将军衔。曾获二级独立自由勋章、一级解放勋章。1988年7月被中央军委授予中国人民解放军二级红星功勋荣誉章。

刘兴隆少将（1917—1994年）：江西省泰和县人。1929年参加中国工农红军。1931年加入中国共产主义青年团。1933年转入中国共产党。中华人民共和国成立后，1954年毕业于军事学院。后历任中国人民解放军副军长、参谋长、军分区司令员，广东省军区副司令员，广州军区副参谋长。1955年被授予少将军衔。获二级八一勋章、二级独立自由勋章、二级解放勋章。1988年7月被中央军委授予中国人民解放军一级红星功勋荣誉章。1994年3月7日逝世,终年77岁。

刘居英少将（1917年—）：吉林省长春市人。1935年加入中国共产主义青年团,参加了"一二·九"运动。1936年转入中国共产党。中华人民共和国成立后,任中长铁路管理局局长,中朝联合铁道运输司令部司令员兼政治委员,解放军军事工程学院副院长、院长,中国人民解放军海军政治部主任,铁道兵副司令员。是第四届全国人民代表大会代表,中国共产党第八次全国代表大会代表。1955年被授予少将军衔。荣获二级独立自由勋章、一级解放勋章。1988年7月被中央军委授予中国人民解放军一级红星功勋荣誉章。

刘振国少将（1917—1996年）：湖北省孝昌县人。1930年参加中国工农红军,1931年加入中国共产主义青年团,1934年转入中国共产党。中华人民共和国成立后,任中国人民解放军第18军政治部主任,西藏军区政治部主任,贵州省军区副政治委员等职务。1955年被授予少将军衔。曾荣获三级八一勋章、二级独立自由勋章、一级解放勋章。1988年7月被中央军委授予中国人民解放军一级红星功勋荣誉章。1996年6月22日逝世,终年79岁。

刘月生少将（1917年—）：湖南省茶陵县人。1931年加入中国共产主义青年团。次年参加中国工农红军。1933年转入中国共产党。中华人民共和国成立后,历任中国人民解放军陆军师政治委员,西南军区工兵政治部主任,中国人民解放军工程兵政治部副主任。1965年7月受命参加抗美援越,担任修路工程指挥部副政委兼政治部主任,参加了修建越南北方7条公路和抢修6号公路的战斗。当时部队存在"怕死、怕苦、怕时间长"的情绪,刘月生做了很多工作,增强了部队的斗争意志。1968年6月,筑路部队完成任务回国。升任中国人民解放军工程兵副政治委员兼政治部主任。1955年被授予大校军衔,1961年晋升为少将军衔。荣获三级八一勋章、二级独立自由勋章、二级解放勋章。1988年7月被中央军委授予中国人民解放军一级红星功勋荣誉章。

刘瑄少将（1917年—）：山东省邹平县人。1936年加入中华民族解放先锋队。1937年入安吴青训班学习。1938年加入中国共产党。中华人民共和国成立后，任中国人民解放军师副政治委员，中国人民志愿军师政治委员，中国人民解放军军副政治委员兼政治部主任、军政治委员，国防部第五研究院第一分院院长，第七机械工业部一院院长，南京高级陆军学校副政治委员。1955年被授予大校军衔，1961年晋升为少将军衔。荣获二级独立自由勋章、二级解放勋章。1988年7月被中央军委授予中国人民解放军一级红星功勋荣誉章。

刘友光少将（1917—1988年）：原名刘友河，江西省雩都（今于都）县人。1932年参加中国工农红军。1934年加入中国共产主义青年团。1936年转入中国共产党。1955年被授予大校军衔，1964年晋升为少将军衔。荣获三级八一勋章、二级独立自由勋章、二级解放勋章。1988年7月被中央军委授予中国人民解放军一级红星功勋荣誉章。同年10月26日因病在北京逝世，终年71岁。

刘佩荣少将（1917—1990年）：河北省雄县人。1936年加入中国共产党，1937年参加八路军。1955年被授予大校军衔，1964年晋升为少将军衔，荣获二级独立自由勋章、二级解放勋章。荣获朝鲜民主主义人民共和国二级自由独立勋章。1990年9月19日逝世，终年73岁。

刘春山少将（1917年—）：山东省莱阳县人。1937年入八路军步兵队学习。次年加入中国共产党。1955年被授予大校军衔，1964年晋升为少将军衔。荣获二级独立自由勋章、二级解放勋章。荣获朝鲜民主主义人民共和国二级国旗勋章。1988被中央军委授予中国人民解放军独立功勋荣誉章。

刘德才少将（1917—1986年）：陕西省三原县人。1935年参加中国工农红军。1937年加入中国共产党。1955年被授予大校军衔，1964年晋升为少将军衔。荣获三级八一勋章，二级独立自由勋章、二级解放勋章。荣获朝鲜民主主义人民共和国二级自由独立勋章。1986年9月30日逝世，终年69岁。

刘春少将（1918年—）：河北省盐山县人。1935年在北平中学读书期间参加了"一二·九"运动，1937年加入中国共产党，1938年1月参加山东八路军抗日武装。1955年被授予少将军衔。

荣获二级独立自由勋章,一级解放勋章。荣获朝鲜民主主义人民共和国二级国旗勋章。1988年7月被中央军委授予中国人民解放军二级红星功勋荣誉章。

刘锦平少将(1918—2003年):江西省瑞金县九堡乡人。1932年参加中国工农红军。1933年由共青团转入中国共产党。中华人民共和国成立后,任军政治部主任,空军政治部组织部部长,东北军区空军副政治委员,广州军区空军政治委员,中国民用航空总局政治委员。1955年被授予少将军衔。2003年10月2日因病在北京逝世,终年85岁。

刘耀宗少将(1918年—):江西省兴国县鼎龙乡人。1932年加入共产主义青年团,同年参加中国工农红军。1933年转入中国共产党。1955年被授予大校军衔,1961年晋升为少将军衔。荣获三级八一勋章、二级独立自由勋章、二级解放勋章。1988年7月被中央军委授予中国人民解放军一级红星功勋荣誉章。

刘光涛少将(1920年—):陕西省三原县人。1937年加入中华民族解放先锋队。1938年加入中国共产党。中华人民共和国成立后,任中国人民志愿军政治部副主任、主任,军副政治委员、政治委员,沈阳军区副政治委员兼黑龙江军区政治委员,中共黑龙江省委第一书记。是中国共产党第十届候补中央委员,第十一届中央委员。1955年被授予大校军衔,1964年晋升为少将军衔。荣获二级独立自由勋章、二级解放勋章。

刘世昌少将(1921年—):回族,河北省安国县人。1938年参加冀中人民自卫军。同年加入中国共产党。中华人民共和国成立后,任江西军区宣传部副部长兼青年部部长,空军师政治委员,广州军区空军政治部副主任、主任,空军军政治委员,广州军区空军副政治委员,中国人民解放军空军政治部主任、副政治委员兼空军学院政治委员,中共空军纪委书记。与刘格平、杨静仁、包尔汗、赛福鼎·艾则孜、铁木尔·达瓦买提等,都是担任过党政高级领导的穆斯林。1955年被授予大校军衔,1964年晋升为少将军衔。荣获二级独立自由勋章、二级解放勋章。

◆ 开国将帅之外的古今刘姓名人列举

刘累（公元前1898—前1845年）：尧之裔孙，被史学界所认同，被所有刘姓所信奉的刘姓始祖。孔甲帝得到两对雌雄龙，听说刘累曾学养龙于"豢龙氏"，就命刘累养龙，因刘累养龙有功，孔甲赐他"御龙氏"，后来一龙死，刘累将其制成肉羹献给孔甲帝，孔甲因之味美，命令刘累再献，刘累因惧怕龙死之事暴露，遂迁到现在的鲁山县昭平湖地区，在此垦荒渔猎，最后卒葬于此，刘累子孙后来便以刘为姓，成为我国刘姓的最早起源。

刘邦（公元前256—前195年）：汉高祖。字季（一说原名季），秦朝泗水郡丰邑县人，壮年时至沛县任泗水亭长，起兵于沛县。汉朝开国皇帝，汉民族和汉文化伟大的开拓者之一、我国历史上杰出的政治家、卓越的军事家和指挥家。他公元前209年响应陈胜、吴广在沛县起义，公元前206年首先入关推翻暴秦，后利用近五年时间消灭天下割据势力，于公元前202年氾水之阳即皇帝位，定都长安，国号为汉，史称西汉。登基后，刘邦一面平定诸侯王的叛乱，巩固统一局面，一面建章立制并采用休养生息之宽松政策治理天下，迅速恢复生产发展经济，不仅安抚了人民、凝聚了中华，也促成了汉代雍容大度的文化基础。可以说刘邦使四分五裂的中国真正地统一起来，而且还逐渐把分崩离析的民心凝集起来。他对汉民族的统一、中国的统一和强大，汉文化的保护发扬有决定性的贡献。

刘盈（公元前211—前188年）：刘邦和吕后的儿子，西汉的第二个皇帝，史称汉惠帝。汉惠帝是个年轻的皇帝，他在十六岁的时候就继承了皇位，但他也是个短命的皇帝，仅仅在位七年就去世了。这和他的母亲吕后有直接的关系，就像萧何和韩信一样，登基做皇帝是母亲吕后的功劳，但最后英年早逝也和母亲的所作所为有极其重要的关系。在位期间，对国家的治理也起到了很大作用。

刘恒（公元前202—前157年）：汉高祖刘邦第四子，汉惠帝刘盈弟，母薄姬。刘恒8岁被立为代王，建都晋阳，曾有代王王后一

位，刘恒还是代王时便已过世，所生四个儿子相继病死。元配王后、四位王子史书未留名，后有宠姬窦漪房窦美人。惠帝死后，吕后立非正统的少帝。公元前180年吕后死，吕产、吕禄企图发动政变夺取帝位。齐王刘襄兄弟兴兵伐吕，周勃、陈平见势亦响应，夷灭吕氏一族，史称"荡涤诸吕"。功臣派畏齐王势壮，贪代王势孤，拥立24岁的刘恒即位，史称汉文帝。刘恒登基后窦漪房儿子刘启被立为太子，窦漪房成为皇后。公元前157年，汉文帝刘恒驾崩，在位23年，享年47岁。葬于霸陵。其庙号太宗，谥号孝文皇帝。汉文帝在位期间，是汉朝从国家初定走向繁荣昌盛的过渡时期。他和他儿子汉景帝统治时期，政治稳定，经济生产得到显著发展，历来被视为封建社会的"盛世"，被史家誉为"文景之治"。

刘启（公元前188—前141年）：汉景帝，汉文帝刘恒长子，母亲是汉文帝皇后窦氏（即窦太后），汉惠帝七年（公元前188年）生于代地中都（今山西平遥县西南）。是西汉第六位皇帝，在位16年。崩于景帝后三年（公元前141年），终年48岁，谥号"孝景皇帝"。安葬于阳陵。按周代的《谥法解》，"景"是美谥："由义而济曰景"（因公正、勤政而获得成功），"耆意大虑曰景"（喜欢深思熟虑，善于充分谋划），"布义行刚曰景"（传播仁义，品德坚强）。虽有诸媚溢美之意，但还是从几个侧面反映了汉景帝政治作为及其性格特征。

刘彻（公元前156—前87年）：汉景帝刘启的第十个儿子，刘彻4岁被册立为胶东王，7岁时被册立为太子，16岁登基，称汉武帝，在位54年。汉武帝开创了西汉王朝最鼎盛繁荣的时期，那一时期亦是中国封建王朝第一个发展高峰。他听取董仲舒的建议，"罢黜百家，独尊儒术"开创中国传统主流文化之正统，在中华传统文化舞台上独领风骚两千余年，受到历代统治者的推崇。他设立中朝抑制外朝。他创建太学、乡学，设立举贤制度，形成了中国独特的文官制度。他的雄才大略、文治武功，使汉朝成为当时世界上最强大的国家，他也因此成为中国历史上伟大的皇帝之一。此外，汉武帝是中国第一个使用年号的皇帝。其在位期间，曾用年号有建

元、元光、元朔、元狩、元鼎、元封、太初、天汉、太始、征和、后元。谥"孝武",庙号世宗。葬于茂陵,享年70岁。

刘敬(生卒年不详):齐国人,原名娄敬。汉高祖五年(公元前202年)汉王朝完成统一后,打算定都洛阳。娄敬见了汉高祖,奉劝刘邦不要定都洛阳,因为洛阳虽然处于天下之中央位置,但正是由于优势所以"大战七十,小战四十",长期以来必定经济残败、民怨沸腾;而关中一带地腴民富,且被山带河,地势险要,易守难攻。娄敬的建议得到张良的支持,并力劝刘邦移都长安。于是,刘邦决定将汉朝都城迁往长安。为表彰娄敬,把他留在身边为官,还封他为关内侯,同时赐姓为"刘"氏,号"奉春君"。

刘细君(公元前121—前101年):汉江都王(扬州)刘建之女,刘建是个荒淫无道的暴君,公元前121年企图谋反,失败后自缢而死。细君的母亲以同谋罪被斩,由于细君年纪尚小,而躲过一劫。公元前117年,刘胥被封为广陵王,派人找到了流落民间的侄女刘细君。汉武帝为结好乌孙(今伊犁河上游流域),封细君为江都公主,下嫁乌孙国王昆莫猎骄靡(又作昆莫),是早于昭君出塞的第一位"和亲公主"。《汉书·西域传》记载,细君公主出嫁时,汉武帝"赐乘舆服御物,为备官属侍御数百人,赠送其盛"。细君公主到达乌孙后,猎骄靡封她为右夫人,随从工匠为她建造了宫室。细君公主在乌孙语言不通,生活难以习惯,思念故乡,作《悲愁歌》(《细君(乌孙)公主歌》、《黄鹄歌》):"吾家嫁我兮天一方,远托异国兮乌孙王。穹庐为室兮旃为墙,以肉为食兮酪为浆。居常土思兮心内伤,愿为黄鹄兮归故乡。"后郁郁而亡。

刘向(约公元前77—前6年):原名更生,字子政,沛县(今属江苏)人,西汉经学家、目录学家、文学家。汉成帝时,改名为向,任光禄大夫,校阅经传诸子诗赋等书籍,撰成《别录》一书,为我国最早的分类目录。另著有《新序》、《说苑》、《列女传》、《洪范五行》等书。刘向的散文主要是奏疏和校雠(chóu)古书的"叙录",较有名的有《谏营昌陵疏》和《战国策叙录》,叙事简约、理论畅达、舒缓平易是其主要特色。

人 物 篇

刘歆（约公元前50年—23年）：字子骏，西汉末年人，刘向之子。他编制的《三统历谱》被认为是世界上最早的天文年历的雏形，并在当时积极推行古文经学，是西汉末期古文经学派的开创者。刘歆跟随其父刘向整理秘书，他将左丘明的《左传》（即《左氏春秋》）拿去解释孔子的《春秋》，清代学者刘逢禄乃怀疑《左传》遭到窜乱，引起论战。康有为认为东汉以来经学，多出刘歆伪造，是新莽一朝之学，非孔子之经。而章太炎、梁启超等人都把刘氏父子看做是孔子的后继者。哀帝时，刘歆负责总校群书，在刘向撰的《别录》基础上，修订成为中国历史上第一部图书分类目录《七略》。此外，他在圆周率的计算上也有贡献。

刘秀（公元前6—57年）：汉光武帝刘秀，字文叔，中国东汉王朝的建立者，中国历史上著名的拨乱之主。新莽末年，海内分崩，天下大乱，身为一介布衣却有前朝血统的刘秀在家乡乘势起兵。公元25年，刘秀与绿林军公开决裂，于河北登基称帝，为表汉室重兴之意，仍以"汉"为国号，史称"后汉"。经过长达十多年之久的统一战争，刘秀先后平灭了更始、赤眉和陇、蜀等诸多割据势力，使得自新莽末年以来纷争战乱长达二十余年的中国大地再次归于一统。刘秀在位33年，大兴儒学、推崇气节，使后汉一朝成为中国历史上"风化最美、儒学最盛"（司马光、梁启超语）的时代。历史上称其统治时期为光武中兴。其间国势昌隆，号称"建武盛世"。

刘洪（约129—210年），字元卓，东汉泰山郡蒙阴（今山东蒙阴县）人，是我国古代杰出的天文学家和数学家。他曾在京师专门从事历法研究，除了按照皇帝的旨意参与"考验日月"，审核、课校他人呈报上来的研究成果外，还把多年来研究的成果汇集起来，写成《乾象历》、《七曜术》和《九章算术》九章算术等专著。经过精心地研究，他发现当时采用的《四分历》不准确，于是参照历代历法加以演算、改进，创造了我国第一部历法《乾象历》。据说他也是算盘的发明人（或重要推广者），因此民间称其为"算圣"。

刘备（150—222年）：字玄德。三国时期军事家，政治家。东

汉汉灵帝末年，刘备因起兵讨伐黄巾军有功而登上汉末政治舞台，三顾茅庐后得诸葛亮辅佐。汉建安十三年（208年）与周瑜等大胜曹操于赤壁，其后得到荆州五郡，后又夺取益州。夺取汉中击退曹军后，刘备于建安二十四年（公元219年）七月自立为汉中王。220年10月曹丕逼迫汉献帝禅让帝位，蜀中又传言汉献帝已经遇害，刘备为了延续汉朝历史，振兴汉朝，完成自己的霸业，遂于成都武担南称帝，国号汉，年号章武，与曹魏、孙吴呈鼎足之势。后伐东吴时失败，损失惨重，退至白帝城托孤。因病去世，享年63岁，谥号昭烈帝。因刘备为汉献帝之叔，故后人称之为刘皇叔。

刘徽（约225—295年）：三国时代魏国数学家。汉菑（zī）乡侯后裔，山东淄博淄川人。三国魏景元四年（263年）著《九章算术注》九卷，后撰《重差》，作为《九章算术注》的第十卷。唐初以后，《重差》更名为《海岛算经》。此外刘徽还著有《鲁史欹器图》，《九章重差图》，唐代失传。刘徽思维敏捷，方法灵活，既提倡推理又主张直观。他是中国最早明确主张用逻辑推理的方式来论证数学命题的人。刘徽的一生是为数学刻苦探求的一生，他虽然地位低下，但人格高尚。他不是沽名钓誉的庸人，而是学而不厌的伟人，他给我们中华民族留下了宝贵的财富。

刘琨（271—318年）：字越石，中山魏昌（今河北无极）人，西汉中山靖王刘胜的后裔。西晋诗人、音乐家和爱国将领。刘琨少年时即有"俊朗"之美誉，以雄豪著名。与他兄长刘舆并称"洛中奕奕，庆孙、越石"。《晋书·祖逖传》记载过他和好友祖逖共被同寝，夜间"闻鸡起舞"之事。《隋书·经籍志》有《刘琨集》9卷，又有《别集》12卷，均佚。明代张溥辑为《刘中山集》，收入《汉魏六朝百三家集》。

刘萨诃（360—436年）：俗姓刘，名叫窣和（其他经典均译为萨诃），释门僧人，法号慧达。《法显传》、《敦煌石窟全集》、《佛教东传故事画卷》等记载他曾西行途经竭义、乌长、那揭、弗楼沙（今巴基斯坦）等十余国抵达印度。在北印度那揭罗曷国醯罗城（今阿富汗杰来拉拜之西）的小石岑佛影窟参礼了"佛齿和佛顶

骨"。后取得了多部梵文佛经（译出经律 6 部，共 24 卷），安帝兴元 2 年（公元 409 年），慧达大师与宝坛僧景先于法显等 3 年回国，成了历史上西行取经最早的归国弘法者之一（早唐玄奘 230 年）。后世被尊称为刘萨诃、刘师佛、刘摩诃。

刘牢之（？—402 年）：中国东晋名将。官至征西将军，都督兖、青、冀、幽、并、徐、扬州和晋陵诸军事。出身将门，骁勇善战。东晋太元二年（377 年），应募参加兖州刺史谢玄统辖的"北府兵"，初任参军。四年，随谢玄在盱眙（今江苏盱眙东北）一带击败前秦军的进攻，升鹰扬将军、广陵相。八年，淝水之战时，他率精兵 5000 夜袭驻洛涧（即洛河，今安徽淮南市东）的 5 万前秦军，并分兵断其退路，使前秦军腹背受敌，迅速崩溃，争渡淮水，梁成等 10 名将领阵亡，士卒损失 1.5 万人。初战告捷，对整个战争的胜利起了重大作用。他因功晋龙骧将军、彭城内史。九年，随谢玄北伐，收复了今河南、山东、陕西南部等地区。后曾参与镇压浙东农民起义军。淝水之战后，东晋朝廷内争复烈。兖、青州刺史王恭、骠骑大将军司马元显、荆州刺史桓玄等为争夺朝权，都拉拢手握强兵的刘牢之。刘对他们先靠后反，反复无常，致使将佐逐渐离散。不久，其兵权为桓玄所夺。元兴元年，被迫自缢。

刘裕（363—422 年）：字德舆，小名寄奴，汉族。先祖是彭城人（今江苏徐州市），后来迁居到京口（江苏镇江市），南北朝时期宋朝的建立者，史称宋武帝。中国历史上杰出的政治家、卓越的军事家、统帅。刘裕隆安三年（399 年）参军起义，413 年，刘裕灭割据益州的谯纵。在朝廷内排除刘毅、司马休等异己。于义熙十三年（417 年）灭亡后秦，420 年 7 月 10 日（宋武帝永初元年六月十四日），刘裕废东晋恭帝司马德文，自立为帝，国号宋，都建康，南朝开始。

刘义庆（403—444 年）：彭城（今江苏徐州）人，南朝宋文学家。曾任荆州刺史等官职，在政 8 年，政绩颇佳。后任江州刺史，到任一年，因同情贬官王义康而触怒文帝，责调回京，改任南京州刺史、都督加开府仪同三司。不久，以病告退，元嘉 21 年死于建康

(今南京)。刘义庆自幼才华出众，爱好文学。除《世说新语》外，还有志怪小说《幽明录》。《世说新语》是一部笔记小说集，此书不仅记载了自汉魏至东晋士族阶层言谈、轶事，反映了当时士大夫们的思想、生活和清谈放诞的风气，而且其语言简练，文字生动鲜活，因此自问世以来，便受到文人的喜爱和重视，戏剧、小说如关汉卿的杂剧《玉镜台》、罗贯中的《三国演义》等也常常从中寻找素材。

刘勰（约465—520年）：字彦和，生活于南北朝时期，中国历史上著名的文学理论家。汉族，祖籍山东莒县（今山东省日照市莒县）东莞镇大沈庄（大沈刘庄）人。他历任官县令、步兵校尉、宫中通事舍人，颇有清廉之名。晚年在山东莒县浮来山创办（北）定林寺。刘勰虽任多官职，但其名不以官显，却以文彰，一部《文心雕龙》奠定了他在中国文学史上和文学批评史上不可或缺的地位。刘勰32岁时开始写《文心雕龙》，历时五年，终于书成我国最早的文学评论巨著，该书共计三万七千余字，分十卷五十篇，书超前人，体大而虑周，风格迥异，独树一帜，对后世影响颇大。

刘焯（544—610年）：字士元，隋朝经学家、天文学家。刘焯精通天文学，他发现隋朝的历法多存谬误，多次建议修改。公元600年，他创《皇极历》，首次考虑到太阳视运动的不均性，创立"等间距二次内插法公式"来计算日、月、五星的运行速度。推日行盈缩，黄道月道损益，日月食的多少及出现的地点和时间，这都比以前诸历精密。"定朔法"、"定气法"也是他的创见。《皇极历》推定的每76.5年春分点在黄道上西移一度的岁差，与现行数值非常接近。他所创的《皇极历》天文历法在当时是最先进的。

刘文静（568—619年）：唐初大臣。彭城（今江苏省徐州市）人。字肇仁。世居京兆武功（今陕西省武功县）。隋末，任晋阳（今山西省太原市）令，与晋阳宫监裴寂结交。李渊时为太原（今山西省太原市）留守。他联络裴寂与李世民，协助李渊出兵反隋，并奉李渊之命出使突厥。李渊在太原起兵，他亦随军南下，俘隋大将屈突通。因功被封鲁国公。后被李渊冤杀。

刘仁轨（602—685年）：字正则，汉族，汴州尉氏人。唐代名臣、抗倭名将、海军统帅。刘仁轨出身隋末的平民之家，虽生在动荡年代，仍"恭谨好学"，"每行坐所在，辄书空地，由是博涉文史。"唐高祖、唐高宗年间，历任给事中、青州刺史。因征战百济而屡立战功，在"白江口之战"中率水军尽灭日本海军。有"中国抗倭第一人"之称。

刘知几（661—721年）：字子玄，彭城（今江苏徐州）人，唐代史学家。永隆年间（680年）以弱冠举进士，历任着作佐郎、中书舍人、着作郎，又撰起居注，兼修国史二十余年。景龙二年（708年）辞去史职，从事私人修史工作。开元九年，六十岁时因营救长子犯罪流配一事而被唐玄宗贬为安州都督府别驾，不久去世。有《史通》传世，对中国唐朝以前的史籍作了全面的分析和批评，是中国第一部史学理论专着。

刘长卿（709—约786年）：字文房。汉族，宣城（今属安徽）人，郡望河间（今属河北）。唐代著名诗人，玄宗天宝进士。肃宗至德间任监察御史、长洲县尉，贬岭南南巴尉，后返，旅居江浙。代宗时历任转运使判官，知淮西、鄂岳转运留后，被诬再贬睦州司马。他生平坎坷，有一部分感伤身世之作，但也反映了安史之乱后中原一带荒凉凋敝的景象。如《穆陵关北逢人归渔阳》、《疲兵篇》、《新息道中作》等，笔调苍凉沉郁。刘长卿诗以五七言近体为主，尤工五言。五律简练浑括，于深密中见清秀。如《新年作》、《岳阳馆中望洞庭湖》、《碧涧别墅喜皇甫侍御相访》、《海盐官舍早春》等。七律也多秀句，如"细雨湿衣看不见，闲花落地听无声"（《别严士元》）、"秋草独寻人去后，寒林空见日斜时"（《长沙过贾谊宅》）。五绝如《逢雪宿芙蓉山主人》、《江中对月》、《送灵澈上人》，以白描取胜，饶有韵致。但他的大部分诗内容单薄，境界狭窄，缺少变化，有字句雷同之感。《新唐书·艺文志》著录其集10卷。较流行的是明翻宋本《唐刘随州诗集》（10卷诗，1卷文），《全唐诗》编录其诗5卷。

刘禹锡（772—842年）：字梦得，汉族，唐朝彭城人，祖籍洛阳，唐朝文学家，哲学家，自称是汉中山靖王后裔，曾任监察御史。刘禹锡与柳宗元并称"刘柳",与白居易合称"刘白",有"诗豪"之称。他的家庭是一个世代以儒学相传的书香门第。政治上主张革新,是王叔文派政治革新活动的中心人物之一。王叔文败政,刘禹锡贬为朗州刺史,在贬官期间,在扬州碰到白居易,白居易写了《醉赠刘二十八使君》,刘禹锡作《酬乐天扬州初逢席上见赠》答谢白居易,再道贬为朗州司马。据湖南常德历史学家、收藏家周新国先生考证刘禹锡被贬为朗州司马其间写了著名的《汉寿城春望》。

刘海仙（生卒年不详）：指刘海蟾,名刘操,五代时人,曾为燕主刘守光丞相。传说中的"准财神"。相传他在终南山修道,成了神仙,是全真教供奉的五祖之一。民间流行的他的画像是披着长发,前有短发覆在额上的一个道士。故后世称前有短发覆在额上的发型为刘海儿。

刘金定（生卒年不详）：北宋著名巾帼女将（与穆桂英齐名）,北宋卫国武烈王高琼的夫人。曾大败南唐军,为宋军平灭南唐做出了重要贡献。北宋建立后,刘金定随丈夫高琼北上抗辽,助丈夫镇守雁门、宁武、偏头三关等重地,后不幸战死。

刘昫（887—946年）：字耀远,涿州归义（今属河北雄县）人,五代史学家,后晋政治家。二十四史之一《旧唐书》的编撰者。后唐庄宗时任太常博士、翰林学士。后晋时,官至司空、平章事。后晋出帝开运二年（945年）受命监修国史、负责编纂《旧唐书》。

刘过（1154—1206年）南宋文学家。字改之,号龙洲道人。吉州太和（今江西泰和县）人,长于庐陵（今江西吉安）。四次应举不中,流落江湖间,布衣终身。曾为陆游、辛弃疾所赏,亦与陈亮、岳珂友善。词风与辛弃疾相近,抒发抗金抱负狂逸俊致,与刘克庄、刘辰翁享有"辛派三刘"之誉,又与刘仙伦合称为"庐陵二布衣"。有《龙洲集》、《龙洲词》。

刘松年（约1155—1218年）：南宋钱塘人,画家,善于作山水画,与李唐、马远、夏圭合称"南宋四家"。宋孝宗淳熙年间入为御前画院学生，宋光宗绍熙年间为画院待诏，宋宁宗时因进献《耕织图》，得到奖赏，赐予金带。擅画人物、山水，师张训礼（本名张敦礼），而名声盖师，被誉为画院人中"绝品"。画学李唐，画风笔精墨妙，山水画风格继承董源、巨然，清丽严谨，着色妍丽典雅，常画西湖，多写茂林修竹，山明水秀之西湖胜景；因题材多园林小景，人称"小景山水"。张丑诗云："西湖风景松年写，秀色于今尚可餐；不似浣花图醉叟，数峰眉黛落齐纨。"所作屋宇，界画工整。兼精人物，所画人物神情生动，衣褶清劲，精妙入微。作品题材广泛，既有反映社会不平的，如《风雪运粮图》；松年也是位爱国画家，拥护抗金，反对投降，曾苦心孤诣画《便桥会盟图》，希望统治者效法唐太宗战胜强敌突厥，而不要效法唐高祖之逃跑投降政策；他还画《中兴四将图》，表彰岳飞、韩世忠等民族英雄之伟绩。传世代表作品有：《四景山水图》卷及《天女献花图》卷，现藏故宫博物院；开禧三年（1207年）作《罗汉图》轴和嘉定三年（1210年）作《醉僧图》轴，现藏台北故宫博物院；《雪山行旅图》轴藏四川省博物馆；《中兴四将图》卷传为其所作，藏中国历史博物馆；传世作品还有《西湖春晓图》、《便桥见虏图》、《醉僧图》等。著有《溪亭客话》。

刘克庄（1187—1269年）：南宋诗人、词人、诗论家。字潜夫，号后村。福建莆田人。辛派词人的重要代表，词风豪迈慷慨。在江湖诗人中年寿最长，官位最高，成就也最大。原名灼，宁宗嘉定二年补将仕郎，调任靖安簿，改名刘克庄。他晚年趋奉贾似道。谀词诰语，连章累牍，为人所讥。但他也曾仗义执言，抨击时弊，弹劾权臣。

刘秉忠（1216—1274年）：元代政治家、作家。初名侃。字仲晦，号藏春散人。原籍瑞州（今江西高安）。刘秉忠是元朝初年的大政治家，蒙古王朝灭金后，刘秉忠出任邢台节度府令史，不久就归隐武安山，后从浮屠禅师云海游，更名子聪。元世祖忽必烈即位前，注意物色人才，他与云海禅师一起入见，忽必烈把他留在身边，商议军国大事。忽必烈即位后，国家典章制度，他都参与设计草定。拜光禄大夫太保，参领中书省事，改名秉忠。他学问功底深厚，也是一个非常著名的学者、使人和散曲家，自号藏春散人，每以吟咏自适。一生在天文、卜筮、算术、文学上著述甚丰，计有《藏春集》六卷、《藏春词》一卷、《诗集》二十二卷、《文集》十卷、《平沙玉尺》四卷、《玉尺新镜》二卷等。

刘綎（tíng）（生卒年不详）：明代著名将领，刘綎于当时诸将中最为骁勇。他力大无比，能单手托起一张放满酒菜的八仙桌；擅使大刀，所用镔铁大刀重一百二十斤，马上轮转如飞，天下称"刘大刀"。他弓马娴熟，又擅用袖箭，曾经用墨在木板上随便画点，然后用袖箭掷去，无不中的。又曾经拉出战马数十匹，呼之俱前，麾之皆却，见者无不赞叹。刘綎平缅甸，平罗雄，平倭兵，平播酋，平倮人，大小数百战，威震海内，后在与后金的战役里中伏身亡。

刘墉（1719—1804年）：字崇如，号石庵，另有青原、香岩、东武、穆庵、溟华、日观峰道人等字号，清代书画家、政治家。山东省高密县逄戈庄人（原属诸城），祖籍江苏徐州丰县。乾隆十六年（1751年）进士，刘统勋子。官至内阁大学士，为官清廉，有乃父刘统勋之风。刘墉是乾隆十六年的进士，做过吏部尚书，体仁阁大学士。刘墉的传世书法作品以行书为多。嘉庆九年十二月二十五日卒于京。谥文清。

刘永福（1837—1917年），字渊亭，汉族，广东钦州（今属广西）人，祖籍博白东平，清朝时的军事人物，原是反清的黑旗军将领，1883年率黑旗军参加中法战争，屡次大败法军。乙未战争中指挥台湾人民反抗日本侵略，协助巡抚唐景崧建立历史上第一个共和国（国号永清）并作为继任代总统为保卫台湾做出了重要贡献。

刘铭传（1836—1896年）：字省三，汉族，安徽省肥西县人。抗法、抗日民族英雄，淮军将领，洋务派骨干，台湾首任巡抚，台湾近代化的奠基人。1884年中法战争爆发，他被清政府起用抵抗法国入侵台湾,不但打退了法国舰队的进犯,而且练洋操,议铁路、建台省,为台湾的现代化做出了突出贡献。

刘光才(1840年—?):号华轩,白马田人,出身贫苦,以帮工、捕鱼为生。咸丰七年(1857年),刘进城卖猪,途中参赌,猪金输尽,出走投军。后随江忠义赴湖南、广西、江西、安徽等省追剿太平军,保荐参将,赏戴花翎。光绪年间,历任苏州城参将,江宁城守协副参将,九江镇、大同镇总兵,广西、贵州、上海淞江提督,授光禄大夫建威将军。宣统三年(1911年)秋,告老还乡。在固关阻击战中刘光才率忠毅军共打死打伤法、德侵略军一千八百多名,其中有军官多名。

刘锦棠(1844—1894年):字毅斋,湖南湘乡人,生于鸦片战争后的1844年。父亲厚荣、叔父松山,都是湘军中的军官。刘锦棠10岁时,其父因镇压太平天国农民起义而丧生。成年后,投入叔父所在的湘军,随同叔父镇压太平军和捻军,为朝廷立下汗马功劳,积勋至州同、巡守道,还获得了"法福灵阿巴图鲁"的荣誉称号。镇压阿古柏叛乱收复新疆的功臣,新疆第一任巡抚。

刘鹗(1857—1909年):清末小说家。谱名震远,原名孟鹏,字云抟、公约。后更名鹗,字铁云,又字公约,号老残。署名"鸿都百炼生"。汉族,江苏丹徒(今镇江市)人,寄籍山阳(今淮安楚州)。刘鹗自青年时期拜从太谷学派李光(龙川)之后,终生主张以"教养"为大纲,发展经济生产,富而后教,养民为本的太谷学说。他一生从事实业,投资教育,为的就是能够实现太谷学派"教养天下"的目的。而他之所以能屡败屡战、坚忍不拔,"太谷学派"的思想可以说是他的精神支柱。他写的小说《老残游记》是晚清的四大谴责小说之一。

刘半农(1891—1934年):原名刘寿彭,后改名刘复;初字伴侬、时用瓣秾、后改字半农,号曲庵。著名的文学家、语言学家、教育家。江苏江阴人,汉族,是我国"五四"新文化运动的先驱之一。出生于知识分子家庭,1911年曾参加辛亥革命,1912年后在

上海以向鸳鸯蝴蝶派报刊投稿为生。1917年，刘复被聘为北京大学预科教授，将笔名"半侬"改为"半农"，表明不再写那些"吴侬软语"般的缠绵悱恻之作。当一位语言学家同刘半农开玩笑问"你为什么不叫'全农'呢？"刘半农一本正经地回答说："我从事笔耕，难道不是半农？我父辈、祖辈都是种地的，我号半农，不忘出身。"1917年参与《新青年》杂志的编辑工作，发表了《我之文学改良观》、《诗与小说精神之革新》等震惊文坛的进步论著，成为新文化运动中一位"斗士"和"闯将"。积极投身文学革命，反对文言文，提倡白话文，他开创了我国新诗流派"白话诗"，影响甚广。1920年到英国伦敦大学的大学院学习实验语音学，1921年夏转入法国巴黎大学学习。1925年获得法国国家文学博士学位，所著《汉语字声实验录》，荣获法国康士坦丁·伏尔内语言学专奖，是我国第一个获此国际大奖的语言学家。1925年秋回国，任北京大学国文系教授，讲授语音学。1926年出版了诗集《扬鞭集》和《瓦釜集》。1934年在北京病逝。病逝后，鲁迅曾在《青年界》上发表《忆刘半农君》一文表示悼念。

刘天华（1895—1932年）：江苏江阴人。国乐一代宗师，"中西兼擅，理艺并长、而又会通其间"的中国优秀的民族乐器作曲家、演奏家、音乐教育家。刘天华一生致力于改进国乐，"五四"时期，在"平民教育""平民文学"等民主思想影响下，他反对音乐成为"贵族们的玩具"，提出音乐"要顾及一般民众"。他珍视中国民族音乐传统，但不赞成抱残守缺的"国粹主义"，认为发展国乐，"必须一方面采取本国固有的精粹，另一方面容纳外来的潮流，从东、西方的调和与合作之中，打出一条新路来"。他一生最大的贡献就是把"不登大雅大堂"的二胡从民间推向世界，建立了一个新型的学派。他在我国音乐史上第一个沿用西方五线谱记录整理民间音乐，大胆"借鉴西乐，改进国乐"，使二胡的表现力达到前所未有的境地。他不仅创作了《病中吟》、《良宵》、《空山鸟语》等流传广泛的不朽名曲，而且培养了大批二胡、琵琶传人。他把"学习、研究、创作、演出和教学联系在一起，构成他全部的音乐生涯"。

刘海粟（1896—1994年）。祖籍安徽省凤阳，生于江苏省常州。自幼酷爱书画，1912年11月与乌始光、张聿光在上海创办现代中国第一所美术学校"上海国画美术院"任校长，并取苏轼"渺沧海一粟"词意，改名"海粟"。首创男女同校，采用人体模特儿和旅行写生，被责骂为"艺术叛徒"，但得蔡元培等学者支持。1918年到北京大学讲学，并举办第一次个人画展。1919年到日本考察美术教育，回国后创办天马会。历任南京艺术学院院长、名誉院长、教授，上海美术家协会名誉主席。中国美术家协会顾问、全国政协常务委员会委员。英国剑桥国际传略中心授予"杰出成就奖"。意大利欧洲学院授予"欧洲棕榈金奖"。出版有《刘海粟画集》、《刘海粟油画选集》、《刘海粟国画》、《学画真诠》等。

刘放吾（1898年—？）：黄埔军校第六期第一总队步科毕业。别号不羁，湖南桂阳人。桂阳兰嘉联合中学，庐山中央军官训练团第三期、驻印度兰姆伽战术学校战术班第二期、陆军大学特别班第七期、台湾圆山军官训练团第八期、台湾陆军参谋指挥大学毕业。历任国民革命军总司令部教导师特务连排长，国民政府警卫军特务三连连长，第五军及财政部税警总团步兵四团连长，抗日战争爆发后，任税警总团干校军士队少校队长，税警总团第二团第二营营长，新编第三十八师一一三团上校团长、上校师附。参加淞沪会战、武汉会战和因缅抗战，曾率部解救英军7000人。

刘少奇（1898—1969年）：中国无产阶级革命家、政治家、中国共产党和中华人民共和国的主要领导人。生于湖南省宁乡县。少年时期上过私塾（中国旧式初级学校），1919年中学毕业。1920年加入中国社会主义青年团。1921年到苏联莫斯科东方共产主义劳动大学学习，同年加入中国共产党。1927年在中共第五次全国代表大会上当选为中央委员。大革命失败后，他先后在河北、上海、东北从事党的秘密工作。1930年夏出席在莫斯科召开的赤色职工国际第五次代表大会,当选为执行局委员,留在赤色职工国际工作。1931年1月在中共六届四中全会上当选为政治局候补委员。他在长期工作中逐渐认识到党在国民党统治区的工作应该实行深入群众、长期隐藏、积蓄力量的方针,并曾对当时中共党内关门主义和冒险主义的"左"倾错误进行过某些抵制。1934年10月参加长征。1935年1月在贵州省遵义县城召开的中央政治局扩大会议上,他支持毛泽东的正确主张。1937年抗日战争爆发后,他坚持中共中央的"深入敌后、发动群众、开展游击战争"的方针,领导了开创华北敌后抗日根据地的工作。1945年在中共第七次全国代表大会上作修改党章的报告,对毛泽东思想作了完整概括和系统的论述。中华人民共和国成立后,刘少奇当选为中央人民政府副主席。他在制定国家政治、经济、文化、教育、外交等方针政策方面发挥了重要作用。在八届一中全会上当选为中共中央副主席。1959年4月,在第二届全国人民代表大会第一次会议上当选为中华人民共和国主席、国防委员会主席。1966年"文化大革命"开始后,他受到错误的批判,并遭到林彪、江青反革命集团的政治陷害和人身摧残,于1969年11月12日在河南开封逝世。1980年中共十一届五中全会为恢复他的名誉作了专门的决定。他的主要著作收入在了《刘少奇选集》。

刘志丹(1903—1936年):名景桂,字子丹、志丹。1903年10月4日光绪二十九年八月十四日生于陕西保安县(今志丹县)金鼎镇芦子沟。1943年,在陕北红军和苏区主要创建人之一、中国工农红军高级将领刘志丹牺牲7周年时,毛泽东亲笔题词:"群众领袖,人民英雄"。2009年9月14日,他被评为"100位为新中国成立做出突出贡献的英雄模范"之一。

刘北茂(1903—1981年):刘天华的胞弟,著名的民乐作曲家、二胡演奏家、音乐教育家,也是刘天华事业的忠实继承者和发展者。刘天华逝世后,刘北茂为了继承其"改进国乐"的遗志,毅然放弃西北大学英语教授的席位,改任音乐教授。先后在四川、南

京、安徽、中央音乐学院任教，他一生创作了《汉江潮》、《小花鼓》、《流芳曲》等一百多首二胡独奏曲，是我国现代音乐史上一位多产的作曲家。

刘开渠（1904—1993年），安徽淮北人。中国当代杰出的人民艺术家、中国雕塑界的泰斗、一代宗师。著名的美术教育家，中国美术馆事业与城市雕塑的开创者。1934年受抗日救亡运动的鼓舞，创作了反映抗日战争的巨型雕塑《一·二八淞沪抗战阵亡将士纪念碑》。1951年，任中央美术学院华东分院（今浙江美术学院）院长。1953年，调入北京，参加并领导了人民英雄纪念碑的建造工作，任设计处处长和雕塑组组长。1959年，任中央美术学院副院长、中国美术馆馆长。刘开渠是我国现代雕塑事业的奠基人。他一贯主张雕塑艺术在"创造一种新境界"的同时，应该起到"明劝戒，着升沉"的作用。刘开渠精于西方写实雕塑技法，又注重继承中国古代雕塑的优秀传统。作品造型严谨朴实，手法细腻含蓄，人物神完气足，具有时代精神和民族风格。刘开渠对雕塑创作与教学也作过理论研究，其思想对中国雕塑的发展有着深远的影响。

刘晓（1908—1988年）湖南省辰溪县潭湾镇茅棚冲村人。出身书香门第。原名刘运权，字均衡。1926年春，考入上海国立政治大学。从事爱国学生运动和反对帝国主义、封建主义的革命活动。9月，加入中国共产党。1947年5月，起任中共中央上海局书记。根据党中央和周恩来的指示，领导上海地下党广泛发动和组织群众，开展了反饥饿、反内战、反迫害的群众运动。新中国成立后，历任中共上海市委第三书记、市委组织部部长、市委党校校长，中共中央华东局常务委员兼组织部部长，上海市委第二书记，中国驻苏联大使，外交部常务副部长、党委副书记，中国驻阿尔巴尼亚大使，外交部顾问。政协第一届全国委员会委员。第二、第三、第四、第五届全国政协常务委员。中共第七届中央候补委员，第八届中央委员，中共十二大当选为中央顾问委员会委员。1988年6月11日因病在北京逝世。

刘仁（1909—1973年）：原名段永鹐（段永强），四川酉阳（现为重庆市酉阳土家族苗族自治县）龙潭镇五育村人，土家族。解放战争时期，任中共华北局组织部副部长、城工部部长，组织平、津、唐等城市广大地下党员和国民党统治区人民群众，开展反对美蒋反动派的斗争，形成"第二条战线"，有力地配合了北平的和平解放和人民解放战争的胜利。新中国成立后，历任中共北京市委组织部部长，市委副书记、第二书记，中共中央华北局书记处书记，为首都的社会主义革命和建设事业做出贡献。他是中共第八届中央候补委员。在"文化大革命"中受到林彪、江青反革命集团的诬陷迫害，坚贞不屈。1973年10月26日，刘仁同志在北京逝世，终年65岁。1979年2月21日，中共中央为刘仁同志举行追悼大会，由聂荣臻同志主持，林乎加同志致悼词，称刘仁同志是"中国共产党的优秀党员、久经考验的无产阶级战士、北京市人民的好领导"。

刘胡兰（1932—1947年）：山西省文水县云周西村人（现已更名为刘胡兰村）。1945年进中共妇女干部训练班，1946年被分配到云周西村做妇女工作，并成为中共候补党员。1946年12月21日，刘胡兰参与暗杀云周西村村长石佩怀的行动。当时的山西省国民政府主席阎锡山派军于1947年1月12日将刘胡兰逮捕，因为拒绝投降，被铡死在铡刀之下，时年15岁。随后，刘胡兰被中共晋绥分局追认为中共正式党员。毛泽东当年为其题词："生的伟大，死的光荣。"刘胡兰是已知的中国共产党女烈士中年龄最小的一个。

刘绍棠（1936—1997年），河北通县人，中国现代著名作家。13岁开始发表作品，20岁成为中国作家协会最年轻的会员，是"荷花淀派"的代表作家之一。曾任中国作家协会副主席、北京市人大常委会委员、北京市作家协会副主席、中国文联委员、国际笔会中国中心会员、《中国乡土小说》丛刊主编等职务。曾多次载入《世界名人录》、《世界作家名人录》和《中国共产党名人录》。1991年获国务院颁发的"为我国文化艺术事业做出突出贡献"的专家证书。1997年3月12日逝于北京。代表作品有短篇小说集《青枝绿叶》、《老师领进门》、《山楂村的歌声》、《中秋节》、《蛾眉》等，中篇小说《运河的桨声》、《蒲柳人家》、《瓜棚柳巷》、《荇水荷风》、《小荷才露尖尖角》等，长篇小说《春草》、《地火》、《狼烟》、《京门脸子》、《豆棚瓜架雨如丝》等，散文短论集《我与乡土文学》、《我的创作生涯》、《夜光杯散文精选》等。

其他刘姓名人，还有如医学家刘玉清、刘新垣、刘德培、刘志红，物理学家刘振兴、刘光鼎，著名企业家刘永行、刘永好，电影演员刘晓庆、刘德华，魔术师刘谦，田径运动员刘翔等。

作者与读者沟通联系方式以及调查卷

您看到我们的书,对你我都是一个很重要的机遇!为了提高我们的服务水平,请把您的建议和要求告诉我们。

出版社　E-mail：cmp01@263.net

　　　　电　话：010-68407061

作　者　E-mail：haoming169@yahoo.com.cn

　　　　手　机：(0)13013576514

1. 您是怎么知道本书的?
   A. 书店购买　　　　　　　B. 借阅
   C. 上网　　　　　　　　　D. 亲朋好友

2. 您购买本书的原因?
   A. 作者的知名度高　　　　B. 书的内容质量好
   C. 对此类书感兴趣

3. 您对本书的封面设计、内文排版及图书开本大小满意吗?
   A. 对封面设计满意　　　　B. 内文排版满意
   C. 对封面不满意　　　　　D. 内文排版不满意
   E. 开本太大,携带不方便

4. 您希望本书增加或减少哪些方面的内容?
   A. 增加第____章第____节　B. 减少第____章第____节

5. 您对本书的评价?
   A. 最喜欢第____页的文章　B. 最不喜欢第____页的文章
   C. 与同类书相比,本书更值得阅读

6. 这本书的定价高吗?
   A. 不高　　　B. 有点高　　　C. 能接受现在的书价

7. 其他意见或建议_____